開放

開放

再開放

陳吉人題

二〇一三年六月

东亚开放史

日中现代化的源泉

郑彭年 ◎ 著

浙江大学出版社

ZHEJIANG UNIVERSITY PRESS

全国百佳图书出版单位

图书在版编目(CIP)数据

东亚开放史/郑彭年著. —杭州：浙江大学出版社，2012.10(2013.3 重印)

ISBN 978-7-308-10541-5

I.① 东… Ⅱ.① 郑… Ⅲ.① 文化史－研究－东亚－近现代　Ⅳ.① K310.3

中国版本图书馆 CIP 数据核字（2012）第 207066 号

东亚开放史

郑彭年　著

责任编辑	胡　畔
封面设计	黄晓意
出版发行	浙江大学出版社
	（杭州天目山路 148 号　邮政编码 310007）
	（网址：http://www.zjupress.com）
排　版	杭州大漠照排印刷有限公司
印　刷	杭州杭新印务有限公司
开　本	710mm×1000mm　1/16
印　张	17.75
字　数	298 千
版印次	2012 年 10 月第 1 版　2013 年 3 月第 2 次印刷
书　号	ISBN 978-7-308-10541-5
定　价	48.00 元

序　言

　　16 世纪中叶西风东渐,西方科学文化以基督教(旧教)为载体,经由传教士之手,一路从澳门东传日本,形成"南蛮文化";一路从澳门北传中国大陆,形成"天主教文化"。这两种文化对东方文化影响深远,成为东方现代化的源泉,促进了社会科学文化的发展。在日、中两国现代化取得成功的今天,饮水思源、回顾历史,就有一定的价值,特别是对当前科学文化的自主创新有所裨益。文化是人类创造的精神财富,由全人类共享。从本书可以证实,根据本民族的国情来引进并接受外来文化绝对是正确的道路选择。

　　这是一部学术著作,在市场经济的情况下出版决非易事。幸而浙江大学出版社鼎力相助,方得以问世。谨在此表示衷心的感谢!

桐乡　郑彭年谨识

2011 年 10 月

目录
CONTENTS

后编　西方文化初传中国

目 录

导论： 东西方新航路的开通与葡萄牙人东来

14 至 15 世纪,迅猛发展的欧洲工业及与之相适应的贸易,都要求有更多的货币作为交换手段,出产白银的德国无法提供。随着工业和贸易的发展,欧洲社会的上层阶级追求豪华和积累财宝的欲望不断增大,不论贵族、市民、僧侣和国王,人人都渴望发财,个个成了财迷。然而财宝到哪里去找呢? 他们从威尼斯商人马可·波罗的游记中知道,印度、中国和日本是富有黄金和宝石的国家。虽然马可·波罗的记述有些夸大,但意大利的威尼斯、热那亚等城市,确实是依靠与东方贸易而兴盛起来的。东方的香料(胡椒、丁香、肉桂、生姜、豆蔻等)成了富家喜爱的调味品,阿拉伯的化妆品和神香、印度的珠宝、中国的丝绸和瓷器都成了欧洲人喜爱的抢手货,许多人因经营东方贸易而发了大财。

怎样到东方去呢? 600 年前的欧洲,北方是天寒地冻的不毛之地,根本无法到东方。而走南方的传统商路呢? 不行,强悍的阿拉伯人控制了君士坦丁堡,扼阻着东西方贸易要道。西方虽有可航行的大西洋,但因船只简陋和航海术不高,广阔的大西洋成了恐怖的深渊。14 世纪末,正当欧洲人苦思冥想地要打开通往东方的航路之时,大西洋沿岸伊比利亚半岛上的一个小国家——葡萄牙,诞生了一位开辟东西方新航路的奠基人,他就是著名的航海王子亨利(Henrique O. Navegador, 1394—1460 年)。

亨利自幼热爱航海事业,但他并不亲自前往探险,而是专门制定探险计划,审查和选择能干的船长和船员,加以训练和鼓励,然后分析、阐述他们的远征结果。他把世上的荣华富贵看得很淡,潜心学习数学和天文学,作为毕生从事航海事业的准备。他满怀抱负离开宫廷,独自一人居住在海边,终日与渔夫、船员为伴,制定探险计划。为实现自己的计划,他动用了天主教僧侣骑士团的资金,并与富商合股开设贸易公司,以筹措资金。在亨利的努力下,葡萄牙航海事业大为发展,至1434年,葡萄牙人沿西非海岸南航已经到达几内亚湾并通过赤道了。

1460年航海王子亨利逝世,其探险事业由若昂二世(John II,1455—1495年)继承。他派遣卡恩(Diogo Cao)沿西非海岸南下探险,发现了刚果河。若昂二世确信卡恩已抵达非洲最南端,若能由南非进入印度洋,葡萄牙就能染指东方的香料贸易,还可以和传说中的"长老约翰王国"结盟,驱逐东西方商路上的拦路虎——阿拉伯人。1486年8月若昂二世派遣巴尔托洛梅欧·迪亚士(Bartholmeu Dias,1450—1500年)率领远征队出航,次年2月到达今南非的莫塞尔湾靠岸,这里已是非洲东海岸,他们绕过非洲南端海岬却不知道。在返航途中,他们看到了一个大岬角,因遇暴风雨,无法继续探险,所以狄亚士把此岬角称做"风暴角"。后来若昂二世认为,这个非洲南端的大岬角证明了一条可以通往东方的航道,同时也深信此行大有希望,所以便将"风暴角"改为"好望角"。

1492年克里斯托弗·哥伦布(Cristoforo Colombo,1451—1506年)发现美洲的消息传到葡萄牙,促进了葡萄牙航海事业的发展。若昂二世后悔当初不该拒绝哥伦布的西行计划,现在哥伦布成功了,一切成果都被西班牙攫取。正当葡萄牙人对东方黄金乐土的向往如痴如醉,因反思自己的失误而欲奋起重振葡萄牙航海事业之时,不幸若昂二世逝世,曼努埃尔一世(Manuel I 1469—1521年)即位。他继续亨利王子和若昂二世所立下的伟大航海计划,1497年7月派遣达·伽马(Vasco Da Gama,1469—1524年)率探险队南下东航,绕过好望角,于次年3月船队到达东非的莫三比克的海港克利马尼。其后沿东非海岸继续北上,至肯尼亚的古城马林迪。由此渡印度洋,1498年5月到达印度西南海岸的卡利库特(中国称"古里")。东西方新航路就此开通。1510年葡萄牙人占领印度西海岸的果阿,以此为中心进行东西方贸易。1511年占领马来半岛马六甲(中国称"满剌加"),接着又占领了巽他群岛和摩鹿加群岛(今马鲁古,又称香料群岛)。1516年葡萄牙人到达广东珠江口外的屯门和浙江宁波,进行走私贸易。1553年入居澳门,以此为基地进行国际贸易,开辟了三条国际贸易航线：澳门→果阿→里斯本；澳门→长崎；澳门→马尼拉→墨西哥。随着贸易的发展，基督教也通过澳门这座桥梁传入东方。当初基督教是通过西方传教士（耶稣会士）之手，由澳门东传日本列岛，北传中国大陆。前者形成所谓"南蛮文化"，后者形成所谓"天主教文化"（两者一脉相承，都是葡萄牙、西班牙和意大利的南欧文化），同中、日两国的传统文化发生激烈的冲撞，激起一场场风波，一个个事件。

以上两种文化对东方文化影响深远，成为日、中两国现代化的源泉，促进了社会科学文化的发展。

前编

西方文化初传日本

第一章 "东方使徒"沙勿略

——天主教初传时代（1549—1552 年）

1 少年时代

方济各·沙勿略（Francisco de Xavier，1506—1552 年）是西班牙北部比利牛斯山麓的那瓦拉（Navarra）国人，1506 年 4 月 7 日生于那瓦拉首都潘普洛纳（Pamplona）的沙勿略城。父亲芳·德·哈斯（Von de Has）是个贵族，官至那瓦拉国的王室会议议长，同时他还是个学者，曾获意大利波伦亚（Bologna）大学的教会法博士。母亲马利亚·德·阿斯比尔凯泰（Maria de Aspilqueta），出身那瓦拉的名门，出嫁时以阿斯比尔凯泰和沙勿略两城作为嫁妆，所以哈斯是拥有三个领地的领主。沙勿略是末子，其上有三兄二姊。他出生不久，即由阿西西（Assisi）的圣人受洗，取名为方济各。

沙勿略出生时正值家庭最隆盛的时期，他集家庭宠爱于一身，在极其愉快的光景中度过了少年时代。沙勿略的基础教育是由美丽、聪明的母亲授予，拉丁语和一般教育是跟圣堂祭司学习的，业余时间进行武术、骑马、打球、击剑等贵族子弟必修的课程。但是那时让沙勿略感兴趣的，却是城里圣堂中的十字架，以及教会里的圣玛利亚像和耸立于城池中心的大天使之塔。

这样的环境，对沙勿略的人格形成有深刻的影响。不仅他的母亲循循善诱，担任修道院院长的长姊马格达列娜也是沙勿略的引导者，还有他的表舅马尔钦（Malchin）对沙勿略的影响很大。马尔钦人称"那瓦拉博士"，是当时著名的教会法教授，担任罗马教廷赦院的顾问，沙勿略经常和他通信，少年时代的沙勿略，梦想做一个像马尔钦那样的圣职人员。

然而很不幸，当沙勿略 6 岁时，小国那瓦拉被卷入西班牙和法国的战争。1515

年 6 月 11 日那瓦拉王国被西班牙合并,父亲为挽救那瓦拉王国的危机过度操劳,不久故世。三个月以后,西班牙国王费尔南德斯(Fernandez,1453—1515 年)逝世,亚拉冈、卡斯特利亚、安达罗西亚各地叛乱,沙勿略城主弥凯尔(沙勿略之兄)为复兴那瓦拉王国也起来武装斗争。但计划被发觉,沙勿略城遭到彻底破坏,那时沙勿略 14 岁。

1520 年西班牙国王卡尔罗斯五世(即神圣罗马皇帝查理五世,1500—1558 年)离开西班牙到德国,法军乘机进入西班牙,旧那瓦拉王国的志士与法军联合,攻下潘普洛纳,法、那联军胜利。但在南诺伊安之战中联军败北,6000 名士兵战死,沙勿略的长兄弥凯尔和次兄芳逃往山区打游击战。至 1524 年西班牙颁布大赦令,两兄才回沙勿略城。那时沙勿略 18 岁。

从祖国灭亡到复国战争,沙勿略城遭到多次不幸的袭击,沙勿略的家庭也从繁盛到衰落。亲身经历如此激烈变动的沙勿略,觉悟到只有成为圣职人员才是自己应走的道路。①

② 巴黎大学求学时代

1525 年夏季快要结束的时候,沙勿略告别老母和屡遭挫折而心灰意懒的两位兄长,离开故乡沙勿略城,到法国巴黎求学。当他依依不舍地离别故乡,回顾美丽的城池逐渐消失于白云翠树丛中的时候,想起自己家族荣枯盛衰的变迁,深深感叹世上的金钱、名誉和地位都只是转眼成空的朝露,怀着这样的情绪,他快马加鞭地以三周时间来到巴黎。

巴黎大学在塞纳河左岸的拉丁区。那时巴黎大学有 50 多个学院,欧洲各地英才云集,学生达 4000 人。沙勿略进入著名的圣巴尔巴拉学院哲学系,先读预科,学习拉丁语、雄辩术、算术、几何、天文、音乐、文法、修辞、伦理等,然后正式进入哲学系,以三年半时间读完硕士课程。1530 年 3 月,沙勿略取得哲学硕士学位,并进一步攻读博士学位。

在巴黎大学求学时期,沙勿略结识了一个叫伊纳爵·德·罗耀拉(Ignatius de Loyola,1491—1556 年)的人。他是西班牙军人,前述西班牙内乱时,他作为潘普

---

① [日]津山千惠:《方济各·沙勿略》,三一书房 1993 年版,第 16 页。

洛纳城的守军指挥官,与前那瓦拉王国的志士并肩战斗,结果右腿中炮弹受伤,潘普洛纳城失陷。想不到现在成了沙勿略同室的同学。

罗耀拉 1491 年生于那瓦拉的巴斯克地方的罗耀拉城,比沙勿略大 15 岁。当他战争中负伤住院期间,偶尔读了《基督传》和《圣人之花》等书,决心抛弃骑士之道。腿伤治愈以后,他立刻放弃骑士头衔,决心要成为一个圣职人员,于是他在山洞面壁苦修一年,开始学习拉丁语文法。当沙勿略进巴黎大学一年之后,罗耀拉也进了阿拉卡尔大学。1529 年转入巴黎大学,和沙勿略同样学习哲学,同住一个寝室。沙、罗两人虽然是同室同学,但他们的思想各不相同。沙勿略的希望是取得博士学位后衣锦还乡,做一个伟大的圣职人员,过着舒服的生活,并不怎么关心灵魂得救的事。罗耀拉则相反,他着重"灵修",致力于如何使坏同学变好。他经常资助经济困难的同学,包括沙勿略在内。那时沙勿略还雇着一名仆人,但家庭接济时常中断。当罗耀拉勤奋学习,最后成为哲学硕士的时候,沙勿略注意到他了,而且知道了他何以从骑士成为神的仆人。于是沙勿略的心开始动摇了,作为永恒和平之王耶稣的使者而成为一名拯救人们灵魂的士兵,和投身战争舍命而为国王服务的士兵,哪一个更有价值呢? 从对罗耀拉选择从地上士兵成为耶稣士兵的道路发生共鸣,发觉过去自己所追求的与罗耀拉同样以圣职人员为目标所追求的不同,而后开始从自我束缚中解放出来,感到无比喜悦和自由,沙勿略的内心产生了巨大的变化。1536 年沙勿略的贵族身份证明书下达,他被潘普罗纳的主教座圣堂选为参事会员。而后进入巴黎大学神学部沙尔邦纳学院,那时沙勿略的思想已经与过去截然不同,他抛弃了金钱、名誉和地位,誓愿成为一个清贫的耶稣的弟子。

3 耶稣会的创建

16 世纪初,欧洲正处于宗教改革的风暴之中,马丁·路得(Martin Luther,1483—1546 年)等许多宗教改革家出场。他们对教皇和宗教会议的权威怀有疑问,攻击天主教的腐败堕落,特别罗马教会贩卖免罪证书的行为。所谓免罪证书是罗马教皇列奥十世(Leo Ⅹ Papa,1475—1521 年)为建造圣彼得大圣堂筹集资金而发行的赎罪券。其后教会建造圣堂、教会医院等时缺乏资金,便面向一般信徒,以奉献金和免罪证书为交换,成为教会一大财源。根据《圣经》,赎罪是向神坦白罪,通过耶稣基督给予赦免,除耶稣以外世上没有不犯罪的人,教皇或祭司都没有发行免罪证书的权力。当然路得的异议不光是这一点,还牵涉整个天主教教义。

在上述时代背景下,罗耀拉所追求的那种以清贫、贞洁和谦逊为宗旨的圣职人员的姿态,受到纯洁的青年人的崇敬,不久在他周围聚集了沙勿略、法维尔、罗德里格兹、赖纳斯、萨尔美隆、鲍巴提略等优秀人才。1534年以罗耀拉为首的七名青年,在巴黎郊外蒙马特尔山上的圣堂宣誓,要像基督那样终生清贫、贞洁和谦逊。他们建立的修道会叫做耶稣会(Companhia de Jesus),当初耶稣会和其他修道会一样,被当作异端。

1536年4月3日,沙勿略谒见罗马教皇保罗三世(Paul Ⅲ Papa,1468—1549年),要求批准去圣地巡礼和授予叙位。6月24日耶稣会的六名会士,在马可大圣堂接受叙位,而圣地巡礼的愿望因土耳其和意大利发生战争而未能实现。于是他们在意大利各地一面医治病人一面传教。同年罗耀拉谒见教皇保罗三世,请求批准耶稣会,并声称若被批准就到世界各地去传教。当初耶稣会被作为异端受到迫害,罗耀拉向教皇提出证明耶稣会士清白的请求,要求教皇调查。教皇经过调查,证明他们的行动不是异端,由罗马市长作出证明书。这样,耶稣会向教皇的公认迈出了一大步。

耶稣会的传教活动受到各地主教的注意,获得了一致好评,但始终未被教皇批准。直至1540年,在葡萄牙国王若昂三世的帮助下,同年9月27日,沙勿略才在葡萄牙接受教皇正式公认的诏书。

耶稣会虽然是个修道会,但其组织机构庞大,遍及世界各地。耶稣会总会是最高权力机关,实际上一切权力集中在总长手中。总长之下设有六人组成的咨议会。耶稣会在世界各地设立许多"管区",这些管区不只包括一国,而是包括数国,管区长领导活动。耶稣会士和一般修道士不同,不住在寂静的修道院里。他们为传播天主教,深入社会各阶层,特别是统治集团。首先争取到上层人士信教,然后由上而下普及到民间。为保障传教的物质基础,耶稣会把教会的物质繁荣作为一个主要目标。由于把贸易利润作为传教经费,耶稣会士往往成了派遣国商人的先遣队。如1549年11月5日沙勿略在鹿儿岛发给印度果阿的一位神父的信中说:"我把同堺通商时特别重要的商品表一同寄上,承办神父出航的人,带来表中所列商品,将获得巨量金银。"[①]

天主教在欧洲是反对宗教改革,维护封建势力的,有其反动的一面。这是与欧

---

① 〔日〕吉川弘文馆编:《史料日本史》近世篇,吉川弘文馆1964年版,第25页。

洲文艺复兴和宗教改革的进步思潮相较而言,对于既未发生过文艺复兴运动又未进行过宗教改革,连人文主义也不知为何物的封建社会的中、日两国来说,不仅谈不上耶稣会的反动性,它所带来的科学文化知识和博爱平等思想对中国和日本社会还具有一定的意义,起了积极的进步的作用。而到东方来传教的耶稣会士,并非全是"狂热的、诡计多端的、具有阴险应变技巧的"[①],其中不少是开明之士,他们不远万里,冒生命危险来东方传教大多出于宗教热情,未必有什么政治目的和侵略野心。如三次来日本领导传教的东印度巡察使范礼安(Alessandro Valignan,1539—1606 年),"具有作为文艺复兴思想家的一面"[②],他毕业于意大利帕多瓦大学。当时欧洲大学的中心已经移到帕多瓦,伽利略也在这里任数学教授,造就了一批文艺复兴思想家。又如耶稣会士阿尔梅达(Luis de Almaida,?—1583 年)抛弃外科医生职业,从里斯本到日本丰后府内,捐献私财开设医院,为缺医少药的下层民众解除病痛。

4 到印度传教

以清贫、贞洁和谦逊为宗旨的耶稣会,得到葡萄牙国王若昂三世的重视。若昂三世为使印度人改信基督教,希望罗马教会派遣有力的传教士去印度传教。当时驻罗马的葡萄牙大使就把这个任务交给耶稣会,由会长罗耀拉派遣适当的人选。后来罗耀拉选中葡萄牙贵族罗德里格兹和鲍巴提略两人,教皇赐予他们使节的资格。不料鲍巴提略正在拿波里生病,不便行动,罗耀拉便派遣自己的秘书沙勿略代替鲍巴提略去葡萄牙。这样,就使沙勿略作为"东方使徒"负起了重大的使命,实现《圣经》的教导:"你们到普天下去,传福音给万民听。"[③]

1540 年 3 月 15 日,沙勿略和罗德里格兹作为教皇使节从罗马到里斯本,受到葡王若昂三世的欢迎。在里斯本,沙勿略做好航海的一切准备工作后,于 1541 年 4 月 7 日搭乘新任葡印总督沙萨(Martins de Sousa)所率舰队的旗舰"圣哥契"号(700 吨)离开里斯本。由于葡王的要求,罗德里格兹留在里斯本,没有去印度。

沙勿略经一年又一个月艰苦的航海,行程 16800 公里,最后于 1542 年 5 月 6

[①] [苏]苏联科学院主编:《世界通史》中译本第 4 卷上册,生活·读书·新知三联书店 1965 年版。

[②] [日]山本新等:《未来属于中国——汤因比论中国传统文化》中译本,陕西人民出版社 1989 年版,第 183 页。

[③]《新旧约全书》"马可福音"第 16 章第 15 节。

日到达目的地果阿,迈出了亚洲传教的第一步。沙勿略作为教皇使节,和新总督一起受到热烈的欢迎,并给他豪华的住宅居住,但他只在王立医院一室下榻。

在果阿,沙勿略看到在"东方罗马"果阿繁华景象的背面是道德堕落、信仰缺失,住在那里的葡萄牙人抛下本国的妻子,和当地女人结婚,还拥有数名女奴。有的人名义上是基督徒,却对教义一无所知,甚至遵循印度教和回教的习俗。沙勿略对此现状十分忧虑,痛感有必要进行教义教育,便写了《公教要理》一书,同时还设立了"圣信学院",让300名会说多种语言的青少年入学,为印度传教培养人才。

他在果阿住了四个月以后,同年10月和1544年2月,两次到印度东南端的渔夫海岸传教。在那里虽然有许多人信教,但他们信教目的是为了贸易和取得葡萄牙人的保护,不是真正为了灵修。即使一时信了教,不久又会离开,信仰极不稳固。

1545年8月,沙勿略赴马六甲。马六甲是东西交通要冲,经济繁荣,但回教势力很大,到处是清真寺,基督教徒只是少数。尽管如此,沙勿略还在马六甲山上建立了圣母堂,终日忙于探望病人和教育儿童。

后来沙勿略还去了摩鹿加群岛。这里和马六甲一样,也是异教徒的天地,基督教很难传播。即使如此,沙勿略在摩鹿加的七个月中,到七个村落巡回传教,许多儿童受洗入教。在摩鹿加,沙勿略偶然遇见从墨西哥来的从军祭司托尔勒斯(Cosme de Torres,1492—1570年),他后来加入耶稣会,一起和沙勿略到日本传教。

在香料产地的德那地岛(Ternate),沙勿略每天为民众讲道读经,教唱诗歌。三个月后,沙勿略到德那地附近的岛屿传教,但效果不大。

1547年初,沙勿略回到马六甲,在这里遇到了一件决定其命运的大事。

5 对日本的憧憬

沙勿略回马六甲之后,打算重返印度,所以一面在马六甲等候商船,一面进行传教活动。有一天,即1547年12月7日,沙勿略在马六甲山上的圣母堂主持结婚仪式时,朋友乔治·阿尔瓦列斯带了一个日本人来,他叫安琪罗(即弥次郎),三十五六岁,是萨摩藩的一名武士,因犯杀人罪逃到马六甲。经阿尔瓦列斯介绍,沙勿略伸开双臂拥抱安琪罗说:"我叫沙勿略,今天能够见到你非常高兴。远道来此,多么不容易啊!"

沙勿略最近从葡商那里听到有一个叫日本的大岛,盛产白银(指 1543 年葡船漂到日本种子岛一事)。今日见到了日本人,心中格外高兴。而且根据葡商所说,日本人与印度人不同,知识欲旺盛,若在那里传教,一定会收到良好效果。

安琪罗对沙勿略的热情欢迎非常感动,用生硬的葡萄牙语向他叙述了自己来马六甲的经过。最后安琪罗说:

"神父,我无故杀人,罪孽深重,后悔莫及。据阿尔瓦列斯所说,马六甲有位圣人神父,只要向他坦白自己所犯之罪,便会得到造物主上帝的赦免。因此我千里迢迢来这里访你,希望给我帮助。"

沙勿略听了安琪罗的一番话,深为感动。心想在印度、马六甲、摩鹿加群岛,没有一点罪意识的,大有人在,像安琪罗那样远从日本来坦白自己的罪过,请求赦免,这是绝无前例的。再从安琪罗来马六甲的曲折过程来看,沙勿略感觉到,这莫非是神的恩赐?

原来安琪罗 1512 年出生于鹿儿岛的一个士族家庭,偶尔因小事杀人,躲在寺院里。后来知道葡萄牙人阿尔瓦洛·瓦斯船长的船停泊在鹿儿岛港,便和两个仆人逃到该船上请求帮助。但瓦斯的船开船时间未定,便将他们介绍给费尔南迪(Fernande,1497—1570 年)。于是他们又偷偷赶到山川港,潜入一艘葡萄牙船。但该船不是费尔南迪的,而是阿尔瓦列斯的。阿尔瓦列斯认为安琪罗的罪不赦免,心里不得安宁,便将他们带到马六甲。那时恰巧沙勿略到摩鹿加去了,只得请求马六甲的代理主教阿丰索·马尔钦授洗礼,但被马尔钦拒绝,因为安琪罗是日本异教徒,而且有妻子。安琪罗主仆三人,只得经由中国再回日本。不料船快到鹿儿岛的时候,遭到暴风雨,船漂到中国,遇见原来打算救他的瓦斯船长,便搭乘他的船到马六甲,再由阿尔瓦列斯船长带来见沙勿略。这一段曲折的故事,沙勿略认为是神的安排,要将自己带到极东的日本国,弘扬与日本文化完全异质的欧洲文化。

6 **启程赴日本**

1548 年 1 月 13 日,沙勿略经过孟加拉湾三天三夜暴风雨的灾难,终于平安回到了印度的柯钦。那时沙勿略情绪低落,写信给耶稣会总长罗耀拉,要求他派传教士来,刺激自己低落的灵性。因为那时葡印总督阻止传教事业的扩大,不提供诚意的援助,而其真正的原因,在于葡王物质的要求比灵性更迫切。

沙勿略的传教活动,开始时依赖葡萄牙殖民地,希望得到当地殖民政府的支援和帮助。而现在大失所望,正如他自己所说,他从葡人管辖范围"逃"到日本。在那里,没有那些对本地人苛刻的欧洲官员能破坏他辛苦建立的事业。[①]

正当此时,安琪罗等三个日本人从马六甲来到印度,进果阿的圣信学院学习。由于他们的才能出众,立即适应了信徒的生活。其中安琪罗(洗礼名叫保罗)特别优秀,以八个月时间完全掌握了葡语的读、写和会话,甚至能用葡语给罗耀拉写信了。

沙勿略看到此种情况,赴日本之心越发坚定起来,1549 年 1 月 14 日他在给罗耀拉的信中说:"我的内心深感喜悦,决心去那个地方(指日本)。"[②]与此同时,沙勿略做出种种离开印度的妥善安排,因为他是耶稣会印度教区的负责人,担心自己走后印度传教工作不能很好地展开。

1549 年 4 月 15 日,沙勿略从印度果阿启程到日本,开始了 7280 公里的充满危险的艰难航海。他携带了果阿的主教和葡印总督写给日本天皇的书信、装帧豪华的《圣经》、圣母画像、金襕祭服和弥撒祭器等,同行者有西班牙人托尔勒斯、费尔南迪,日本人安琪罗(弥次郎)及其弟约翰、仆人安东尼奥,以及中国人马努埃尔、印度人阿马多尔等七人。

沙勿略一行自果阿出海后,到柯钦稍加停泊。4 月 25 日离开柯钦,连续航行37 日,5 月 31 日平安到达马六甲,受到马六甲殖民地政府和市民的欢迎。政府长官西尔瓦给沙勿略准备好了航海的一切物品,以及在日本停留的资金、建设教会的费用,还有大量胡椒。本来打算用葡萄牙船直接送到日本,但为隐蔽起见,雇了有海盗绰号的阿班船长的中国帆船。西尔瓦还和阿班定了约定,若中途出事,留在马六甲的财产和妻子没收。

在离开马六甲的前两天,沙勿略给欧洲的耶稣会士写信道:"根据葡萄牙人给我的信,日本人是非常贤良的,善于思考,顺从道理,知识欲旺盛,很适合弘布我们的信仰。我确信,神会给相当数量的日本人,甚至给日本人带来巨大的成果。"从中

---

① 西比斯:《利玛窦的前辈》,《澳门圣保禄学院四百周年论文特辑》,《澳门文化杂志》1994 年第21 期,第 55 页。

② [日]津山千惠:《方济各·沙勿略》,三一书房 1993 年版,第 56 页。

可看出,沙勿略①对此次去日本充满信心。

1549 年 6 月 24 日,沙勿略一行离开马六甲。阿班的中国帆船靠着西南风,经马来半岛西南端的柔佛海峡、新加坡海峡,一路顺风进入南中国海北上。但船在印度支那沿岸航行时,突然遭到暴风雨,情况非常危急,阿班船长慌忙抽签占卜。根据异教神的指示,船可以到日本,但不能再回马六甲。于是阿班船长便偷偷改变方向,打算到中国过冬,明年到日本。但是神帮助了沙勿略,海上吹来了逆风,船进入通往日本的航道。

7 鹿儿岛登陆

1549 年 8 月 15 日即圣母升天节,鹿儿岛海面出现一艘中国帆船,两根桅杆东倒西歪,帆布破碎不堪,显然是一条遭到暴风雨或海盗劫后余生的难船。最早看到这艘难船的是一名在山冈上挥锄挖地的贫苦农民。尽管他不知道这是一艘把西方文化带到日本,在日本历史上留下不可磨灭的功绩的文化使节船,但他却是那段宝贵历史的见证人。那时是后奈良天皇治下的战国时代,皇室衰微,领主割据,农民起义,全国大乱,离天下太平还有数十年光景。那时织田信长 15 岁,丰臣秀吉 13 岁,德川家康仅 7 岁。日本历史上最理解基督教所带来的异质文化的是织田信长,可惜他在 15 至 20 年后才登场,沙勿略没有面对信长。

沙勿略站在船头上,面对日益接近的日本国土,若有所思。命运是好是坏,谁能料到呢?

不久,阿班船长的中国帆船进入户柱港,在"田之浦"停泊。沙勿略一行先在安琪罗家住下,然后和鹿儿岛第 15 代领主岛津贵久会谈。

9 月 29 日,沙勿略以安琪罗为翻译,在一宇治城的伊集院和岛津贵久见面。贵久就葡萄牙人的生活方式和军事力量发起提问,沙勿略通过安琪罗——作了详细解答,贵久听了深感兴趣。后来他们谈到了传教的事情,贵久许可臣下自由信教。当然贵久所关心的不是基督教,而是和葡萄牙人的贸易利润。当时沙勿略曾对贵久说:"我远从 33600 公里以外的葡萄牙来到贵国,是为了让日本人知道万物

①[日]津山千惠:《方济各·沙勿略》,三一书房 1993 年版,第 59 页。

的创造主——神,因此打算去京都谒见天皇,得到他的传教许可。请准备可去京都的船只。"

贵久说:"一到去京都的航海季节,我会给你准备去京都的船。目前国家战乱不断,不是去的时候,暂且在此等候吧。"[①]

于是沙勿略一行在萨摩国安顿下来,并开始了在日本的传教活动。那时保罗(安琪罗)从杀人犯转变为一个传道人,热心向家属亲朋传教,他的父母、妻子等许多人成了信徒。在日本,大部分人能读书写字,所以都能背诵祷告词,证实了沙勿略所谓"日本才是传教之地"的预言。当时除了保罗等三个日本人之外,能用日语传道的只有修道士费尔南迪。他有语言学天才,在此次航海途中又跟保罗学日语,现在已能充当翻译了。而沙勿略自己,在日本人中间像一尊雕像一样站着,只能从他们的表情来推测是高兴还是发怒或嘲笑。

不过沙勿略很努力,晚上拼命学日语,把简单的说教(如"摩西十诫")译成日语,白天到市井街角朗读。若有人提问,便由费尔南迪或保罗回答。

经过沙勿略等人数月的努力,他们终于争取到了一些日本信徒。据说岛津贵久的母亲看了沙勿略从印度携来的圣母像和基督像很感动,跪在画像前敬拜。她还派人复制圣画,但因日本没有作画的材料未能实现。不过贵久之母是否成了信徒,因没有明确资料,不敢妄加断定。

萨摩国市来城城主新纳康久的家老(家臣的头目)听了沙勿略的说教很感动,将沙勿略和安琪罗介绍给市来城主。康久接见了他们,认为基督教的教义合乎道理。虽然康久自己没有信教,但他的两位夫人和孩子们,家老及其家属等15人受了洗礼,家老的洗礼名叫米盖尔。

在鹿儿岛,有两名佛教僧侣受到沙勿略的感化而信基督教,一名来自足利大学(即关东的足利学校),另一名在京都的大学里修学问。沙勿略准备将他们送到马六甲留学,写信给那里的同事,希望他们以爱心来指导这两个日本人,因为他们将来回日本,会将良好的印象告诉本国人。这是为培养日本人传教士做准备。

沙勿略在鹿儿岛过了冬。至1550年5月,沙勿略打算乘船去京都,但岛津贵久总是推说因战争道路堵塞,旅途危险,不履行约定。想早日进京得到天皇允许进一步开展传教工作的沙勿略,心中十分焦急。

---

① [日]津山千惠:《方济各·沙勿略》,三一书房1993年版,第69页。

1550年7月初,沙勿略获悉有葡萄牙船到平户港,便带了翻译日本人约翰(安琪罗之弟)到平户,想托葡船带信到印度。但那艘葡萄牙船要在中国过冬,与阿班船长的船开船日期差不多,所以一封信也没有带走。8月初,沙勿略不得不再回鹿儿岛,等待去京都的机会。

8 从平户到山口

在鹿儿岛,沙勿略始终没有等到去京都的机会。他的传教热情再也抑制不住了,决心离开鹿儿岛到平户,在那里把握去京都的机会。此次岛津贵久很快就同意了,并为他准备了一条船。沙勿略只把安琪罗留下,让他带领萨摩国的信徒,其他人都跟随他去平户。

平户的领主是松浦隆信(1529—1599年),他是一个明智的人,和中国商人进行秘密贸易,还参与倭寇的活动。数月前葡萄牙船首次来平户做生意,受到他的热烈欢迎。此次他也欢迎沙勿略一行,准许他们传教。沙勿略在这里停留了两个月,争取到的信徒有100人。但是沙勿略在这里没有找到去京都的船,便下决心离开平户到山口。

1550年10月底,沙勿略把托尔勒斯、日本人约翰和安东尼奥、印度人阿马多尔留在平户,自己带了精通日语的费尔南迪和原僧侣维尔纳多前往山口。

沙勿略一行从海路到博多港,112公里航程花了两天两夜的时间。在博多,沙勿略去了禅宗的大寺院(圣福寺或崇福寺),同鹿儿岛的僧侣一样,他们把沙勿略当作从佛教故乡暹罗国来的僧侣,将他迎入寺内,以茶点招待。当沙勿略强烈谴责佛僧以后,他们才明白自己弄错了。而沙勿略一声道谢也没有,迅速走出了寺院。

从博多经黑崎到下关海峡的道路沙勿略一行是步行的,沿途受到人们的嘲笑,被小孩子当作"讨饭和尚",投以石子。原来他们穿着粗糙朴素的衣服,遭到日本人轻视。在欧洲,圣职人员穿着越粗糙朴素越受尊敬,日本则完全相反,他们轻视穿破旧衣服的人,沙勿略第一次发觉东西方文化的截然不同。此次他们来山口,没有携带从印度运来的贵重物品,并且他们终日在山路上行走,脚肿了,还起了水泡,疼痛难行。再加上下雨,浑身湿透,腹中空空,饥肠辘辘,贵族出身的沙勿略从未受到过如此肉体的痛苦,回想自己过去虽然受过航海的惊吓和土著人的袭击等危险,但究竟是在葡萄牙统治下的殖民地上传教,环境没有如此恶劣。因此沙勿略深切体会到,在日本传教的教士,必须具备谦虚谨慎、刻苦耐劳和学问渊博等条件。

沙勿略和费尔南迪、维尔纳多三人经香椎至黑崎,乘船渡下关海峡,沿海岸线北上至小月,再向东步行,经埴生、小郡,抵达山口。当时山口包括西中国一带和丰前、丰后,是守护大名(领主)大内义隆(1507—1551年)的城下町(首府),因地处沿海,经常和明朝进行贸易往来,经济、文化十分繁荣,有"西京"之称。

1550年11月初,沙勿略一行来到山口。因不能立即坐船到京都,便暂时在这座人口10000以上的城市进行传教活动。

沙勿略每天两次,在街头和十字路口朗读在鹿儿岛编好的教理讲义,听众云集,许多人驻足倾听,并提出问题,由费尔南迪翻译解答。他们的说教内容,和在鹿儿岛、平户所宣传的差不多,不外乎关于天地和人的创造主神。沙勿略指出,因为日本人不知道创造主,而去拜金银木石制成的偶像,那是崇拜魔鬼。他还指出反自然的行为——男色、通奸、堕胎等是犯罪;天地之间拯救人类的,只有一位创造主神,必须信仰为人类舍命赎罪的主耶稣基督。

有的武士听后觉得有理,便把沙勿略唤到家里,热心倾听基督教义。大内义隆的重臣内藤兴盛,把他们招到邸宅,详细听取教义。内藤本人没有相信,他因长期信佛,捐造了许多寺院,不愿失去如此巨大的功德,但他把沙勿略介绍给领主大内义隆。

当初大内义隆以为沙勿略是印度来的僧侣,在府第接见了他,还让他说教。沙勿略朗读教义,从神创造宇宙到"摩西十诫"。当他再从崇拜偶像谈到男色是罪的部分,义隆突然变了脸色,愤然令他退去。内藤以小声转告,沙勿略便停止朗读,向领主义隆告别,离席而去。领主义隆行为放肆,沉湎邪恶,当然不会喜欢这些内容。据耶稣会士的记载,当时在领主、武士、僧侣之间公然犯男色罪。

异质的西方宗教——基督教一传到日本,就分为两部分,一部分人理解教义,对外来宗教抱着好意,另一部分人不理解教义,抱着轻视或敌意的态度,正如《圣经》所说:"万民都要聚集在他面前。他要把他们分别出来,好像牧羊的分别绵羊、山羊一般。"[①]

有一天,费尔南迪在十字路口传道。当他讲到基督为罪人赎罪被钉死在十字架上的时候,许多人流泪倾听,但有一名武士耸肩从人群中慢慢挤过来说:"假话就

---

① 《新旧约全书》"马太福音"第25章32节。

要结束了吧。"说罢向费尔南迪吐唾沫。那时费尔南迪并没有变色,平静地取出手帕擦脸,继续讲下去。有一个叫内田的人,看到此种态度很感动,后来追随沙勿略听道,成为山口最早受洗的人。他的妻子和几个亲戚也成了基督徒。后来内田成了沙勿略的房东,各方面给予沙勿略照顾。①

9　希望落空

沙勿略在山口住了约一个月,他要去京都会见天皇取得全日本布教许可的热情再也压制不住了。1550 年 12 月 17 日,沙勿略一行三人离开山口到岩国。山口至岩国有 92 公里的路途,全靠步行。他们以三天时间走完了这段路程,然后在岩国乘船到堺。经人介绍,沙勿略访问了堺的富商日比屋了珪。他很快成了沙勿略的房东,各方面给予帮助。后来日比屋了珪成为一个信徒,为天主教在日本的传播作出了很大贡献。

不久沙勿略跟从一位贵人进京,那位贵人坐轿前往,后面跟着许多家臣和仆从。沙勿略等也跟在队伍中,行走了 100 公里。那时正值冬季,寒风凛冽,遍地是雪。对沙勿略来说,只要进京得到天皇许可在日本政治中心传教,再大的艰难困苦都能克服。

1551 年 1 月 15 日,沙勿略一行抵达京都。由于日比屋了珪的介绍,沙勿略住在富商小西隆佐的家里,后来隆佐及其儿子小西行长(后来成为天主教大名即领主)都成为热心的教徒。

为实现沙勿略的宿愿——与比睿山上的学僧辩论,隆佐把沙勿略送到比睿山麓的阪本。沙勿略在雪地行走了 15 公里,途中还遭受到孩子们的嘲笑,他们跟在沙勿略一行的后面大骂。

到达阪本后,沙勿略立即上山要求会见座主。但是会见比睿山座主需要贵重的礼物,像沙勿略这样衣着朴素的外国人,座主根本不屑一顾。怎样才能见到座主呢?即使沙勿略以后的许多耶稣会士,都曾请求和比睿山接触,但谁也没有实现过。因此,沙勿略便放弃和比睿山座主辩论的打算,离开阪本回到京都。

然而这个时候的京都是日本史上最混乱的时期,天皇威信扫地,将军足利义辉

---

① 〔日〕津山千惠:《方济各·沙勿略》,三一书房 1993 年版,第 105 页。

失去权力,一向宗农民起义风起云涌,细川、三好、六角、木泽诸氏争权夺利,最后三好长庆打倒杀父之仇敌木泽长政,成为京都的实权人物,直到 1568 年织田信长进京。

由于战争、瘟疫、疾病、饥饿,京都人口从 18 万户减至 10 万户;市街遭到破坏,到处一片废墟。在这种情况下,沙勿略的京都传教计划被打破了。正像他自己所说:"我们到达京都,住了数日(11 天),我们为在日本弘布神的教义,努力争取国王(后奈良天皇)的许可。但是国王的许可是不行的了,因为人们不服从国王,所以只得放弃过去一直希望得到国王许可进行传教的计划。我们研究了适合传教的最佳时机。我们明白,当时到处发生战争,不是进行传教的时机。"①

10 重到山口

京都传教计划落空之后,沙勿略便打算去日本最繁荣的山口传教。于是他便带领费尔南迪和维尔纳多离开京都,从鸟羽坐船下淀川,再回堺。他们在堺停留数天,搭便船到平户,与托尔勒斯和日本人约翰、安东尼奥重逢。

沙勿略进京期间,留在平户的托尔勒斯的传教活动取得了很大成果。首先房东托马谷口夫妇及仆人受洗成为信徒,后来托马之父及数名亲戚也成为信徒,托尔勒斯先后给约 40 人授洗礼。其中有后来跟伽果神父受洗的生月领主顿·约翰勘解由②之父亲,他钻研天主教教义,是日本最早的宗教学者。还有一个是约翰勘解由的胞兄顿·赛罗尼摩,他是山田领主安东尼奥笼手田左卫门尉安经③的父亲。这两个人的子孙不少入耶稣会,成为修道士。因此,锁国以前,平户的生月、度岛成了日本天主教的堡垒。由于生月领主信教,领民也跟着信教,最盛时期生月的2400 人中有 1800 名信教。

1551 年 4 月末,沙勿略让托尔勒斯留在平户,自己带了费尔南迪、维尔纳多及一名翻译乘船,从玄界滩出发,经下关海峡,东进周防滩,在小郡或三田尻登陆,然后由陆路到山口。上次沙勿略到山口是作为耶稣的一名清贫传教士的,而此次他

---

① [日]津山千惠:《方济各·沙勿略》,三一书房 1993 年版,第 118 页。

② 顿·约翰是教名,勘解由是官名,相当于巡察使之类。

③ 安东尼奥是教名,笼手田左卫门尉安经是日本姓名。

的身份是印度总督的使节,穿着豪华,威仪堂堂,还携带价值昂贵的精美礼品——时钟、音乐盒、洋枪、缎子、雕花玻璃器皿、眼镜、望远镜、葡萄牙制纺织品、葡萄酒和瓷器等,这些都是日本罕见的珍品。如果携带这些礼品去见天皇或比睿山座主,也许不会有上次的失败。

这次仍由内藤兴盛斡旋,领主大内义隆接见了沙勿略。义隆对礼品很满意,要以金银作答礼,但沙勿略什么都不要,只要求准许在领内传教。于是义隆批准了他的传教要求,街上到处立告示牌,可以自由信仰天主教,并对神父不得加以任何妨碍和麻烦。义隆还赐给沙勿略一所废寺即大道寺,让他居住,并派一僧侣或俗人到印度去答谢。

经过沙勿略等人的不懈努力,两个月时期内受洗者达 500 人,在山口取得了巨大成果。特别有一位盲人琵琶法师转变信仰,被传为佳话。

山口有一位年轻的琵琶法师叫了西,他的一只眼全瞎,另一只眼视力模糊,终日云游,抱着琵琶立在人家的门口,吟诵《平家物语》,①以乞食为生。他知识渊博,记忆力强,人们听了他的吟诵往往被感动得流泪。他听传闻说有个异国来的神父在街头讲解新道,便经常来聆听,深受教育,确信神父所讲全是真理。当他进一步知道神父不畏艰难困苦,冒生命危险渡海来日本,不是为了现世利益,而是为了拯救人们灵魂的时候,决心放弃琵琶法师的职业,做一名传教士,教名叫做罗伦索。

这个罗伦索才是神为日本传教而拣选的仆人。弗洛伊斯(Luis Frois,1531—1597 年)在他的《日本史》中说:"正如光荣的使徒保罗所说,为羞辱强者,拣选了最低微者,全能的神拣选了几乎完全丧失视力,天生容貌奇异的人。"②就是这位盲人琵琶法师,使日本最有名的学者、知识丰富的僧侣和有身份的城主等,逐个成为天主教徒。由于他的布道,有数千人成了信徒。因此,罗伦索改宗信教,才是沙勿略在山口取得的最大收获,以及神为羞辱强者而拣选的伟大瓦器。

11 会见大友宗麟与返回印度

1551 年 8 月末,沙勿略得悉一艘葡萄牙船进入丰后,高兴极了,立即把托尔勒

---

① 中世纪时在坛浦被消灭的平家武士集团的悲壮故事。
② 〔葡〕路易斯·弗洛伊斯著,松田毅一、川崎桃太译:《日本史》,中央公论社 1981 年版。

斯唤来，把山口的事情托给他，自己则于 9 月 15 日带了马提奥斯（在山口信教）、维尔纳多（在鹿儿岛信教）和翻译约翰（安琪罗之弟，曾入果阿圣信学院进修）三人到丰后。为早日得到印度和欧洲的消息，沙勿略一行以七天时间走完了 336 公里的旅程。

他们一到丰后，葡萄牙船就放礼炮欢迎，看热闹的人山人海。身穿礼服的沙勿略一行，进入领主大友宗麟的府第。22 岁的宗麟热情地款待沙勿略，对他的话很感兴趣，聆听他的教诲。那时宗麟还没有受洗，据说是因为他没有接受基督教的一夫一妻制，直到 27 年后的 1578 年，他才由弗洛伊斯授洗礼，由范礼安取名为方济各。由于他的信教，带动了领民的信教，使丰后为天主教的中心，这是后话。

大友宗麟（也叫义镇）与葡萄牙贸易，和传教士交际，一方面固然是为了政治上（希望得到枪炮）和经济上（繁荣经济）的利益，另一方面还不能否认是为了探求真理。

沙勿略虽然受到大友宗麟的厚遇，但他心中十分不安，因为伽马船长的葡萄牙船没有带来印度和欧洲方面的消息。沙勿略来日本已有两年了，自己是印度教区的负责人，他很关心印度的传教活动是否顺利开展、圣信学院办得如何、发挥了作用没有。这样，沙勿略开始产生了回印度的念头。不过他白天还是忙忙碌碌，为葡萄牙船的船员们献弥撒、听坦白、进行圣体领拜等。

10 月末，仆人安东尼奥突然从山口赶到丰后，带来了托尔勒斯和费尔南迪的书信，向沙勿略报告山口的突变。原来沙勿略离开山口不久的 10 月 3 日，山口发生陶睛贤谋叛事件，山口成为一片废墟，领主大内义隆自杀身亡，托尔勒斯、费尔南迪两人由于内藤兴盛庇护，死里逃生。佛教僧侣把此次事件归咎于神父说木石制作的佛不能救人，扬言要杀神父。不过山口的新领主是大友宗麟之弟大友晴英。原来大内义隆无子，将其姊（从大内家嫁到大友家）的儿子晴英收为养子，后来义隆生了自己的儿子义尊，便对晴英疏远了。因此对义隆统治不满的叛乱者，便拥立晴英为山口领主。这对传教士来说是不幸中之大幸，因为他们有了继续保护传教的领主晴英。

为了筹措资金，重整旗鼓，恢复山口的教会，沙勿略立即与大友宗麟告别准备回印度，约定明年 8 月再来日本。宗麟托他带去和葡王亲善的书信一封及礼物武具一套。

1551 年 11 月 15 日，沙勿略乘伽马船长的葡船离开日本前往中国，同行的除宗麟的一个使节外，还有山口的信徒日本人马提奥斯、萨摩的信徒原僧侣维尔纳多，以及在果阿受洗、和沙勿略一起来日本的日本人约翰和安东尼奥四人。1552 年末,沙勿略不幸在中国珠江口外的上川岛病死,详见本书后篇第八章第一节《开教鼻祖之死》。

12 沙勿略的传教方针及其播下的种子

沙勿略的传教方针是基于他的日本人观(后述),即日本人文化高和富有理性基础上的。他在给欧洲耶稣会士的信中经常提到,日本有高度的社会政治制度;有杰出的学问,特别有足利学校、比叡山、高野山那样的"大学",可与巴黎大学那样欧洲的一流大学匹敌;日本不论男女都读书,文化程度高。根据这样的认识,沙勿略作出了宏大的传教计划:一,尽快进入日本的京城谒见天皇,请求批准在全日本传教,采取自上而下的传教方针。后因天皇权力衰微改变方针,依靠有力的地方领主。二,亲自访问"大学",将来号召欧洲学者来日本"大学"留学,还从日本派遣有为的青年到印度或欧洲留学。三,开辟日本和印度之间的定期航路,在京都附近设立贸易商馆,促进日欧贸易。

沙勿略的宏大传教计划虽然没有全部实现,但是他对前景十分乐观。他打算日本教会由日本人自己来发展,他说:"日本国非常具备以日本人自己来发展基督教的良好条件,因此我们所付出的努力当然会被有效地利用。尊敬的师父啊!请阁下从贵地派遣圣洁的人来日本吧,我在渴望着。在过去发现的这个地区的所有国家中,只有日本人适宜以自己的力量发展基督教,不过那里还有很大困难。"[①]

实际上沙勿略早已开始在着手这项工作。他初到日本不久,就有两名年轻的僧侣受感化而信教,他便把他们送到果阿留学,还写信给果阿的同事,要他们以温爱来迎接他们。这两名僧侣,现在我们只知道一名是阪东足利学校的,一名是京都"大学"里的。他们留学两年后回日本,结果如何不详。[②]

当沙勿略 1551 年离开日本到印度时,携带两名日本青年同行,一名是鹿儿岛人维尔纳多,一名是山口人马提奥斯。维尔纳多是最早在欧洲留下足迹的日本人,他还在罗马会见过耶稣会总长罗耀拉。可惜他体弱多病,客死于葡萄牙的科英布

---

① 给伊古那丘斯的信,科钦发,1552 年 1 月 19 日,河野纯德译:《圣方济各·沙勿略全书简集》,平凡社。

② [日]津山千惠:《方济各·沙勿略》,三一书房 1993 年版,第 80—81 页。

拉（Coimbra）大学。马提奥斯也不幸在印度病死。他们虽然都没有回日本起到应有的作用，但沙勿略以日本人自己的力量来发展基督教的这一传教方针是正确的。可惜沙勿略的后继者没有执行这一传教方针，未继续让日本人去欧洲留学。

以日语传教和把教义译成日文，也是沙勿略的一大传教方针。沙勿略自己不懂日语，传教主要靠翻译。当初的译语，沙勿略主张实行同化的方针，即不破坏日本的传统文化，尊重日本文化的优点，基督教的戒律、习惯等尽量顺应固有的日本文化，如日本人没有肉食的习惯，沙勿略就决心一生断绝肉食。宗教用语方面，打算仍旧采用日本语言。沙勿略最早遇见的日本人安琪罗，没有特别的宗教知识，只有当时武士阶级一般的佛教知识，而又因安琪罗过去是真言宗信徒，结果教理翻也采用真言宗的用语，如把拉丁语"Deus"（神）译成"大日"（真言宗的大日如来之略）。后来沙勿略发现"大日"是泛神论的本体，而不是基督教全智全能的宇宙创造主的意味，便连夜赶到街上宣传，将原来的"拜大日"改为"不拜大日"，结果作为外来语采用"デウス"一词。[1]后来关于基督教用语除一些教义上根本的东西用外来语，一般尽量采用佛教语媒介，以便民众接受。

运用浅近易懂的辩证讲道，也是沙勿略的传教方针之一。有一次沙勿略讲道时谈到崇拜偶像。他说："有一位雕刻师入山，仰望由阳光雨露育成的几种树木说：'呀，这树长得很好，就用这一棵吧。'用斧将它砍倒，锯下认为最好的一部分，使用朱墨和圆规巧妙地画出了一个人形。此时他觉得有些寒冷，便把该树的枝叶用火点燃取暖。'呀，温暖起来了，肚子倒有点饿，烧鱼吃吧。'他用该树的其他部分烧鱼吃。后来又将那最好的木料雕成佛像，伏地叩拜道：'呀，我的神呀，救主呀，请帮助我好吗？消除我的罪，让我去极乐世界好吗？'然而他没有理解和认识到为什么要做那样愚笨的事，叩拜烧鱼取暖的木头，并求它帮助呢？"

不料此时有个一直在倾听的剃发的男人插嘴说："神父，我对着木头跪拜了十年，早上从东方发白起床，直到晚上人静睡眠，一刻不离偶像。那个偶像象征着那个宗派的始祖，尽管它不能看，不能听，也不能说，却每天在像前念经，还同活人一样，365天供奉茶饭。在这样的生活中，我对那种宗教怀疑，觉得苦恼，因为这是违背神的教义。神父，现在我明白了，因为确信我的疑心是正确的。"

众人听了那人的这番话非常震惊。原来此人是山口著名的学者，长期在阪东

---

① H.契斯利克：《天主教书及其思想》，《日本思想大系》第25卷，岩波书店1971年版，第555页。

足利学校研究学问,后来认为那个宗教不是真理,还俗结婚。

传教士介入贸易也是沙勿略的一个传教方针。当初耶稣会的传教经费依靠葡萄牙政府特别是印度殖民地政府,但往往不足而且送达时间过长,不能急用。因此沙勿略主张教会从事贸易,以贸易利润开展传教活动。当时日本社会战乱不断,信徒不可能捐献大量金钱,故教会从事贸易是不得已的事,不能加以指摘。事实上继沙勿略之后来日本的传教士,都因经费不足感到苦恼,正因为从事贸易,教会才摆脱缺乏经费的困境。

沙勿略在日本只有两年零三个月,但他在日本播下的种子生根发芽,长成巨树。因为树大招风,他的传教思想与封建幕藩体制相抵触,所以后来被统治阶级砍倒。

继沙勿略之后有许多传教士来日本传道,也都取得了很大的成绩。特别是1568年弗洛伊斯谒见新兴武将织田信长成功,在信长保护下传教事业迅速发展,至1580年有信徒10万人,1582年增至15万人,1600年关原会战时达到30万人,那时日本总人口为2500万,这不能不说是沙勿略播下种子的开花结果①。再从封建统治者对基督教镇压来看,殉教者达二三十万。② 世界上任何一个国家都没有如此多的殉教者,这也是沙勿略播下种子结果的反证。

随着教会的繁荣,西方文化涌入日本,引起东西方文化的冲突,甚至对封建幕藩体制构成威胁,最后导致政治体制的变革——锁国,这一举措把日本开放的社会变成闭塞的社会,极大地影响了日本历史。

沙勿略不仅第一个在日本播下基督教的种子,而且他的品行、人格以及不屈不挠的精神都成为后世的楷模,被后人称为"圣人";他的日本人观和传教方针都被后继者继承下来,并发扬光大。他的人生观更值得效法,身为耶稣会印度管区长、罗马教皇的使节,理应坐镇印度,但他率先赴现场传教,披荆斩棘,做一个开路先锋,以1世纪使徒保罗为榜样,打开异教世界的大门,把基督教传给外邦人,开东西方文化交流之先河,其意义重大。

日本人十分敬仰这位伟大的"东方使徒",在日本各地建立纪念碑,树立沙勿略的铜像。在鹿儿岛,沙勿略谒见岛津贵久的一宇治城址和沙勿略公园里有他的铜像;在山口、平户、堺及其附近的大分,也有他的铜像。

① 〔日〕松田毅一:《范礼安与天主教》,朝文社1992年版,第180页。
② 〔日〕津山千惠:《方济各·沙勿略》,三一书房1993年版,第210页。

第二章 教会的发展

——布教公认时代(1552—1587 年)

1 时代背景

历时 11 年的"应仁之乱"(1467—1477 年)之后,京都几乎成为废墟,天皇、将军、公卿贵族、僧侣等旧统治者衰落,他们穷困到只好到下乡向地方大名(领主)乞食的地步。新型大名——战国大名在实力斗争和"下克上"的斗争中,将日本历史带入战国时代。战国大名彻底摆脱了幕府的统治,以武力创建自己的领国,取得领国的土地最高所有权,而且以绝对统治者的身份在领内实施自己的统一法律——国分法。

这些战国大名,为巩固自己的统治地位,在领内政治上实行集权统治,经济上采取富国强兵的方针。他们在富国强兵方针的指导下,对内大力发展农业、手工业生产,对外发展国际贸易,出现了许多"城下町"(首府),甚至自治城市等,如以刀剑、丝织品、漆器产地闻名的堺。当时的人口超过五万,耶稣会士维列拉(Caspar Vilela)说:"堺富庶而和平,像意大利威尼斯那样实行自治。"①

商品经济的发展,必然要求发展对外贸易,但当时日明贸易因"倭寇"而中断,不得不以"南蛮贸易"(日葡贸易)代替日明贸易,依赖葡萄牙船进口中国的黄金、生丝和瓷器等,为基督教的传入开辟了道路。1549 年沙勿略来日本的时候,日本正处于这种情况之下。因此,沙勿略来到经济文化发达和对外贸易的视窗——山口传教,取得了一定的成绩。后来他到丰后,受到领主大友宗麟庇护,传教事业顺利发展。大友宗麟庇护基督教,主要出于和葡萄牙进行贸易的需要,吸引葡萄牙船到

---

① 1562 年伽斯巴尔·维列拉的通信,《日本史料集成》,第 247 页。

自己的领内。然而沙勿略认为日本目前处于战乱状态,环境不允许人们静听神的福音,确信只有治安确立,和平恢复的时候,才能争取更多的信徒,并与佛教界对决。不过他认为乱世不是永久的。事实也确实如此,16世纪后半期,日本开始出现了从长期战乱的战国时代走向封建统一国家的局面。

由于战国大名各自采取富国强兵政策,出现不少有实力的大名。他们互相争战,最后由尾张(爱知县)的大名织田信长(1534—1582年)统一全国。织田信长为利用天主教对抗一向宗农民起义和削弱佛教势力,以及获得贸易利益,采取了保护天主教的政策,使沙勿略梦寐以求的"由上而下"的传教方针得以实现。

从社会现实来看,当时无止休的战乱使农民逃散,家属分离,卖儿鬻女;社会道德堕落,弃儿、溺婴和堕胎等公开进行,出现了"从四条坊桥看,上游尸体无数,磊磊如块,流水堵塞"①这样的人间地狱。在这种战争、饥饿、死亡的黑暗世上,广大民众渴望物质上精神上的得救,祷求从社会的重压下解放出来。然而作为当时民众信仰支柱的佛教,由于寺院封建领主化,失去了教化的作用,僧侣堕落而趋向贵族化,或者寺院武装起来,自身陷入弱肉强食的杀伐之中,几乎丧失了济度众生,安身立命的宗教应有活力。加之佛教的社会事业堕落,民众对佛教毫无希望。就在此时,"吉利支丹"(天主教)传入了日本。

② 布教线的伸延

沙勿略离开日本后,传教任务便落在托尔勒斯肩上,他作为布教长,领导日本传教事业。1552年托尔勒斯从大内义长取得布教许可证,在费尔南迪、罗伦索(琵琶法师了西)和新来的伽果(B. Gago,1515—1583年)协助下,以山口为根据地向附近一带传教。同年8月8日,大内义长批准将大道寺及其土地赐予耶稣会,建立教会。1563年肥前国(长崎县)大村的领主大村纯忠最先受洗。接着受洗的大名有丰后国(大分县)领主大友宗麟、肥前国的有马领主有马义贞(大村纯忠之兄)和有马晴信(义贞之子)、筑前(福冈县)的黑田孝高等,五年内受洗成为信徒的有2000人。伽果看到日本人重视葬仪,便特别加以考虑,规定11月为死者之月,为死者献

---

① 《碧山日录》宽正二年二月条,引自《日本思想大系》第25卷,岩波书店1971年版,第517页。

弥撒。伽果还在信徒中间组织"讲组"(Confraria),相互勉励信心,克服灵性软弱。讲组还担当了救贫事业,帮助穷人解决生活困难。这种讲组是根据《圣经》马太福音第 25 章 34 至 40 节所记的精神,以实现兄弟姊妹的友爱为目的。后来讲组被推广到各地,它不仅平时是信徒的友爱团体,而且后来在权力的迫害下起到了保持信仰和同舟共济的作用。

1554 年以后山口开始内乱,至 1557 年山口由毛利氏统治,教会不得不撤走,把根据地移到丰后府内(今大分市)。在丰后,托尔勒斯的传教事业得到领主大友宗麟的支援,取得了长足的发展。教会开办社会慈善事业,如育婴堂、医院等,特别由 1552 年来日、擅长医术的阿尔美达(Luis de Almeida,1525—1783 年)所主持的医院,受到穷人的欢迎,名声远及关东,被评为贫民宗教。十年之内,除鹿儿岛的岛津氏、平户的松浦氏、山口的毛利氏以外,传教事业以府内为中心,遍及九州。

不料此时平户、博多地区松浦氏对天主教迫害加剧,传教士被迫撤回丰后府内。于是托尔勒斯重新研究今后的传教方针,经过大家讨论,决定采取沙勿略一贯主张的"自上而下"的方式,即先争取日本上层部信教,然后以其影响力一举传遍全国。

1559 年 9 月,维列拉和日本人罗伦索被派到京都传教。维列位剃去胡子与头发,穿上粗布黑衣,以僧侣打扮进京。维列拉来日本已有三年半了,在府内学得一口流利的日语。最初他在下京革的棚口租借了一间小屋,屋上竖起十字架,开始传教。但京都屡遭战乱,人心不安定,当初来听道的人很少。后来由于他的热心传教,听众渐渐多起来,不少僧侣也来听道。僧侣听后造谣说维列拉是披着人皮的魔鬼,吃人肉,屋里死人骨头堆积如山,结果维列拉被房东赶走。维列拉先迁到六角玉藏町,后又移到四条乌丸等地,最后在四条坊门的姥柳町买下佛寺充当教堂,总算安顿了下来。

维列拉设法谒见将军足利义辉及三好长庆、松永久秀等实力人物,使教会取得了和社寺同样的特权——免除诸课役及禁止粗暴人入内等,公开受到统治者的保护。于是维列拉便以京都为基地,向其附近的摄津、河内、和泉、大和方面发展,堺市大名小西行长、摄津大名高山飞骑守高山右近父子信教。1563 年维列拉在堺期间,比睿山僧侣要求京都实权人物松永久秀驱逐神父和破坏教堂,久秀命结成山城守、清原枝贤等调查事件,在调查过程中他们受天主教义的感动,反而信了教。

这样,布教区域逐渐扩大,布教线伸延,南自鹿儿岛,到达美浓、尾张,在长崎、岛原(有马)、天草、平户、博多、丰后、山口、京都、高槻、堺、河内的安土及其他各地都有由信徒组成的教团,30 年以来由沙勿略开创的日本传道事业,硕果累累,业绩辉煌。

3 织田信长与天主教

由于京都教务繁忙,1565 年 1 月弗洛伊斯从丰后来到京都,协助维列拉工作。次月,弗洛伊斯和维列拉一起谒见将军足利义辉,将军表示继续支援教会,两人对前景充满信心。但是半年后,三好氏、松永氏叛变,将军一家被松永久秀惨杀,京都陷入一片混乱。

同年 7 月 29 日傍晚,几名教徒和士兵来向弗洛伊斯报告,说内里(宫廷)已发出流放神父的诏书,即刻便向外部公布,30 日早晨,京都三奉行之一的异教徒三好日向守长逸派人给弗洛伊斯送来一信说:"我竭力阻止将神父流放出京,但因那个罪魁祸首霜台弹正没有成功。现内里的诏书已经发出,神父们应立即赴堺。我将派家臣与你们同行,路上保护。"①三好日向守长逸生来善良,是教会的朋友。弗洛伊斯和维列拉知道事情紧急,立刻收拾行李出京。

8 月 1 日弗洛伊斯等离开京都之后,天皇的诏书向全市公布,其中说:"神父们信魔教,宣传虚伪欺瞒的教理,应把他们驱逐出京,永久流放,并没收他们的教会。"②

传教士到了堺,由于富商日比屋了珪的庇护,在此潜伏下来,等候时机再次入京。

三年之后的 1568 年秋,天皇和室町幕府的将军要求织田信长攻入京都,恢复朝廷和幕府的地位。同年 10 月,信长带兵入京,拥立将军义辉之兄弟义昭,这就给传教士入京带来机会。那时信长的军队途经堺的时候,高山飞驒守厨书通过和田惟政(信长的部下)的活动,希望信长接见弗洛伊斯。

据说和田惟政带了弗洛伊斯来见织田信长时,信长未接见他们,而是躲在殿后暗中观察,但惟政并没有放弃让神父会见信长的热望。

机会终于来了,1569 年的一天,和田惟政亲自带领 30 骑来将弗洛伊斯接去,

---

① [葡]路易斯·弗洛伊斯著,松田毅一、川崎桃太译:《日本史》日译本第 4 册,中央公论社 1981 年版,第 14 页。

② [葡]路易斯·弗洛伊斯著,松田毅一、川崎桃太译:《日本史》日译本第 4 册,中央公论社 1981 年版,第 14 页。

那时信长在二条城工事现场指挥。信长在濠桥上与弗洛伊斯谈话约两个小时,根据弗洛伊斯的《日史本》①,他们的对话如下:

"神父,你多大年纪?"

"37 岁。"

"从葡萄牙来日本已有多少年了?"

"6 年。"

"关于你所说的神已经学了多少年了?"

"20 多年。"

"你的亲族希望再在葡萄牙与你见面吗?"

"不,我决心献身于神,希望在日本全力从事这项工作。"

"欧洲和印度每年来信吗?"

"船进日本时带信来。"

"如果神的教义在日本不弘传,你回国吗?"

"不回国。如果一个信徒也没有,神父无论是谁都要留在这里。"

"为什么在京都没有一间修道会的房子呢?"此时罗伦索修道士乘机回答道:"谷物发芽时荆棘非常多,立刻将它覆盖了。那些佛僧知道有名望的人物成了教徒,马上驱逐神父,尽一切手段阻止布道。因此要想成为天主教徒的很多,但一遇到阻碍就迟疑了。京都原有耶稣会的一间房屋,五年前神父被驱逐出屋了。"

后来信长进一步问弗洛伊斯:

"你们远来日本,究竟是何动机?"

"只有一个动机,那就是在日本说救世之道,以实现世界创造主、人类救主的御旨,除此之外,别无它望。因此神父们甘受辛苦,冒航海危险而来。"弗洛伊斯答道。

当时工地上有七八千人,其中有不少僧侣,他们都在注视着信长的一举一动。信长故意对着那个方向大声说:"在那里的骗子们,你们不是像神父那样的人,你们专门欺骗民众,伪装自己,好说空话,傲慢僭越,我多次想全部消灭你们,但为了不使人民动摇及同情他们(人民),才放任你们,不给自己找苦恼。"②

---

① 〔葡〕路易斯·弗洛伊斯著,松田毅一、川崎桃太译:《日本史》第 4 册,中央公论社 1981 年版,第 152—154 页。

② 〔葡〕路易斯·弗洛伊斯著,松田毅一、川崎桃太译:《日本史》第 4 册,中央公论社 1981 年版,第 154 页。

永禄十二年(1569 年)6 月 1 日,织田信长赐予耶稣会布教许可的"朱印状",上面这样写着:"神父可以在京都自由居住,免除本国人应尽的一切义务;准许他们在我领的诸国内随便滞留,不受妨害;若有人非法找他们麻烦,则坚决予以处罚。"[①]

1571 年,新来日本的奥尔艮契诺(Gnecchi Sold Organtino)进京,担任修道院长,和信长结成亲交。这一年,信长烧毁旧势力的中心延历寺,将军义昭下台,信长君临天下,传教事业越发好转。为扩大教势,信长在安土城赐给教会土地,让他们建立教堂和学校,还支援南蛮寺的建造。

织田信长作为一个统一日本的人物,具有新的思想是无可否认的,所以传教士带来的新思想新文化,对要否定传统的佛教权威及确立封建秩序的信长来说是有其魅力的。他乐于和传教士往来,但他保护天主教的政策主要出于政治上的利用,借以打倒旧势力特别传统的佛教势力。如 1578 年荒木村重叛变时,信长为争取摇摆不定的高山近右,软禁京都的传教士,并派奥尔艮契诺到高山近右的地方,威吓传教士说如果他们不服从,就将传教士处以磔刑,将信徒杀光。

从织田信长接见弗洛伊斯的 1569 年至本能寺事变的 1582 年,14 年时间内接见传教士共 31 次,其中在京都 15 次,在安土 12 次,岐阜 4 次。尤其是本能寺事变信长死亡前的两年时间,经常接见传教士,有时每月两次。接见次数最多的是葡萄牙人弗洛伊斯,有 18 次以上。其次是意大利人奥尔艮契诺,有 17 次以上。其他还有意大利人范礼安,葡萄牙人卡布拉尔,西班牙人卡利翁、佩雷拉和阿尔美达等。若按国籍区别,则葡萄牙 5 人,意大利 4 人,西班牙 2 人,合计 11 人。

4 两条不同的路线

日本布教长托尔勒斯因病要求辞职,1570 年葡人卡布拉尔(Francisco Cabral)来接替。卡布拉尔经过调查研究后,便在志歧召开会议,决定今后布教方针。两个月以后托尔勒斯在志歧逝世,20 年来他忠诚继承沙勿略的遗志,[②]一直担任日本布教的领导人。沙勿略出身那瓦拉王国,后来祖国灭亡,故他是一名无祖国的传教

---

① [葡] 路易斯·弗洛伊斯著,松田毅一、川崎桃太译:《日本史》第 4 册,中央公论社 1981 年版,第 154 页。

② 沙勿略离开日本后去了印度,1552 年又从印度到了中国传教,病死于广东上川岛。

士。后继者托尔勒斯和费尔南迪都是西班牙人,但他们没有西班牙国民意识。传教士中还有一批意大利人,如北意大利帕多瓦出身的范礼安及与卡布拉尔同时来日本的意大利人奥尔艮契诺,他们没有从西欧强大的祖国为背景来布教。他们的日本人观与沙勿略一样,认为日本是一个优秀的民族,其教养、文化和习俗胜过欧洲人,因此传教士首先要学日语,若不和日本人深交,不接受日本的风俗,不受日本人尊敬则不能布教。奥尔艮契诺向佛僧学《法华经》,穿日本衣服,吃饭也把面包换成米饭,他时刻留心顺应日本的风俗习惯,满足日本人的心理状态,这些都是1577年摄津、河内大改宗的原因之一,许多人抛弃佛教而信仰天主教。

弗洛伊斯在《日本史》中说:"日本人本来是一个爱好新奇的国民,奥尔艮契诺神父已经知道了那种心情,根据以往经验,若加以利用倒是一种极其有效的布教手段。因此他没有放过任何一个可使异教徒理解而得救的机会。当时他采用了这样的方法,即每当重要的节日,让所有地方的基督教徒参加活动;在举行盛大典礼时,出动最豪华庄重的游行队伍,让许多异教徒都来参观祭典。其中不少人被那种手段打动而来听道,最后成了基督徒。"①

奥尔艮契诺非常尊敬日本人,他说:"日本人是世界上最贤明的国民,他们乐于遵循理性,所以比我们更优秀。"②

与上述相反,新任布教长卡布拉尔及其后继是科埃留(Gaspar Coelho)则具有强烈的祖国优越意识,他认为日本人的政治是野蛮的,日本人傲慢、贪欲和伪善,所以神父以高压手段对付他们不是无理由的。即使以对待非洲黑人的酷刑来对日本人,让日本野蛮的风习变成欧洲高尚的风习;即使彻底破坏那些"魔鬼的殿堂"——神社佛阁也是应当的。日本人若对教会有所打算,则以贸易为诱饵,把他们诱入天主教也是一种可取的方法。若是日本人多且夸耀武力,神父少且远离祖国的情况,将来有威胁自己地位的危险,那么武装教会不让日本人受高等教育也是一种理由。抱着这种见解的卡布拉尔,为了使欧洲人自己的会话不给日本人听懂,不让日本人做学问。为了不在日本人中产生神父,不许日本人学习拉丁语、葡萄牙语,也不让新来的传教士学日语。他曾说:"即使有才能的欧洲人,能听懂日本人的祷告要6

---

① 〔日〕松田毅一:《范礼安与天主教》,朝文社1992年版,第44页。

② 1577年9月21日给维尔纳多·费拉罗的信,引自松田毅一:《范礼安与天主教》,朝文社1992年版,第45页。

年,能对日本人讲道要 15 年。卡布拉尔不让葡萄牙人顺应日本人的习惯,反而要日本人遵循欧洲人的习惯;不让葡萄牙人修道士与日本人修道士打成一片,反而不希望日本人修道士穿戴欧洲人修道士的衣帽。他把日本人的风习看得很野蛮,自己则爱好日本人所讨厌的肉食。对九州的诸侯,以成为信徒为条件,让葡萄牙船开到他们的领内,即采自上而下的传教方案,让诸侯强迫领民信教。①

以上两种相异的布教路线,所得的结果也不相同,奥尔艮契诺受日本人爱戴,他所领导的地区——五畿内出了布教成果,而卡拉布林所领导的九州地区教会,事态相当严重。比卡布拉尔迟九年到日本的巡察使范礼安,写信给罗马耶稣会总长说:"我一考虑到这个国家的事情便叹息,感到极大的不安向我袭来,要是可能的话,请尊师亲自来这个国家看一看。"②范礼安进一步说:"每个人修道会的日本人与其说是耶稣会之子,不如说是商人,欧洲神父没有一丝友爱,他们以种种恶言对待日本信徒。没有人加入耶稣会,基督徒之由冷空气支配。许多著名的天主教大名讨厌卡布拉尔,不想见他。"③

5　神社寺院的破坏

基督教是基于"圣父、圣子、圣灵"三位一体教义的唯一绝对信仰,它以天主教宗和南蛮宗的名义由神父向西日本各地扩展,自然会与神佛混淆或具有多元性格的日本宗教界发生冲突。另一方面,对于神父来说,为了把神的教会在远东的岛国确立,他们越过万里波涛,历尽千辛万苦。他们是数百年来反复与回教徒死斗,把摩尔人逐出欧洲成功后不久,意气风发地出入海洋的葡萄牙、西班牙国民。

当时习惯于泛神论的日本人,以十分温和的态度来迎接人格、见识都优秀的南蛮神父。从而他们称赞、感谢日本人的亲切,确信这个国家才能基督教化。但是随着神父的增多,产生了日本观及布教方法不同的人。某些人的极端思想导致一些教徒的毁释排佛行为,诸如爬到佛像上撒尿,杀死奈良春日大社的神鹿等,招致一部分人的反感。

① [日]松田毅一:《范礼安与天主教》,朝文社 1992 年版,第 56—57 页。
② [日]松田毅一:《范礼安与天主教》,朝文社 1992 年版,第 56—57 页。
③ [日]松田毅一:《范礼安与天主教》,朝文社 1992 年版,第 56—57 页。

又如高山飞骅守的儿子高山右近自幼受洗,取名裴斯特。他于天正元年(1573年)为高槻城主以后,便大肆破坏领内的神社佛阁。还把高槻城内的牛头大王社定为建造教会用地,神官捧着神玺到山城国男山避难,一直到右近转封明石,神官才回来建立野见神社。像这样原来是神社,一时被教会占据的例子很多。高山右近尽量让神官佛僧改宗,若不听劝告则将他们赶出领外,1583年开始采用强硬手段破坏忍顶寺,除隐藏在该地的佛像外,都把它们当柴烧。

刚刚成为关白的羽柴秀吉(即丰臣秀吉),1585年把右近转封到播磨的明石,明石领内的僧侣很害怕,把神佛像运到大阪,要求秀吉保护。根据神父的报告书,秀吉对僧侣说:"按领主右近所好去做吧。"下令把那些神佛像运到天王寺烧掉,这恐怕是误报或谎言。

在五畿内,在堺和京都通道上的河内三箇(今大东市),当时是布教据点,由一位热心传教事业的豪族三箇濑照圣巧统治。他在1564年把水月院及菅原神社变成"圣母教会",1577年更进一步把领内的寺院悉数破坏。

像这样的寺社破坏运动,进行得最激烈的是在九州的大村、有马和大友氏领内。大村纯忠为天主教徒之后,担心领内的反对派,就准备镇压佛教,于天正二年(1574年)采取彻底的歼灭行动。关于此次运动,古文献《大村乡村记》这样记载:"多罗山千手院宝圆寺,天正二年甲戌,大村丹后守纯志及臣民,陷溺于南蛮之妖教,崇信耶稣宗门,而烧掉神社佛阁,且杀害僧徒。惜哉!旧来神像灵佛,罹于邪徒之一炬,忽为灰烬。"①

多罗山大权现,郡村原国的伊势大神宫、幸天大明神,彼杵村的大御堂,大村的八幡宫,彦山大权现,浦上村的岩屋山大权现,川棚村的虚空藏岳等,许多寺院或被烧掉,或被破坏,拒绝改宗的僧侣阿乘殉佛教。

有马镇纯(后来的晴信),1580年以普罗塔乔的教名入天主教。不久,短期内破坏领内的神社佛阁达40处以上,僧侣被流故。两年后成为副管区长的科埃留和弗洛伊斯两名神父,率领教徒的孩子,赴隐藏佛像的加津佐(靠近岛原半岛南端)的岩户山山洞,把大的佛像当场破坏或烧毁,能运的带回口之津的修道院当柴烧。教徒对那样的寺社破坏感到满足,甚至说那是"最大的快乐"。

丰后的大友宗麟,1578年以法兰西斯哥教名受洗,其领内的寺社破坏运动不

---

① [日]松田毅一:《南蛮神父》,朝文社1993年版,第84页。

亚于有马。大友宗麟受洗之后,立即采取破坏社寺院的方针,他命天主教徒武将琪安作为先遣队,驰赴日向破坏寺社,烧毁了不少壮丽的寺社。其中有横岳的药师寺,立盘的大明神社。大友的儿子义统,还夺取寺院的收入赐给家臣。①

根据长濑村天神社旧记:"彼大友(宗麟),耶稣之长、外道之魁,自去年至今,国中神社佛阁,堂塔伽蓝,烧之崩之,悉成乌有,前代未闻大恶也。今复破坏本社(即天神社),人人无不愁叹。"②

神社佛阁的毁坏,是卡布拉尔执行错误传教政策的结果,它违背了沙勿略日本开教的初衷——东西文化融合论。

6　巡察使范礼安赴日

范礼安(Alessandro Valignan,1539—1607年),1539年2月9日生于西班牙统治下的意大利那不勒斯王国的基埃提。早年入威尼斯的帕多瓦大学学法律,毕业后继续深造,1557年取得法学博士学位。当时欧洲大学的中心已由巴黎、牛津转移到帕多瓦,哥白尼等著名学者都到帕多瓦留学,伽利略也在该大学任数学教授。范礼安在学的16世纪是帕多瓦大学的鼎盛时期,造就了一大批文艺复兴思想家。

范礼安1566年加入耶稣会,1567年以后在耶稣会创造人依纳爵·罗耀拉创建的罗马神学院学习自然科学、形而上学、哲学和神学。1570年为神父,其后不久任罗马神学院院长,1572年任马切拉塔神学院院长。1573年34岁的范礼安被任命为东印度巡察使。所谓巡察使(Padre Vistador)是由耶稣会总长任命,负有特殊使命,到布教现地视察的人,其任务是巡察各地耶稣会的工作,然后向总长报告,并委以裁决权。因当时交通不便,可根据现地特殊情况和困难问题作出适宜的政策。范礼安视察的地区相当广大,包括葡萄牙殖民地及把布教保护权托给葡萄牙国王的地方。这位年轻的意大利人拥有这样大的许可权和荣誉,当然会引起葡萄牙人圣职人员的不满,不会热烈欢迎他。此时葡萄牙国势渐衰,数年后被并入西班牙,教会不允许在特定的国家权力之下布教,因此耶稣会总长和范礼安都认为在地上的"神的国度"里,传教士的国籍必须混合。

---

① [日]松田毅一:《南蛮史料研究》,风间书房1981年版,第445页。
② [日]冈田章雄:《天主教信仰与习俗》,思文阁1981年版,第68页。

1574 年 9 月 6 日,范礼安从里斯本抵达印度果阿,在印度停留三年,1577 年 9 月 20 日离开果阿,经马六甲入南海。1578 年 7 月 25 日到达澳门,在这里一面等候去日本的船只,一面制定布教计划。范礼安在澳门经过九个月的调查,弄清了以前传教失败的原因,他在给耶稣会总长的报告中指出:能够使天主教逐渐传播的唯一可能的方法,或许是要采取与以前的传教士在这些地区采用的完全不同的方式。① 过去许多传教士往往持有与征服者相同的欧洲至上主义思想,现在范礼安打算与这种思想诀别,这实在是很了不起的革命性见解。

1579 年 7 月 25 日,范礼安抵达日本有马领地的口之津(在岛原半岛南端)。当时 16 年前就来日本的弗洛伊斯说:"他好像天使那样来救助日本了。"②

的确如此,那时日本的教会,问题堆积如山,神父的见解不一,亟待一位有魄力的人来解决。

范礼安一到日本的第一个印象就是自己来到了一个"完全不同的世界",言语、国民性、社交、饮食、建筑等无不相异;第二个印象是日本的布教方针完全错误。现实情况与他在欧洲、印度和澳门谈到的耶稣会日本年报截然不同。他写信给耶稣会总长说:"阁下从我所作的报告中一定很容易理解,印刷品日本年报与事实相距甚远吧,这里举出一些原因:首先有许多新参加布教的人,对日本国民的语言、习惯及虚伪都不知道,他们的评价只基于日本人的外表,相信内在也是一致的。……实际上日本人是服从日本领主的命令改宗的,而领主是为了希望从葡萄牙船得到收入而命令他们改宗的。然而书翰执笔者在其报告中描述这样大批的信教都是出于灵内的热意,或者把个别人身上发现的善,当作全部人的善,把某地方的事当作全日本发生的事。所以欧洲所知道的,与这里的事实情况完全不同。"③

这封信是范礼安刚到日本时写的,只能说明日本布教工作或问题。后来范礼安在安土、臼杵、长崎等地召开会议,征求同事意见,还和日本信徒代表会谈,经过深刻反思,作出了这样的判断:中国人除外,日本人在整个亚洲是最有能力而且善于受教育的国民。因有天赋的才能,如果一受教育就会掌握所有的科学,超过许多欧洲人。我们现在是住在他们的国度里,没有他们,日本耶稣会的工作就不能存续

---

① 〔日〕井手胜美:《近代初期耶稣会在华传教政策》,山本新等:《未来属于中国:汤因比论中国传统文化》,陕西人民出版社 1989 年版,第 183 页。

② 〔日〕松田毅一:《范礼安与天主教》,朝文社 1992 年版,第 32 页。

③ 〔日〕松田毅一:《范礼安与天主教》,朝文社 1992 年版,第 63 页。

下去。日本不是外国人可以统治下去的国家，今后也是同样如此。除了把日本教会交给日本人统辖以外，别无考虑。

在这种根本思想之下，范礼安对过去的布教方针进行彻底改革：第一，为日本人开设学校，为培养日本人神父开辟道路。第二，规定欧洲人神父要全面学习和顺应日本的风俗习惯，除了九州的特定区域，在日本的神父禁止肉食，新来的神父在九州慢慢适应生活以后再赴各地传道；如果营养失调，便回长崎吃肉，恢复健康以后再赴各地传道。第三，欧洲神父必须学习日语，为此积极准备编写日本文法书和日葡辞典。第四，学习和遵守日本的礼仪，这对欧洲人来说是件至难的事，因此范礼安在大友宗麟的协助下撰写了《日本在住神父礼法心得》，供神父阅读。

范礼安信仰笃诚，头脑清晰，体格健全，57 岁时两鬓虽白，但体力和牙齿仍像年轻人一样。他为日本传教事业终日忙碌，通常半夜就寝，早上三点起床。然而日本的传教工作并非那么简单，教堂日本风，放弃肉食，服装日本式，风俗习惯日本化，这些与基督教教义关系不大，所以不成问题。但牵涉义教便难办了，如婚姻问题，四旬节（复活节前 40 天的戒期）的节食，信徒参加亲友的佛教葬仪等，欧洲不成问题的，在日本却成了妨碍传教、关闭改宗之门的大问题。总之，日本基督教化或者日本人成为天主教徒，都不是一件容易的事。在日本这样皇权、神权、氏族意识根深蒂固的国家，传教工作很难顺利开展，即使想尽办法，最后还是逃脱不了被驱逐的命运。

范礼安于 1582 年本能寺事变以前数月离开日本，结束了他的第一次巡视日本。在他出发前，派遣四名日本少年赴欧洲游学（详见后述），此次派遣是强制的，因为少年们所携带的大友、有马、大村三天主教大名的信是同一个人的笔迹，为一日本人修道士所写。至少出发前大友宗麟不知此事，也没有写过信。范礼安这样做出于本人真挚的意图和热情，为了让日本人知道世界，让欧洲人知道日本，增进东西双方互相理解和文化交流，同时也是在基督教顺应日本的道路上向前迈进一大步。其后范礼安又进行了第二次巡视日本（1590—1592 年）和第三次巡视日本（1598—1603 年），为东西文化交流作出了巨大业绩，为中国传教事业开展奠定了基础。

⑦ 教会改革和布教方针改变

1580 年 6 月，范礼安先后发布了两个重要内规，即一个是《日本布教长内规》，另一个是《神学校内规》。根据《日本布教长内规》：

第一,把日本分为都、丰后、下(长崎)三个教区,包括京都、东海道、东山道、北陆道、山阴道、山阳道、南海道,一都六道。

第二,设立教育机关,普及文化教育和培养日本传教士。鉴于日本国内尚未统一,政治不安定,新设的教育机关不能集中一地。规定神学校、神学院和修道院三种教育机关分散设置,即修道院应置于三教区的中央,便于将修道士派往各地,故设在丰后教区的府内;神学院主要学习语言,为使从印度新来的传教士很快学好日本的礼仪,神学院应设在下教区。

第三,全日本的布教长对所管辖的修道院和神父馆至少每三年巡视一次,教区长有义务每年对该教区巡视一次。

第四,日本的耶稣会建立及其活动要依靠日本人,必须让众多的日本人加入耶稣会,由日本人自己管理。

第五,日本人的性格和习惯与欧洲人大不相同,布教长对此要加以注意。同时还要注意日本传教士与耶稣会的关系,以及他们与欧洲人的关系,务必全力妥善处置。

《日本布教长内规》特别强调日本人和欧洲人的融合问题,其中规定:"饮食、衣服及其他都要同样,圣职人员和同事之间当然要有所差区别,但日本人、欧洲人修道士及同事之间应一律平等。最妨碍两个集团融合的是日本人和欧洲人的习惯迥然不同。对我们来说,许多事我们认为是合乎礼节,是好的礼仪教养,但对日本人却成了损害感情的事。不过我们是住在他们的国家里,必须顺从这个国家的习惯,故欧洲人传教士要学习和服从日本的礼法,不可像刚从印度来的人一样,妄言这个国家的习惯。当新来者刚从印度来时就要立即引起注意。上长要进行指导,由懂日本习惯的人进行教育,不把他们看做野蛮人或不讲道理的人。"为引起新来者的注意,范礼安还指导撰述了《关于日本的风俗习惯的注意和建议》一文。

根据《神学校内规》,从当年到次年在有马和安土开设神学校。有马神学校是1580年4月3日以后至6月24日以前建立的,该校校址由有马镇贵办理,由佛寺改建而成。建筑物前面有广大的运动场,数百米远的地方有休养的别墅,学生有22名,全是上流家庭的子弟。校长由教会任命,教师由修道士担任,另外配置神父和辅导修道士各一名及仆人多名。入学退学的全权在于日本布教长,他不在时由该教区长代理。为了在日本人中间博得信用,只许年轻有身份的人入学,一般根据双亲的希望和本人的要求,而且要终身献给教会。

范礼安还对日本的通信制度进行了改革。根据耶稣会章程,各地方的布教长每四个月要向罗马的总长提出"教化的报告"。1565 年第二次耶稣会总会议改为一年一次以上向总长报告,因当时的航海由季节风而定,原则上是一年报告一次,即所谓年报。但如果这种报告没有经过上长的检查,直接发往海外,错误的报告被广泛印刷发散,会引起欧洲读者的误解,所以规定各地传教士尽可能每周或每月将驻在地的教会情况向布教长汇报,而布教长则汇总写出日本年报,由葡船送到罗马。

1579 年 12 月 1 日,新的日本年报由范礼安亲自指导,法兰西斯哥·加利翁执笔撰写。其内容首先是记述耶稣会及日本诸国内的一般情况,然后述及肥前、肥后、筑前、筑后、丰后、京都和山口的布教活动,最后是简短的结束语。这种形式的日本年报一直存续到 1669 年,因为罗马耶稣会文书馆的《日本·中国之部》的 64 卷年报中,有日期为 1669 年 12 月 10 日的日本年报。[①]

范礼安的布教方针与前任日本布教长卡布拉尔相反,他采取东西方文化融合论,培养日本传教士,最终把教会交给日本人,由日本人自己之手弘布天主教。由于布教方针的改变,收到了很大效果,都教区当年(1580 年)有 10000 人信教,还有 15000 人在等候受洗。由于织田信长及其三个儿子对耶稣会的厚遇,安土除神学校以外还设立修道院,在织田信忠的岐阜还设立了布教基地,五畿内出现了大批自愿受洗的贵人。高槻近郊有 20 所以上的小教堂,城内的教堂星期日拥挤不堪,领主高山右近决心建造一所更大的教堂。[②]

8　有马镇纯的受洗

以口之津为中心的有马领主有马义贞,羡慕葡萄牙船仅在大村领的长崎一个地方入港,一心想让葡萄牙船进入自己的领地。因此有马义贞不顾家臣和佛教徒的反对,将住在口之津的阿尔美达修道士唤来,偷偷告知自己想受洗的意向。1576 年 4 月 8 日,科埃留神父从大村领赴口之津,为有马义贞举行授洗礼仪式。在有马义贞的影响下,有马领民 15000 人受洗。其后六个月内,高来地方有 20000 人信教,其中有义贞之妻、弟及三名外甥。有马义贞的改宗,不仅使许多领民改宗,而且

---

① 〔日〕松田毅一:《南蛮史料研究》,风间书房 1981 年版,第 107 页。
② 〔日〕松田毅一:《范礼安与天主教》,朝文社 1992 年版,第 108 页。

九年不来的葡萄牙船也进入口之津了。不料 1577 年 1 月义贞患癌症病死,人们认为这是神佛的惩罚。嗣子有马镇纯也为谣传所动,对神父及新改宗者加以迫害。

范礼安在 1579 年 12 月 10 日给耶稣会总长的信中写道:"有马义贞的嗣子(镇纯)还没有受洗。因此他和数名贵人开始对新改宗者进行迫害。他们将神父从该地驱逐出去,砍倒十字架,烧毁教会,强行该地的信徒离教,只同意口之津港的人信教。但我到达以后,这位君主便不断同我交涉,要求举国成为基督徒了。"①这是什么原因呢?原来范礼安于 1579 年 7 月 25 日乘布里托(Leonel de brite)的船到达口之津的时候,领主有马镇纯来迎接,接着范礼安赴有马答谢,镇纯设宴款待。当时恰巧以佐贺城为根据地的龙造寺隆信的大军压城,领内叛变迭起,有马镇纯面临着被消灭的危险。而范礼安不在长崎入港,反而在对基督教怀有敌意的有马领地口之津入港,也许是出于利用有马从贸易上军事上利益而信教的意图吧。②

当有马镇纯为摆脱自己的困境而赴口之津的葡萄牙船受洗时,突然病发倒地,不省人事,佛僧认为这是神佛的惩罚。后来第二次赴口之津受洗时,又遇家臣与龙造寺隆信勾结叛变而未成。为破除信教后国亡家破的谣言,范礼安决定全力援助镇纯,并派一名神父到有马城去教化领地内的信徒。这样,大大鼓舞了镇纯及城内居民与龙造寺隆信作斗争的信心。

1580 年 3 月,四旬节的第一周,范礼安赴有马城为镇纯受洗,但在受洗前夕,范礼安得悉镇纯与一位年轻妇女同居,便提出若不解决此事就不授洗礼。经过一番周折,镇纯和那个女人分手,终于在四旬节期间由范礼安授洗礼,取教名为顿·普罗泰琪奥。镇纯的兄弟和重臣也同样受洗,从而使有马城的人大为动心,许多人集体改宗。此时有马城被围已达五个月之久,城内粮食极度缺乏,范礼安便设法供应了大量粮食,还提供枪支弹药,价值达 600 克罗萨(葡萄牙金币)。

龙造寺隆信鉴于有马城(肥前日野江城)防御坚固,还有葡萄牙人支援,同时害怕筑后叛乱,便与有马镇纯谈判停战。至复活节,有马领地迎来了和平,7000 名以上的人回复信仰,镇纯拆掉 40 所以上的神社佛阁,将其地基或连同建筑物一起交给教会。弗洛伊斯写道:"范礼安在该地(有马)停留的三个月内,他(镇纯)破坏所有神佛的寺社,大小合计超过 40 所,其中有几所是非常美丽而驰名日本的。佛僧

---

① [日] 松田毅一:《南蛮史料研究》,风间书房 1981 年版,第 594 页。
② [日] 松田毅一:《南蛮史料研究》,风间书房 1981 年版,第 593 页。

或者改宗成基督徒，或者被驱逐出境。"[①]后来范礼安主张日本的耶稣会要和佛僧亲密交往的政策相违背，由此可以认为，此时范礼安受卡布拉尔的影响，还没有确定自己的布教方针。

有马镇纯的改宗，显然不是从范礼安所谓的"真门"进来，而是为了贸易利益和经济上军事上援助。这其实就是卡布拉尔布教长所谓"自上而下"即以现世利益导致封建领主改宗，强制民众信教的布教方针，这恐怕也是卡布拉尔的意见吧。[②]

9　长崎开港与割让

当初葡萄牙的对日贸易专门由个人经营，1550 年起由国家垄断，同时葡萄牙对日贸易与基督教传播密切结合，情况往往复杂起来。所以在不欢迎天主教的大名岛津氏、松浦氏的领内，葡萄牙人的贸易不能展开，而在天上主教大名大村纯忠（有马义贞之兄，相当于有马镇纯的伯父）的领内则相当活跃。每当葡萄牙船航来的季节，传教士坐小船到洋面迎接，和船长协议，让船进入自己所指定的港口。从1562 年起葡萄牙船开始进入大村领的西彼杵半岛北端的横濑浦。这样，横濑浦立即热闹起来。然而不久横濑浦因肥前武雄的后藤贵明的野心和大村领内反天主教势力的阴谋被烧毁，使葡萄牙人大为焦虑。因此葡萄牙船一时不得已又想进入平户，但平户领主松浦隆信仍无好意，排斥提主教。后经传教士建议，葡萄牙船在长崎港外西北岸的福田浦停靠。但福田浦太接近外洋，停泊船只不一定安全。经过调查测量，葡萄牙人发现离福田浦不远的海岸有一朝东北的入口，向内湾入。湾内水深，三面高山环抱，地形很像里斯本，为一天然良港。1571 年葡萄牙人开始入港，不久长崎这一港口便繁荣起来，长期成为日本对外贸易的口岸和西方文化传入日本的视窗。

另一方面，领主大村纯忠及其子喜前，害怕长崎繁荣起来会遭到龙造寺和岛津氏等大名的嫉妒而来攻击。正当他们无计可施的时候，巡察使范礼安来到大村纯忠的地方。大村纯忠鉴于范礼安出色地解救了有马城围困，龙造寺氏不战自退，便恳切要求长崎港为教会所有。但是范礼安不敢立即答应纯忠的要求，因为第一，耶

---

① ［日］松田毅一：《南蛮史料研究》，风间书房 1981 年版，第 597 页。

② ［日］松田毅一：《南蛮史料研究》，风间书房 1981 年版，第 594 页。

稣会章程禁止接受这样的知行地;第二,即使给予长崎的行政权和司法权,圣职人员也不能宣告死刑;第三,一旦长崎让给教会,会进一步加剧在日本人之间流传着的疑心——传教士对日本领土怀有野心。

由于以上原因,范礼安或与京都、丰后地方的神父通信,或与下(肥前各地)地方的神父直接面谈,交换意见;最后在长崎开会讨论。经过将近一年的研究之后,1580年6月9日教会正式受理大村父子(纯忠、喜前)的长崎让与书。范礼安送给罗马耶稣会总长的让与书,现存西班牙语的译文如下:

这是大村的领主顿·巴尔特罗缪所实行的茂木及长崎割让的内容。

大村的领主顿·巴尔特罗缪(纯忠)及其子圣巧(喜前),深觉负于耶稣会诸神父之处很多,现将长崎城及其周围的一切土地全部永久无偿地赠给耶稣会和耶稣会巡察使。因此,从今以后,我给予该地方的所有权,耶稣会神父可以将其所希望的任何人成为该地方的统治者或免除其职务。而且为了适切地统治该地方及处罚违法者,给予神父所挑选的任何人必要的死刑及其他裁判权。同时将葡萄牙船在该港停泊期间所支付的东西,永久引渡授予。但是葡萄牙船及进入该港口的其他船只所缴纳的税金予以保留,由我的家臣征收。这些家臣不介入有关该地统治的任何问题。与以上相同,我将茂木的土地及其所属的一切田地都赠与神父。这种赠与将来决不改变,永远有效。特此作成证书,由我及我的儿子署名作为凭证。

顿·巴尔特罗缪

顿·圣巧

天正八年四月二十七日(1580年6月9日)①

长崎、茂木的割让是件大事,日本封建主此举出于何种动机?日本的耶稣会布教长以何种理由接受?范礼安对这两个问题必须作出详细解说。因此同年8月15日他给耶稣会总长作了一份报告。根据这份报告,大村纯忠方面的原因是:

第一,存在着强敌龙造寺隆信要求长崎的危险,一旦丧失长崎便失去每年3000杜卡(意大利金币,相当葡萄牙的一克罗萨)关税,若不答应要求便会发生战争,而战争又没有胜利的把握。

---

① 〔日〕松田毅一:《范礼安与天主教》,朝文社1992年版,第80页。

第二，长崎若归耶稣会所有，则葡萄牙船肯定不会进入其他港口，大村家可以确保巨额关税。

第三，若长崎港属于教会，经常可安全避难，为本人及领国考虑，也要如此去做。

范礼安方面决心受理的原因是：

第一，龙造寺氏不仅对大村氏，对九州整个教会也是可怕的敌人。若他取得长崎及其关税，不仅对大村纯忠，对丰后的大友宗麟也有危险，下（长崎）教区的天主教便会濒于破灭。

第二，长崎不仅是大村氏，还是日本天主教的避难所，耶稣会士受到迫害时可到这里来避难。

第三，过去传教士的生命财产一直面临着危险，有了长崎便保险了。

第四，大村氏所让给的停泊税，每年约 1000 克罗萨（葡萄牙金币）①对耶稣会来说是一种莫大的经济援助。其税金可充作三项用途，即港湾工事及其维修费，送给领主的礼物和大村领神父馆生活费。

第五，长崎作为即将就位的日本主教所有，非常适合。

范礼安举出双方的理由以后，请求耶稣会总长及罗马教皇批准，并赐予特权。后来范礼安收到了 1584 年 1 月 15 日总长的书信说，此事已经批准。不过 1587 年长崎被丰臣秀吉没收，耶稣会接管长崎只有七年。

10 教会与贸易

葡萄牙的东方殖民地政策是贸易与传教结合，先派遣舰队征服土著民族建立殖民地，然后商人和传教士同时进入殖民地，一面做生意，一面以基督教教化当地居民，使其同化，日本也不例外。1543 年葡萄牙人发现日本之后，商人、传教士接踵而至。按照葡萄牙王国与罗马教廷达成的协定，葡萄牙王有义务负担罗马教廷所遣传教士的生活费，而生活费来源于贸易利润，所以传教士一搭乘葡船到日本，便一面传教一面收集商业情报，耶稣会士往往成了派遣国商人的先遣队。正如1549 年 11 月 5 日沙勿略在鹿儿岛发信给印度果阿的一位神父所说："我把同堺通

---

① 一克罗萨相当中国的一银元，重 37.59 克。

商时特别重要的商品表一起寄上,承办神父出航的人,带来表中所列商品,将获巨利。"①商人必须听从传教士的指示,因为他们不知日本国内的情况,不听传教士的便会亏本。

另一方面从欧洲和印度发来的指令或信件,以及从海外运来的物资,全靠葡萄牙船带来。这样,便在葡船入港的地方建立布教根据地,换言之,南蛮船在传教士居住的地方入港,双方保持密切联系。从日本方面来看,领主为贸易利益而信教,他们认为葡商和传教士是同一国民,葡船服从传教士的意旨和命令,为使葡船在自己的领内入港,他们希望传教士住在自己领内,把传教当作获得贸易利润的一种手段。事实也是如此,当葡船一到港外,传教士便坐小船出迎,把船领到自己所指定的港口中。

当初葡萄牙船到达印度时,葡萄牙国力强盛,但人口稀少,难以统治广大的亚洲海域和各地要塞,同时日本不是葡萄牙殖民地,政府对日本的传教经费不关心,经费来源越发成了问题。

在这种情况下,原商人阿尔美达在日本加入耶稣会,捐献 4000 杜卡资金。他很懂经济,把这笔资金投入日本和澳门之间的南蛮贸易,获得了成功。

根据 1576 年卡布拉尔的报告,光是布教维持费,每年要 5000 克罗萨,再加上其他建设费等,至少要 10000 克罗萨。1580 年起长崎、茂木的停泊税收约 1000 克罗萨,入不敷出,教会不得不从事贸易。1580 年范礼安援助有马镇纯 600 杜卡(与克罗萨相等)是一笔巨款,当时一名耶稣会士的一年生活费只需 20 杜卡,教会若不从事贸易绝不可能有此援助。原来范礼安来日本以前,在澳门和澳门市政厅交涉,与澳门商人及市政厅签订协定,确定了日本耶稣会的生丝贸易投资额。生丝贸易的利润是 12000 杜卡的生丝可获利五六千杜卡,利润率是 50%。范礼安来日时耶稣会的资产约 30000 杜卡,但两年内因船海上遭难及生丝来源不足而损失 6000 杜卡,加上神学校及修道院的建设花费 4000 杜卡,1582 年范礼安离日时耶稣会的资产只剩 20000 杜卡。他悲叹道:"由于一艘船丧失,12000 杜卡的资产及其应得的利润都丧失了。这样,剩下来的 8000 杜卡必须充做一般经费。若装载约 50 万杜卡货物的船舶丧失一艘,则中国港(澳门)就荒废了,尤其是为接济日本而需要的大笔资金无法在中国港求得。期待葡印总督的救济是愚蠢的,他可给的东西什么都

---

① 〔日〕吉川弘文馆编:《史料日本史·近世篇》,吉川弘文馆 1964 年版,第 25 页。

没有,而且从日本往返印度需时三年,期间日本神父无法生活,只有饿死。何况向葡萄牙求救更为愚蠢。"①

范礼安到达澳门后,得悉一艘船在台湾海上遇难,另一艘去日本的船情况不明,深感沉痛。因此他在向印度商人和耶稣会友人集资 6000 克罗萨,购买生丝运回日本,还以 3000 克罗萨从马六甲汇到日本。同时在《日本要录》中恳求耶稣会总长救济,并说"日本至少需要 10000 杜卡的年收入和三四万杜卡的资金"。这样看来,日本教会的财政状况一直不佳,教会从事贸易是不得已的。

---

① ［日］松田毅一:《南蛮史料研究》,风间书房 1981 年版,第 602 页。

第三章　教会的繁荣

——布教默认时代(1587—1614 年)

1 从织田信长到丰臣秀吉

1582 年 3 月,日本天主教的保护人织田信长消灭了甲斐的武田胜赖,全国统一已指日可待。5 月 29 日信长为救援备中高松城的羽柴秀吉(后来的丰臣秀吉),率领数十名亲信侍从(没有带军队)离开安土城到京都,住在本能寺。此时其部将明智光秀,也奉命进军中国地方,救援羽柴秀吉。

6 月 1 日早晨,明智光秀从丹波龟山率领 13000 人翻过老山。此时摆在光秀面前的有两条路可走,一条是辅佐主君,另一条是背叛主君。丹波面临桂川,取南道则到秀吉正在等候救兵的中国地方。但是光秀下令渡桂川,全军向京都进发,目标是本能寺。6 月 2 日,明智光秀的军队包围本能寺。信长根本没有想到光秀会叛变,身边只有少数侍从,光秀的军队轻而易举地进入寺内,发现信长正在漱洗,一箭射中其背。信长急忙将箭拔出,拿着大刀战了一阵。后因手受伤,无法再战,退入后房,切腹自杀。这就是所谓的本能寺事变。关于事变的情况,当时住在本能寺附近的葡萄牙传教士方济各·卡利翁曾书面向住在岛原的弗洛伊斯报告,弗洛伊斯再将这个消息发到海外,数年后弗洛伊斯根据这个资料将此次事变写入《日本史》。

信长死后,统一国家的事业由信长的部将羽柴秀吉所继承。秀吉是尾张国(今爱知县)一农民,自幼侍奉织田信长,才能出众。1573 年因屡立战功,被擢为大名,与柴田胜家、明智光秀同为信长的得力部将。本能寺事变时,秀吉正在高松城和毛利氏激战。他接到本能寺事变情报后,秘而不宣,立即与毛利氏讲和。6 月 6 日,秀吉率领部下以一天 100 公里的行军速度,次日赶到姬路城,将该城的金银和米分给部下,表示孤注一掷的决心。11 日到尼崎,12 日部将中川清秀占领天王山下的山崎。明智光秀万万没有想到秀吉行动如此神速,两军便在山崎拉开战幕。秀吉的先锋是天主教大名高山右近。经过一场恶战,明智光秀败北,逃往自己的根据地阪本,不料途中遭到农民的袭击,最后自杀。

从 1583 年起,秀吉逐次剪除异己。首先发动近江贱岳之战,消灭织田信长的家臣柴田胜家,并从这一年起兴建大阪城,把它作为自己称霸全国的根据地。1584 年迫使雄踞关东的德川家康臣服,同年进军四国,迫使长曾我部元亲投降。1585 年秀吉征服了最后一个守旧势力的堡垒高野山(佛教真言宗的根据地)和纪伊的根来寺。同年担任关白(辅佐天皇的大臣)。1586 年担任太政大臣,天皇赐姓为"丰臣"。1587 年进攻九州,岛津义久投降。1590 年丰臣秀吉出征关东,讨伐北条氏,迫使北条氏政自杀,并使东北的伊达政宗臣服。然后北进,平定奥羽地方。至此,全国统一,丰臣秀吉成为日本最高的实权者。

② 丰臣秀吉与天主教

织田信长为利用天主教对抗一向宗农民起义和获得贸易利益,对天主教采取保护政策。最初丰臣秀吉也采取同一政策,旨在中央集权。后来因看到天主教危及自己的统治,尤恐天主教在农民中传播会招致一向起义那样的后果,所以才开始禁教,但对人民信教抱着默认的态度,还允许葡萄牙人贸易。

秀吉和信长两人对天主教的看法完全不同,秀吉认为神父是侵略的先锋,他们来日本不是出于宗教热情,而是出于统治欲和征服欲。信长则宠爱神父,认为他们没有什么侵略意图,对他们深信不疑,认为他们远道来此,不可能把足够的兵力派到日本实现侵略计划。事实上织田信长时代,没有一个传教士认为传教可采用武力征服日本。但至丰臣秀吉时代便不同了,日本人已经知道了葡萄牙人、西班牙人来日本以前在地球上到处占领和征服别人国土的事实,因此丰臣秀吉对传教士抱怀疑态度是可以理解的。不过秀吉为夸耀大阪城的豪华和宏伟,将最好的地基赐给教会建造教堂,还去城外亲自测量。著名的天主教大名高山右近,自费将河内冈山的教堂拆迁到大阪,于 1583 年圣诞节落成,该堂长 130 米、宽 110 米,相当巨大。因此来大阪受洗的人络绎不绝,一时大阪简直成了天主教的中心。秀吉周围不仅有高山右近那样品格高尚的天主教大名,秀吉的右笔(秘书)安威五左卫门了佐、秀吉之母北政所手下佣人新佐之妻马大连娜（担任秀吉的出纳），也都是天主教徒。秀吉身边的侍女都以教名称呼。奥尔艮契诺神父很乐观，认为不久的将来秀吉也会成为天主教徒。

1586年5月4日，丰臣秀吉在大阪城接见了耶稣会日本副管区长科埃留，在场的还有弗洛伊斯、奥尔艮契诺等四名神父和罗伦索等四名修道士，以及大阪天主教学校的学生共计30多人。秀吉通过弗洛伊斯向科埃留表示了渡海征伐朝鲜和中国的决心，并请教会提供两艘洋式大帆船和优秀的航海员，如果征伐成功，将在中国各地建立教会，让中国人都信天主教。双方会谈之后，秀吉还亲自做向导，引领他们参观了新建的大阪城，夸耀自己的实力和财富。最后根据传教士的要求，秀吉还特地制作了两张"朱印状"，准许天主教在全国布教，其中一张在日本使用，一张在海外使用，可以到达天竺（印度）和南蛮（葡萄牙）。科埃留和弗洛伊斯不得不为之感动。

然而翌年（1587年），丰臣秀吉一改过去对天主教友好的态度，突然下令驱逐神父出境。原来这一年丰臣秀吉以大军讨伐九州，6月13日岛津义久亲自至萨摩的泰平寺向秀吉谢罪。在此以前大村纯忠和大友宗麟先后逝世，教会失去了两位有力的保护人。

秀吉征伐九州成功后便踏上归途，来到北九洲的箱崎（福冈），打算在这里建立九州诸大名新的封城。7月15日秀吉在博多湾航行时，发现教会的武装船即"浮斯特船"①，便主动驶近。副管区长科埃留和秘书弗洛伊斯见秀吉突然出现大惊，慌忙将他迎到船上，以南蛮酒菜招待。

秀吉访问浮斯特船九天之后，就勒令神父在20天内撤退到国外，这就是"伴天连（神父）驱逐令"。其内容如下：

第一，日本是神国，不许从天主教国家带来邪法；

第二，信徒破坏神社佛阁是前代未闻之事，作为庶民，是难以容许的坏事；

第三，神父破坏佛法是罪恶，神父不宜在日本滞留，故令其20天内归国，其间不许有人为难神父；

第四，允许葡萄牙船来日本贸易；

第五，不限于商人，凡从印度来的人在不妨害神佛教义的原则下，可以自由来

---

① 船体细长，底浅，帆橹两用的洋船，船上安置几门大炮。

日本。

　　然而初夏时节要在 20 天以内离开日本是不可能的,因为不刮激烈的西北风葡船是不会南航离开日本的。后来秀吉接受了神父延期撤离的申请。

　　这道神父驱逐令真像晴天霹雳,谁都感到意外。关于此事的前后情况,神父写的长达数百页的报告,特别弗洛伊斯接连送交的详细报告,保存在欧洲。关于其原因,西欧广泛流布着这样的传说:秀吉在饮酒的时候,突然闻得施药院全宗关于物色天主教美女失败的报告,立即激动起来,突然下达了这个驱逐令。秀吉爱好女色是事实,但下驱逐令的真正原因是害怕葡萄牙人和教徒联合起来造反。这点弗罗伊斯看得很清楚,只是不便说出来罢了。

　　关于神父驱逐令下达以后的情况,1588 年 5 月 10 日五畿内天主教徒代表写给罗马耶稣会总长的信①可以知道,现抄录一节如下:

　　1587 年春,由于当今统治日本的关白殿(秀吉)下达神父驱逐令,各地教会一度遭到破坏,各位神父、修道士向有南蛮船抵达的地方撤退。五畿内远距南蛮船的港口,被牧人放弃的羊群真可怜,到处迷失,立即成了虎狼的饵食。这里原来有奥尔良契诺神父领导的都、五畿内的神父馆,但各位神父带着修道士去港口了。最后这位神父(奥尔良契诺)留一人在某岛(小豆岛),集中散乱的羊群,给干渴者吃水,给寒冷者温暖,抚育无微不至。直到今天,他可以说是位真正的牧者。

　　总之,秀吉当初对天主教抱若即若离的态度,后来虽然下令驱逐神父,但还允许人民信教,而且也没有取缔南蛮贸易,采取布教与贸易分离的政策。

③ 托钵修道会士的来日

　　最初到日本传教的是耶稣会士,他们主要在西日本一带活动,后来扩大到东日本。但从 1584 年开始有数名托钵修道会(包括方济各会、多明我会、奥古斯丁会)士来到日本,1592 年起又陆续到来。

　　托钵修道会和耶稣士都受罗马教皇领导。罗马教皇对葡萄牙王和西班牙王有

---

　　① 原文现藏罗马耶稣会文书馆。

布教保护权,即罗马教皇在新发现的异教世界负有保护和援助布教的义务,享有向这些区域派遣传教士的特权。所以并不是说耶稣会在葡萄牙国王保护之下,托钵修道士在西班牙国王保护之下,即使同样是耶稣会士,有的人由葡萄牙国王保护,有的人由西班牙国王保护,国籍与西葡两国没有直接关系,即葡萄牙国王麾下既有葡萄牙人耶稣会士,也有西班牙人耶稣会士;西班牙国王麾下不仅有西班牙人耶稣会士,还有葡萄牙及其他国家的耶稣会士。例如吉罗尼摩(Jeronimo de Jesus)是葡萄牙人,但他加入方济各会,在西班牙布教保护权下活动。

在日本,耶稣会明显感到传教士数量不足,但耶稣会不希望从欧洲到吕宋(菲律宾)的托钵修道会士插足日本传教,因为日本佛教宗派林立,见解不一,相比之下天主教会应当内部团结,教义统一。如果其他修道会士来日本传教,不仅服装不同,布教方法也相异,而各个传教士还要采取独自的方法,不免产生混乱。再者,即使在教皇身边也要产生许多不同的见解,何况在遥远的日本,既无能裁判的国王又无教会的最高圣职人员。特别是现在耶稣会已采取了顺应日本风俗的方针,新来的诸修道会士不知日本实情,会重犯耶稣会过去的错误。因此日本耶稣会给罗马耶稣会总长写通道:"过去日本诸领主一直抱着这样的疑念:我们在日本策划一些坏事,欧洲诸君王何以为布教支出这样莫大的费用呢?他们只认为我们夺他们的土地,以换取这笔费用。从这样的原因出发,目前其他修道会士不应该来日本,请总长使教皇和国王下令,日本的传教只限于耶稣会士。"①

然而现实不是他们所能想到的,1584 年 8 月 5 日,一艘从马尼拉到澳门的西班牙船遭难,搭乘该船的方济各会和奥古斯丁会的四名修道士来到平户。领主松浦氏因过去南蛮船不来平户而入大村领主的长崎,对耶稣会神父产生不满,所以非常欢迎新来的修道士。而他们因在菲律宾布教不能开展,想插足日本布教,便产生了日本传道的热心。他们在日本滞留两个月,于 10 月 5 日回到马尼拉。

在菲律宾的托钵修道会士听了从日本来的同事的话,跃跃欲试,开始准备去日本传教。1585 年 1 月 28 日,罗马教皇格列高利十三世(Gregory XIII,1502—1585 年)下敕书:耶稣会以外的修道会士不准赴日本布教。这个敕书于 1586 年于 7 月 2 日在马尼拉颁布。后来事态发生变化,当菲律宾的托钵修道士对耶稣会策动敕书不满时,丰臣秀吉威胁菲律宾进贡的国书交给了原田喜右卫门,由他的家臣带到

---

① 〔日〕松田毅一:《南蛮史料研究》,风间书房 1981 年版,第 157 页。

马尼拉,马尼拉立即陷于一片恐慌。最后当局不得采取拖延政策,任命多明我会士哥布(Juan Cobo)为使节,派到日本。哥布在名古屋军营中谒见秀吉,确认日本方面的意图之后,踏上归途,不幸在台湾遭难。因此菲律宾总督翌年(1593 年)又派第二次使团赴日,秀吉在名古屋接见了巴布契斯泰(Pedro Baptista)为团长的使节团。当然这个使节团是来日本投降的,秀吉对此很满意。因此巴布契斯泰乘交涉的时候,提出留在日本的希望。此时秀吉正想回京都,很高兴地答应了,把他们带到京都,安排住所,准许他们到处参观。

巴布契斯泰等人到了京都,立即开始布教活动。他们虽然是菲律宾总督的使节身份,但不坐轿,赤脚步行,穿着破烂的僧服去市场乞求布施。他们引起了人们的注意,对他们投以嘲笑。巴布契斯泰被打伤,他毫不介意,却说:"想必是疲劳了吧!"托钵修道会士建立了麻风病院,收容麻风病人,像慈母一样给病人洗脚,甚至与溃疡病患者接吻。因此得到日本人的好评,巴布契斯泰等人被誉为"爱的使徒"。

1594 年吉罗尼摩等三名托钵修道会士(属方济各会)从菲律宾来到日本,参加传教队伍,活跃于长崎、大阪、京都等地。

耶稣会方面,1596 年 8 月 14 日耶稣会日本主教马尔丁斯(Dom Pedro Martins)抵达长崎。他基于教皇格列高利十三世的敕令——耶稣会以外的修道士禁止来日,于 1596 年 9 月 4 日发布方济各会士离开日本的命令,禁止方济各会士对葡萄牙船员及长崎居民做弥撒和说教,仅仅给他们食物。

然而次月(10 月)18 日,搭乘托钵修道会士的西班牙船"圣腓力"号往墨西哥途中遇难,尸体漂到土佐的浦户,终于 1597 年 2 月 5 日引发以 6 名方济各会士为首的 26 位圣人殉教事件(后述)。

同年 3 月丰臣秀吉对耶稣会重新发布驱逐令,因此主教马尔丁斯不可能在日本停留,于是便乘原船回澳门。

4　南蛮热

前述 1587 年丰臣秀吉发布神父驱逐令之后,军营和船舶上的十字旗被取下,各地教会被官宪没收,或被破坏。但事情没有那么简单,传教士既然不惜生命来日本就不会轻易撤走,何况还有为数众多的信徒不会放弃他们。尽管各地教会被官方破坏,但没有一个神父离开日本。副管区长科埃留下令,让传教士全部在平户集中,大阪、堺、京都的教会交给关白(秀吉)所派来接收的人,其他地方托给最适当的信徒管理。都教区长奥尔艮契诺拒绝撤退,单身潜入小西行长统治下的濑户内海的小豆岛,在这里和被秀吉剥夺领主地位的天主教徒总代表高山右近相会,反复讨论今后在迫害下应走的道路。其他人乘船到平户集中,然后向岛原半岛的有马、岛原、神代、古贺、千千石以及其他大村、天草、大矢野岛,平户海上的生月岛、度岛、五岛列岛等地分散。范礼安来日本以后开设的神学校和神学院等教育机构,转移到有马的腹地八良尾。

这样,教会转入地下,当丰臣秀吉的怒气平息,将驱逐令收回的时候,1590 年 7 月 21 日由范礼安率领的天正遣欧使节团(后述)从欧洲回到了长崎。此时丰臣秀吉正好出征,志在征服关东,所以次年春才到京都去谒见秀吉,当然秀吉不是把范礼安当做南蛮神父来迎接的,而是把他当做印度副王(葡印总督)的外交使节来接见的。

1591 年 3 月 3 日在京都聚乐第进行谒见仪式,范礼安呈上印度副王的书信,此信是写在绘有彩色图案的羊皮纸上的。此外还奉献华丽的米兰制白色甲胄两领和阿拉伯马两匹。秀吉还让青年使节演奏西洋乐器,谈欧洲见闻,甚至还问使节代表伊东满所以后能否为自己服务。谒见时担任范礼安的翻译是罗德里格兹(João Tcuzzu Rodrigues)修道士(后来成为神父),他年轻时来日本,在九州加入耶稣会,在新设的神学院研究日语,所以日语相当好,受到秀吉的宠爱。许多葡萄牙商人也参加了此次谒见,谒见后秀吉允许他们去参观奈良的兴福寺和春日神社。

次年(1592)2 月 10 日,秀吉把关白职位让给外甥秀次,自己成为太阁,并着手征讨朝鲜。5月从京都向北九州名古屋进发,158000 日军渡朝鲜海峡,陷釜山,占领都城,还命小西、加藤两军高举十字旗北上进军。当秀吉到达名古屋的阵营时,秀吉麾下的许多士人学者同行,其中不少人曾往来于长崎,接触过南蛮文化,如狩野派的画家。在上方(东日本)不能看到的南蛮人也经常在这里见面。南蛮文物充满长崎,黑船(葡萄牙船)、天主堂、甲必丹(船长)和伴天连(神父)象征着当时的风情。南蛮船入港后,要在长崎停泊数月,日、葡两国人民交往活跃,人们乐于处身于充满异国情调的环境之中。

秀吉因母君大政所生病曾一时间回上方。及至次年男儿秀赖诞生而再从名古屋东上时,秀吉及其部下已被南蛮文物迷住,成为南蛮文化的爱好者了。当他们回上方时,长崎的裁缝也被带到京都大阪,社会上流行挂金锁和有纽扣的南蛮服装。

不是教徒的人颈项上也挂十字架和念珠,其中不少是黄金做的;还有人定做嵌入耶稣或圣母像的卵形耳环。以前禁止神父肉食,现在秀吉本人也喜欢吃鸡肉、牛肉了。当时牛肉按葡语叫做"瓦加"(Vaca),衬衫也同样叫做"吉朋"(襦袢,即 gibão),其他许多葡萄牙语日本化的时间大致也在此时。1593 年(文禄二年),秀吉在名古屋军营中观看葡萄牙船上的非洲人跳舞。

京都古来是杰出的工艺美术家集中的地方,有人把亲眼看到的南蛮人渡来的情景画在大屏风上,那就是神户市立博物馆收藏的著名的《南蛮屏风》。还有人把遣欧使节从南蛮人的故乡欧洲带回来的书籍及其他资料当作样本,描绘鲜见的海外风物。这种描写西洋风景和人物的洋画,普遍受到欢迎。许多工艺家还制作了绘有南蛮图案的漆器名品,那时候对"南蛮东西"需求之大可以想见。

长达数百年的战国时代已经过去,日本的大统一时代即将到来,秀吉珍惜残年,以吉野观赏樱花为始,经常游乐和宴请诸侯,以玩赏南蛮文物为乐。吉野观樱宴秀吉让诸侯穿南蛮服出席;大阪城里不是信徒的妇女取教名称呼;大友宗麟取教名方济各,使用"FRCO"的图章。然而我们不能认为丰臣秀吉重新允许天主教传播,这是异国趣味的大流行。从此以后,传教与贸易分离,不许传教,但欢迎贸易。

5 从丰臣秀吉到德川家康

1587 年神父驱逐令发出之后,耶稣会传教士都希望丰臣秀吉早日死去,但他又活了 11 年。他不仅不许耶稣会士布教,连一时默许布教的托钵修道会士也处于磔刑,在耶稣会士的眼里,秀吉是个行为败坏、贪欲、傲慢的人物。

1598 年 9 月 18 日,丰臣秀吉在伏见城去世,但儿子秀赖尚幼,谁来掌握实权呢?一时政界笼罩着可怕的阴云。耶稣会期待美浓(今岐阜县南部)大名、织田信长之孙秀信能继承权位,他是个天主教徒,秀吉杀死了他的祖父和父亲(信忠),夺取了他的国家,现在应当归还,只要他全力以赴,不难用自己的手拥立一个天主教国王。但是秀信被德川家康的部下福岛正则打败,岐阜城失陷,诸将大多受过信长公的恩典,没有杀他,最后秀信剃发赴高野山绝命,耶稣会的希望落空。后来耶稣会又将期望寄托在天主教武将小西行长身上,但他被家康所杀。耶稣会完全绝望了,只有眼看德川家康拥立幼主秀赖,家康自己则以五大老首席身份在伏见主持国政。

德川家康原为三河国(今爱知县)一个小诸侯,因助信长有功,扩大势力,领有甲斐(今山梨县)和信浓(长野县)两地。他利用婚姻和结盟政策,拉拢各方诸侯,加紧篡夺政权的活动。1599年辅佐秀赖为五大老之一的前田利家去世,家康更是为所欲为,肆无忌惮。秀吉的原部下石田三成推举毛利辉元为盟主,联合关西诸侯小早川秀利、岛津义弘及小西行长等组成西军,举兵攻打伏见。德川家康则率领东军于1600年9月15日同西军在美浓的关原决战。结果西军失败东军大胜,石田三成被俘。后来家康又杀了石田三成和小西行长,流放宇喜多秀家,没收或削减毛利辉元、上杉景胜的领地,大村东军诸将,掌握全国实权。

1603年,德川家康迫使天皇封他为右大臣和征夷将军,在江户(今东京)开设幕府,史称德川幕府或江户幕府。此时丰臣秀吉之子秀赖实际上成只领有摄津、河内及和泉三国(今兵库、大阪的一部分)的一个诸侯,但名义上仍是秀吉的继承人。

秀赖的根据地大阪是日本最富庶的大都市,丰臣秀吉的部下都集中在于此,准备东山再起。德川家康为统一全国,苦心经营10年,至1614年12月26日,家康对大阪发动进攻。次年6月4日攻下大阪,秀赖母子自杀,消灭了丰臣氏一族。

早在1605年,家康让位给儿子秀忠,自己隐居在骏府(今静冈市),遥控江户幕府。占领大阪后的第二年即1616年6月1日,德川家康去世。江户幕府经第二代秀忠、第三代家光两代将军,确立了江户时代封建政治经济体制,完成了锁国。

6 教会最盛期

1598年9月丰臣秀吉去世,这对耶稣会来说无疑是个好消息,他们赶快向海外报告:"春天来了,因冬季严寒而萎缩即将枯死的原野上的花开了,对多年来苦于暴君的迫害而萎缩的新生基督徒来说,他的死就是可喜的春天来了。那些惧怕暴君而偷偷抱着希望的诸侯、武士也开始如此表明。"[①]

的确如此,继丰臣秀吉之后的德川家康,采取友好的外交政策,日本对世界各国开放,同时为振兴贸易,从日本派出朱印船来到东南亚。秀吉死后还不到两个月,德川家康就让第二次从马尼拉来日本潜伏地下的吉罗尼摩出来。1598年12月家康接见吉罗尼摩,请他策划太平洋贸易和从西班牙引进技术,其代价是准许托

---

① 〔日〕松田毅一:《南蛮神父》,朝文社1993年版,第181页。

钵修道会在日本传教,并在江户建立教堂和慈善医院等。于是托钵修道会的方济各会、奥古斯丁会和多明我会的会士陆续来日本传教。然而德川家康开放日本的目的在于振兴贸易,而对传教采取默认的态度。当时西班牙对日本所希望的贸易置之不理,却陆续派传教士来传教,家康对此十分恼火。他 1602 年给菲律宾总督写信说:"外国人一般可以按其所望,在日本国内任何一个地方居住,但禁止弘布天主教。"两年后又写信说:"阁下经常谈到住在日本的诸修道会士的许多要求,但我不能答应。贵地的天主教不许在日本传播。阁下若要与日本国和我保持友谊,则为我所欲,不为我所不欲。"①

从 1598 年起,家康花了 10 年时间通过托钵修道会士就日本、西班牙间的通交贸易和菲律宾总督交涉,但没有结果,相反使天主教在日本重新抬头,迎来了空前繁荣期。

1600 年度的日本耶稣会年报说:"去年 4 万人改宗,教会正在顺利发展;本年又有了 3 万人改宗。耶稣会有 30 所修道院和神父馆,传教士总计 109 名,又有 14 名刚从海外到达。副区长古美斯的葬礼时,修道士原马尔奇诺(天正遣欧使节)致悼词,小西行长也参加此次葬礼。葡萄牙船不断从中国来到长崎。这里的长崎有四五千居民,还有耶稣会本部。原来在天草的耶稣会印刷所迁到了长崎,本年出版了路易斯·特·格拉那达的名著《劝善抄》及其他。天草诸岛有主要的修道院和三所神父馆,志岐有主要的修道院,天草(河内浦)、本渡、上津浦有神父馆,那些地方驻守着 6 名神父和 10 名修道士,居民全部是教徒,还有 500 人从其他地方来受洗。志岐有从事绘画的同宿,在那里画教会祭坛用的圣画。还用竹筒制造 9 台管风琴,比欧洲的大得多,因用坚固的竹筒制造,发出的声音比佛兰德尔(比利时)用薄板制造的柔和得多。"②

据日本南蛮文化史家松田毅一说:"从 1542 年或 1543 年葡人初来种子岛,以及 1549 年最早的神父沙勿略抵达种子岛,至 1650 年弃教者原神父费列拉(Ferreira)在长崎死去的约一个世纪,欧洲人称为'天主教世纪',相当于日本史上从战国末期经织田、丰臣时代至德川初期的所谓'天下人'时代,其间日本人接受天主教信仰的数字不能确实知道,最多的 17 世纪初是 20 万至 30 万人,约占当时人

---

① 〔日〕松田毅一:《南蛮神父》,朝文社 1993 年版,第 181 页。
② 〔日〕松田毅一:《南蛮神父》,朝文社 1993 年版,第 187 页。

口的 1%。"①

"神父驱逐令"下达后信徒反而增加,这是什么原因呢? 原来丰臣秀吉时庶民信教并不禁止,同年的布告中说,庶民不妨按自己的意志信仰,身份高的人不许自由入信。过去已受洗的诸侯,只要表面上离教就行了,而对表明不放弃信仰的高山右近则以流放处分。又因为在日本的传教士潜伏地下,表示服从命令,所以秀吉不仅没有再采取强硬政策,而且在五年后托钵修道会士以外交使身份从菲律宾来日本时,秀吉知道他们是传教士,还留他们在日本停留;同时还让精通日语的罗德里格兹做翻译,相当优待他们。加上秀吉爱好异国风情及社会上流行的一股南蛮热,越发使天主教禁而不止。至德川家康时代,如前所述对天主教抱默认态度,即使布教活动非公开进行,但还取得相当的成果。

德川家康禁止日本人信教是从 1612 年开始的,实行大规模镇压天主教的政策是从 1614 年底开始的,所以 1614 年是转折期,教会的繁荣到此为止。其后便走下坡,最后被消灭。

7 天主教大名

所谓"天主教大名"就是信仰天主教的领主(诸侯)。由于耶稣会"自上而下"的传教政策,首先争取封建领主信教,然后普及到庶民中间,这是日本特异的传教方针。

战国末期至江户初期归依天主教的大名,严格地说是俸禄万石以上的高禄士族。大名中最早受洗的是肥前国的大村纯志(1563 年),接着是丰后国的大友宗麟(1578 年),其后有马氏、五岛氏、天草氏、黑田氏、小西氏、毛利氏、大友氏(以上九州的大名)、一条氏、宇喜多宗氏(以上中国、四国的大名)、池田氏、京极氏、高山氏、织田氏(以上近畿的大名)、轻津氏、蒲生氏(以上奥州的大名)等先后受洗,共有 50家。他们信教的原因各不相同,有政治的、家庭的,或受教义和布教者人格的感化,但大部分是出于和布教有密切关系的贸易利益,一旦禁教令下达,他们就如弃敝屣般抛弃教义。不过也有例外,如高山飞驒守厨书和高山右近父子、小西行长、大村纯忠和大友宗麟等是出于真正的信仰,坚贞不屈。兹将著名的天主教大名概述如下。

---

① [日] 松田毅一:《南蛮巡礼》,朝文社 1991 年版,第 207 页。

高山右近(1552—1615 年)

右近之父飞骑守厨书是大和国的泽城主,1563 年在奈良改宗,教名达利奥。翌年妻子马利亚及其子女均在泽城受洗,母亲在乡里摄津高山受洗,教名圣约翰。右近是飞骑守之长子,1564 年受洗,取教名为裴斯特(葡语意为正义的人)。1573 至 1585 年右近为高槻城主,带领领民信教,城里建造了许多教堂,领内到处是十字架,简直像罗马一样。高槻位于京都和大阪之间,交通方便,畿内各地天主教徒集中在这里举行祭典,热闹非凡。右近初侍奉荒木村重,后顺从织田信长。本能寺事变以后,右近与丰臣秀吉合作,山崎之战有功,转封到播磨的明石。1587 年神父驱逐令发布以后,右近因坚持信仰被秀吉解封,隐居小西行长的领地小豆岛。后被加贺的前田利家作为客将起用,受到厚遇。1614 年被德川家康流放到马尼拉,62 岁的右近带着妻子经澳门到马尼拉,菲律宾总督以仪仗队作为国宾欢迎。但不幸右近 40 天后患疟疾于 1615 年 1 月 8 日死于马尼拉。

小西行长(1555—1600 年)

行长之父小西隆佐(1533—1594 年)是堺的中药商,与该地豪商日比屋家是亲戚,1551 年沙勿略入京时由他介绍给阪本的朋友,为沙勿略提供了不少方便。1560 年隆佐在京都受洗,因他善于理财,被丰臣秀吉重用,活跃于征伐九州和出兵朝鲜的后方。其妻也是天主教徒,担任秀吉之母北政所的右笔(秘书)。行长受父影响自幼亲近教会,1584 年受洗,教名奥古斯丁。原为宇喜多氏的家臣,后投靠丰臣秀吉,因征伐根来寺有功,被任命为水军长,领有小豆岛、室津等港,俸禄 10000 石。1587 年神父驱逐令发布时,小西父子的地位没有变,1588 年小西升为肥后国宇土城主,俸禄 12 万石。1592 年永禄之役,小西行长和加藤正清一同被秀吉任命为侵朝战争大将,后伴明使沈惟敬回国,参加日明谈判。1600 年关原会战时,行长和石田三成一起参加西军,和德川家康所率东军作战。结果战败,被押赴京都刑场作为谋反者斩首。本来作为一名著名的武士应该切腹自杀,但他作为一名天主教徒为求神赦免罪过,拒绝切腹建议。临刑时他取出葡王若昂三世的王后卡泰丽娜所赐之耶稣和玛利亚小画像向天祷告赦罪。行长在世时为教会的发展作出了很大贡献,死后被称赞为"在不断战乱中尚且不忘自己灵魂的真正天主教大名"。

有马镇纯(晴信,1567—1612 年)

镇纯是肥前国日野江(有马)城主,有马义贞之次子。1579 年由巡察使范礼安授洗礼,教名普罗泰琪奥。1582 年和大友、大村两氏一起派出天正遣欧使节团。1587 年跟随丰臣秀吉讨伐九州,文禄、庆长之役参加秀吉的侵朝战争。关原之战时站在德川家康方面,参加东军和西军作战。1610 年在长崎因击沉葡萄牙船"马德列·特·宙斯"号而受奖,又因受奖而产生冈本大八事件被流放甲斐,最后自杀。

大友宗麟(义镇,1530—1587 年)

丰后国臼杵城主,领有丰前、丰后、筑前、筑后、肥前、肥后六国。宗麟思想开明,对西方文化很有好感。沙勿略初来日本时,22 岁的宗麟与沙勿略结成知交,但没有受洗。直至 27 年后的 1578 年才由弗洛伊斯授洗礼,按方济各·沙勿略的名字取教名的方济各,成为日本著名的天主教大名。领内的臼杵和府内是天然良港,1545 年以来葡萄牙船频繁航来,成为对外贸易的中心。许多传教士来两地布教,受到他的保护。1579 年设在府内的神学校和神学院很著名,培养了不少日本人传教士。1582 年与大村、有马两氏派出天正遣欧使节团。1587 年 7 月丰臣秀吉发布神父驱逐令以前一个月,在丰后津见久逝世,没有受到迫害。

大村纯忠(1533—1587 年)

纯忠是有马镇纯的第二子大村纯前的养子,肥前、大村、三城的城主。1563 年受洗,教名巴尔特罗缪,成为日本最早的天主教大名。1565 年开福田港,与松浦氏的平户港抗衡。1570 年开长崎港,后来长崎繁荣起来,成为西方文化传入视窗。1580 年为摆脱龙造寺氏的压力,将长崎、茂木两地割让给耶稣会,但 1587 年被丰臣秀吉没收。1582 年和大友、有马两氏一起派出天正遣欧使节团赴欧。1587 年 7 月秀吉发布神父驱逐令的两个月以前,在大村阪口邸宅逝世,没有受到迫害。

蒲生氏乡(1556—1595 年)

伊势松阪城主。原是织田信长的部下,信长死后跟从丰臣秀吉。1590 年转封会津的黑川(若松)。他和高山右近早有往来,1587 年受洗,教名列奥。1591 年范礼安第二次来日本时他到大阪迎接,约定形势好转后立即开始布教。

黑田孝高(1546—1604 年)

丰臣时代武将。小寺识隆之子,旧姓黑田,号如水,秀吉侵朝时与石田三成等不和,故关原之战时参加东军,为德川家康效劳。1583 年由高山右近和蒲生氏乡劝诱受洗,教名西美翁。他大力保护小西行长等丰臣时代旧臣。

内藤如安(？—1626 年)

丹波国八木城主。织田时代因援助将军足利义昭而失封,后投奔丰臣秀吉,为小西行长的部下。文禄之役时活跃于日明谈判。1564 年受洗,教名若昂。小西行长没落后投奔加藤正清,后由高山右近斡旋,成为前田利长的客将。1614 年被流放马尼拉。

河内结城氏

(1)结城山城守忠正,1563 年在奈良信教,教名安利凯(Anrique)。他为五畿内最早最有力的信徒。弗洛伊斯说他是"伟大的剑术家,有能力的书信家,书信校正者,精通文学的老人,大学者"[1]。1569 年在京都访问了弗洛伊斯,还写信给修道士罗伦索报告日乘上人反对天主教的幕后活动。

(2)结城左卫门,结城山城守之子,三好长庆的家臣。1563 年来父亲忠正处受洗,教名安坦。他过去陷于罪恶之中,生活放荡,信教后变得非常沉着而有能力,与其说是名武士,不如说是名修道士。[2] 他请罗伦索来给三好的家臣讲道,还请维列拉给许多人受洗礼,在自己的邸宅"砂"建立教堂。但两年后的 1565 年 7 月突然死亡,被称为"天下最好的天主教徒之一"。

(3)结城约翰弥平次,结城山城守的外甥。1564 年由维列拉受洗。他热心于教会工作,先后使 1000 余人受洗,京都南蛮寺建立时曾大力给予援助。1600 年为小西行长的领地肥后国益城郡矢部城主。行长没落后移居有马领。1602 年为高来城主,保持信仰。1613 年被流放。

(4)结城约翰是弥平次的外甥,冈山领主。1572 年由布教长卡布拉尔受洗。他是三好长庆的臣下,家境富裕,有 1000 人以上的家臣,悉数信教。1584 年在一战役中阵亡。

池田丹后守教正(？—1595 年)

1564 年作为三好长庆的家臣在饭盛受洗,教名西美安,后来为三好义继的家臣。三好义继投降织田信长以后,池田教正作为义继的部下,为若江三人众之一,守若江城。1573 年义继叛变信长,若江三人众倒戈,义继自杀。其后池田教正受

---

① ［日］松田毅一:《南蛮史料研究》,风间书房 1981 年版,第 683 页。
② ［日］松田毅一:《南蛮史料研究》,风间书房 1981 年版,第 684 页。

信长宠爱,成为著名的天主教大名,在若江建造壮丽的教堂,信徒达 600 人。1578 年受信长增封,把钱财悉数赐给穷人。后来三人众的根据地移到八尾,又有 800 人信教。1583 年池田被秀吉分封到美浓国,1585 年侍奉秀吉的养子秀次,成为河内天主教武将中最幸福的人。神父驱逐令下达以后,池田仍坚持信仰。1595 年秀次奉秀吉之命自杀时,池田已是高龄,不久病死。

村山等安(1569—1619 年)

长崎第一代长官,教名安特尧,因经营朱印船贸易和葡萄牙、英国、荷兰贸易致富。1619 年由于幕府的禁教政策强化,以及贸易上和末次平藏抗争,在江户处刑。

三箇圣巧(生死年代不明)

以河内饭盛为根据地的三好长庆之家臣。1564 年由维列拉授洗礼,教名圣巧(Sancho)。不久其妻也信教,还把三个地方的异教小祠改为天主教圣堂。后来京都发生战乱,传教士纷纷来三箇避难,圣巧对耶稣会士"像自己真正的父亲那样庇护"。他是"日本国中一名最优秀的天主教徒,当地信仰的支柱"。本能寺事变之后,丰臣秀吉讨伐明智光秀,因三箇氏站在明智光秀方面,1582 年三箇被攻陷,三箇圣巧、三箇曼肖(孙三郎)父子逃往大和,仅次于京都南蛮寺的大教堂被彻底破坏。1587 年圣巧在大阪,神父驱逐令下达后,他帮助中部日本布教长奥尔艮契诺潜入小西行长的领地小豆岛,并向京都地方秘密传道,那时他已 70 多岁了。最后的情况不明。

曲直濑正盛(1507—1595 年)

正盛号"一溪道三",丰臣秀吉的医生。1584 年因给府内神学院院长费凯列德看病的关系,有机会听道,消除种种疑问后受洗,教名贝尔晓。这位名医的改宗,对当时产生极大的影响。

日比屋了珪(生死年代不明)

了珪是堺的豪商,1551 年初沙勿略来堺时受到他的款待。1561 年了珪将维列拉神父从京都请来,给孩子及亲族受洗,本人于 1563 年受洗,教名提奥各(Diogo)。1563 年维列拉和罗伦索因避战乱,从京都移居堺。堺的教会和修道院建立以前,了珪的家成为天主教徒的集会所和传教士的住宅地。因了珪的社会声望很高,成为堺的天主教的支柱,给耶稣会很大帮助。1587 年神父驱逐令下达后堺的教会被破坏时,他家里的教会成了堺的信徒的活动中心。他还给堺的教会医院给予莫大照顾。了珪的最后情况不明，1600 年他还健在。了珪的妻子是沙西（Sosei）即奈良屋宗井之女，1577 年受洗，教名伊纳斯。了珪的孩子有莫尼加、萨比娜、阿伽泰三女和维逊特（Vicente）一男，他们都是教徒。维逊特了荷（即日比屋兵卫门了荷）后来成为城主，曾和小西行长一起参加过文禄战役。维逊特了荷之子列奥八西弥左卫门和小西行长的女儿结婚，后来两人被流放澳门。

8　天主教在日本迅速传播的原因

天主教很快被日本人接受的原因，不外乎以下几种。

第一，战国大名利用天主教加强经济、政治和军事上的实力，以达到富国强兵的目的。如上如述，耶稣会在日本传教采取自上而下的方针，以贸易为诱饵，先让领主信教，然后扩大到一般领民，如大村、有马、天草等地出现领民集体入教的盛况。战国时代群雄割据，大名们急需战略物资和财富，但国内贸易因连年战乱和关卡林立，无法正常进行，而对明朝的勘合贸易又因倭寇扰乱而断绝，只有依靠南蛮贸易（实际上是通过葡萄牙船的日中贸易）维持其经济，而接受天主教是获得南蛮贸易的先决条件。战国大名为把葡萄牙船吸引到自己的领地，对天主教表示热烈欢迎，率先受洗，带动领内百姓信教。当时即将统一日本的织田信长，为了削弱佛教保守势力，采取保护天主教的政策，发给自由传教的许可证，助长了天主教传播的速度。

第二，传教方式日本化。"外来宗教如果不能与当时的土地制度及习俗时尚相结合，就不能进入这块土地。"①沙勿略来日本不久就认为日本人是新发现诸民族中最优秀的民族，不能强迫信教，让他们葡萄牙化，必须避免与日本传统文化发生冲突，传教方式尽量日本化。为此，耶稣会对日本文化和社会习俗进行了长期深入的调查研究，写出著作作为传教参考；还规定传教士到日本以前必须用一两年时间学习日语和日本的思想文化等知识。为了达到传教日本化的效果，耶稣会初期大部分教堂是利用旧有佛寺，只是佛像换成圣母像，佛堂佛具换成祭坛罢了。管理人也是由佛僧改宗的，连教堂名称也沿用佛寺名，如天门寺、大道寺等。教理用语也

---

①〔日〕山本新等：《未来属于中国：汤因比论中国传统文化》中译本，陕西人民出版社 1989 年版，第 12 页。

尽量借用佛教,以深入人心。为和日本人打成一片,传教士穿和服,不肉食,尽可能迎合日本人风俗习惯。沙勿略的后继者范礼安撰有《有关日本风习和气质的注意和警告》,成为传教士必读之书。为适应日本的风俗习惯,把日本历的正月初一定为圣母诞生日。这个规定从1599年开始实行,受到日本信徒的欢迎。

第三,广泛兴办社会慈善事业。耶稣会为取得民众的好评,大力兴办各种慈善事业,如开办医院、设立孤儿院和育婴堂、成立义金赈济饥民等。特别医疗是传道事业中最重要的一环,初期传教士都是作为医生巡回各地,携带药品给日本人治病。疾病一旦治好,就归于创造主的奇迹,许多人因此皈依,有时全村信教。对于在贫困线上挣扎的农民来说,教会所行的医疗事业和救灾活动无疑是及时雨,收到很大效果。

第四,顺应民心。当时佛教诸宗分裂,互相抗争,僧侣为获得现世利益而奔波,佛教已远离一般民众所要求的"安身立命"、"救济教化"等宗教宗旨。加之世道混乱,民不聊生,人们对佛教丧失信心。相反天主教教理简单,强调博爱平等,适应被压迫民众的心理,从而对天主教产生好感。这是天主教被日本人接受的最根本原因。

第五,耶稣会士的主观努力。耶稣会来日本传教的时候,离该会成立只有十多年,充满朝气,会士坚守清贫、贞洁和服从三大原则,献身于传道事业。我们不能认为耶稣会士是西方殖民势力的急先锋,他们绝大部分是德操高尚、学问渊博的人,与墨守成规、贪图安逸的佛僧形成鲜明对比。当时作为一个来日本的传教士的条件,特别强调能忍耐寒暑、穷困和侮辱,志操坚贞,学问渊博,能够说服日本人。

第四章　教会的衰落

——布教迫害时代(1614—1640 年)

1　"圣腓力"号事件

日本天主教从繁荣到衰落,实质上是近世封建社会形成的过程。战国时代群雄割据,各方诸侯(大名)为富国强兵竞相与葡萄牙贸易,天主教作为贸易的诱饵,被许多大名所接受。然而到了丰臣、德川时代,全国归于统一,日本后期封建社会成立,于是强调绝对统治的封建社会伦理道德,与国家政权隶属于超国家教权下的外来宗教思想意识在本质上是水火不相容的。同时西欧商业资本主义所暴露出来的殖民地侵略性,给日本统治者直接带来了政治威胁。当初丰臣秀吉对天主教采取默认和妥协政策,但是随着他的统一事业的进展,逐渐与天主教走向对立。

1587 年秀吉征服九州时,看到外国传教士在九州的势力以及长崎成为教会领地的情况,深为惊慌,害怕天主教在农民中传播会导致一向宗起义那样的后果,于是同年 7 月发布神父驱逐令,把天主教当作邪宗,勒令传教士 20 天以内离开日本,并将长崎收为直辖地。但那时丰臣秀吉还让人民信教,允许与葡萄牙人通商。正当此时,西班牙的方济各会(托钵修道会之一派)派传教士来京都、大阪传教,秀吉因要和西班牙贸易,对传教采取默认的态度。

然而事情发生突变,1596 年 10 月 19 日,一艘西班牙商船"圣腓力"号从马尼拉开往墨西哥途中遇难,漂流到土佐。土佐国主长宗我部元亲派人求援,把"圣腓力"号拖到浦户湾。但船触礁,船身破裂,货物四散流失,造成抢捞货物事件。"圣腓力"号船长便派搭乘该船的方济各会士腓力·特·赫斯(Felipe de Jesús)到京都,得到在京传教士巴布契斯泰的帮助,给秀吉献礼物讲好话,秀吉最后才答应援助。秀吉派奉行增田长盛到现场处理事件,他不但没收全部货物,还把船员关押起来。审讯时该船的航海长给增田长盛看世界地图，说西班牙如何强大，先派传教士来传教，然后派军队、信徒做内应，全力征服日本。这话传到秀吉耳中，秀吉勃然大怒，下令逮捕传教士26人，押到长崎处死。关于航海长是如何说的，天主教史家斯泰欣（Michal Steichen）在他的《天主教大名》一书中说："此船（'圣腓力'号）航海长奥兰提亚（Francisco de Olandia）对如此可恶的抢劫十分愤慨，要想威吓日本人，赞扬了西班牙国王的强大势力，说西班牙的版图横亘世界。增田听了大吃一惊，向航海长问道：'国王是以何种方法占领如此众多的国家呢？'奥兰提亚回答道：'首先让传教士去传教，接着西班牙军队跟在传教士后面，凭借信徒帮助，使那些国家臣服西班牙王。'"①

"圣腓力"号事件只是导火线，实际上秀吉早就想镇压天主教了，他在给菲律宾总督的信中讲得很明白："往岁伴天连（神父）说异国法，魔魅本邦下贱男女，易风移俗而欲乱人情，以害国政，坚禁之，严制之。前次所来之僧侣（传教士），不归其国（西班牙），入县入邑，为贱士奴隶秘说异法，予不忍听之，即诛戮之。窃闻其国以教法为权谋，而欲治外国。若本邦真俗入其地，说神道而惑乱人民则国主可欢悦乎？"②

此外，"圣腓力"号事件的产生还与葡萄牙耶稣会的中伤有关。根据《"圣腓力"号航海记事》，耶稣会确实在秀吉面前挑拨："翻译对我们说，根据由京都得到的太阁（秀吉）的书函，把我们当做海盗，如秘鲁、西班牙和菲律宾所做的那样，先派方济各会士来传教，然后夺取这个国家。还传说为达到这个目的而来测量，并囤积金银谷物。据说此事是当时在京都的三个葡萄牙人告诉关白太阁的。"③

然而根据新任主教马尔丁斯（Dom Pedro Martins）给国王的信，耶稣会没有对方济各会中伤："如关白（秀吉）自己所说，没有从方济各会得到什么。同时右卫门尉（增田长盛）也劝告不让吕宗（菲律宾）的方济各会士留在关白的领内。特别右卫门尉还说：'西班牙人先派传教士来传道，让国内的人成为天主教信，然后征服这个国家。'关白听了突然对方济各会士发怒，下令对他们及登录名册的教徒宣告死刑。他们无人在关白面前辩解，治部少辅（石田三成）和右卫门尉反而向关白诉说

---

① ［日］松田毅一：《南蛮史料研究》，风间书房1981年版，第857页。
② ［日］松田毅一：《南蛮史料研究》，风间书房1981年版，第1020页。
③ ［日］海老泽有道：《天主教的镇压与反抗》，雄山阁1981年版，第156页。

他们的错误。连从吕宋带来的两名忠诚的日本人也在关白面前非难方济各会士，诉说他们不服从关白的命令。以上是关于死刑的真正的根本原因。"①

② 庆长大殉教

1596 年 11 月 30 日，增田长盛从土佐国回到大阪，如实向丰臣秀吉报告。同年 12 月 8 日，奉秀吉之命包围京都的方济各修道院，逮捕了 6 名方济各会士（3 名神父，3 名修道士）及 18 名日本信徒。日本信徒中，三木保罗等三人是耶稣会修道士，其他 15 人是接近方济各会的京都、大阪和尾张人。本来三木保罗等三名日本人耶稣会修道士可以赦免，因为按秀吉的命令只逮捕方济各会士，但他们怕人说逃避殉教，所以主动就缚。

1597 年（庆长元年）1 月 1 日，他们被集中在京都的狱中。3 日他们被押到上京的某十字路口，削去耳朵。翌日起，他们先后在伏见、大阪、堺游街。1 月 9 日由陆路送到长崎。路上有两名给殉教者送饮料的信徒，主动加入殉教队伍，共计 26 人。在路上，他们留下了信仰炽烈的言行和书信。三木保罗就缚时说："我今年 33 岁，和为我们受难的主耶稣同龄……然而今天是星期四，据说明天星期五要被处死了。虽然我是如此果报不好的人，但效法为我们而那样忍受苦难的主耶稣基督就是无比的果报。"②

同年 2 月 5 日，以方济各会士巴布契斯泰为首的 26 名殉教者被押到长崎西阪的山冈上，钉死在十字架上，这就是所谓的"庆长大殉教"。现在长崎车站附近的西阪山上有 26 圣人殉教纪念碑，同地 26 圣人纪念馆中有三木保罗等 3 人的遗骨。

当时的天主教信仰并不因统治者的镇压而低落，相反通过对这些殉教者的崇敬，信仰更加强烈起来了。1604 年 1 月 26 日，京阪地方的天主教徒代表狩野源助平渡路等 11 人上书罗马教皇，请求把他们列为圣人，教皇准奏。

26 圣人的殉教与当时日本国内外极其复杂的政治形势有关，他们是东西方文化正面冲突的牺牲品。"26 位圣人都是遵循基督之爱，在爱神爱人的基督徒道路上竭尽全力的人。他们在自由的时候，为拯救灵魂和慈善事业效力，一旦受到迫害

---

① ［日］海老泽有道：《天主教的镇压与反抗》，雄山阁 1981 年版，第 157 页。
② ［日］海老泽有道：《天主教的镇压与反抗》，雄山阁 1981 年版，第 158—159 页。

便奉献生命殉爱,他们所求的只是神人基督之爱,即无私无欲的爱,真正放弃自己的爱。此爱才是为人类的幸福、真正的和平和永生而整个一生所应追求的人类最高理念。"①

据松田的研究,这 26 位圣人是:(1)巴布契斯泰(Pedro Baptista,方济各会士),(2)马丁(Martin de la Ascencion,方济各会士),(3)布兰柯(Francisco Blanco,方济各会士),(4)巴里拉(Francisco de la Parrilla,方济各会士),(5)卡尔西亚(Conzalo Garcia,方济各会士),(6)赫斯(Felipe de Jesus,方济各会士),(7)三木保罗(Miqui Paulo,耶稣会士),(8)五岛约翰(Coto juan,耶稣会士),(9)木斋第谷(Quisai Diego,耶稣会士),(10)铃木保罗(Suzuqui Paulo),(11)卡布里埃尔(Gabriel),(12)绢屋约翰(Quinuya Juan),(13)谈义托美(Dangui Thome),(14)药师方济各(Francisco Medico),(15)科萨基托美(Cazaqui Thome),(16)榊原哈金(Sacaqubara Joaqin),(17)梵都拉(Ventura),(18)乌丸列奥(Garasu ma Leon),(19)马提亚斯(Matias),(20)安托尼奥(Antonio),(21)路易斯(Luis),(22)茨木保罗(Ibaraqui Paulo),(23)科萨基·美凯尔(Cosaqu Miquel),(24)助郎彼得(SuquiJiro Pedro),(25)竹屋科斯美(Taqeya Cosme),(26)方济各·加耀(Francisco Coyo)。②

3 德川幕府的禁教

丰臣秀吉死后,德川家康完成日本统一事业,开创德川幕府(也叫江户幕府)。与秀吉的恐吓外交政策不同,家康奉行友好外交政策,因此西班牙的托钵修道会纷纷从马尼拉来日本传教,再次掀起信仰高潮。天主教的发展并不意味着家康取消了秀吉的禁令,秀吉以来采取贸易与布教分离的政策没有变,日本是神的国度也没有变,从而随着教会的繁荣逐渐扩大了教会与幕府之间的矛盾。

首先,天主教教义与幕府的封建统治根本对立。天主教排斥异教,否定神佛信仰,认为只有上帝才是创造天地万物的真神,这与自称"东照权现"(即天照大神的

---

① [日] T. 奥伊丁堡、S. 修那伊达:《日本二十六殉教圣人》,中央公论社 1951 年版。引自海老泽有道:《天主教的镇压与反抗》,雄山阁 1981 年版,第 162 页。

② [日] 松田毅一:《南蛮史料研究》,风间书房 1981 年版,第 908—936 页。

化身)的德川家康来说是绝对不能容忍的。天主教宣称上帝是最高权威,上帝面前人人平等,这也与以将军为最高统治者的等级森严的幕藩体制相悖逆。

其次,西方殖民主义者利用天主教作为侵略东方的工具,幕府对此十分恐惧。加之教会通过商人将新式武器卖给南方诸侯,这对德川幕府也是一大威胁。

最后,英、荷两个基督教(新教)国家为压倒贸易上的竞争者、宗教上的仇敌,不断中伤西、葡两个天主教(旧教)国家,说西、葡两国传教士利用教徒企图征服日本。这就使幕府更加害怕各种反对势力利用天主教进行叛乱,于是下决心禁教。

1612年3月,家康对天皇领地和直属家臣团及有马领下达禁教令。4月,有马晴信和夫人裘斯泰一起被流放甲斐,最后赐死。作为翻译的神父罗德里格兹被流放国外,6月有马领开始对天主教教徒进行迫害。8月6日首次公开在全国发布禁教令:"伴天连(神父)门徒御制禁也。若有违背之族者,急不可遁其罪科。"

1613年南禅寺金地院崇传起草的《排吉利支丹文》发表,说:"彼伴天连徒党,皆反对(那个)政令,嫌疑神道,诽谤正法,残义损善。见有刑人,载欣载奔,自拜自礼,以是为宗之本怀,非邪法何哉? 实神敌佛敌也。急不禁,后世有国家之患。"①

1614年1月28日,幕府将大久保忠邻被派到京都去镇压天主教。四天后的2月1日,家康命金地院崇传起草禁教令。同月14日,京都的传教士从幕府接到流放的通知,几乎所有传教士都离开京都到长崎,只有费列拉(Christovão Ferreira)及其他两名传教士潜伏日本国内。

2月26日大久保忠邻抵达京都,连日破坏该地教会,拒绝改宗的教徒被捆在草席或蒲包里,露出脑袋游街,甚至倒吊处死。4月13日,在京都所司代处不同意弃教的京阪信徒71名,奉命集合,6月7日流放津轻。

在长崎,10月14日至24日召开耶稣会士管区会议,讨论教会存亡问题。11月3日至15日长崎教会彻底被官方破坏。全国各地的传教士陆续来长崎集中,数百名教徒上街游行。有的背负十字架,或以石捶胸;有的将小刀插入股和腕,或高声祷告或用鞭打自己。这对官方来说无疑是示威或暴动的前兆。

1614年11月7日至8日,约三分之一的传教士及高山右近等148名日本信徒离开长崎,流放澳门和马尼拉。留在日本国内决心殉教的神父至少有37名,其中耶稣会士18名,方济各会士6名、多明我会士1名及其他在俗祭司。

① 《日本思想大系》第25卷《天主教书·排耶书》,岩波书店1980年版,第492页。

1616 年 6 月 1 日德川家康去世以后,约有两年多时间教会重新活跃起来,耶稣会士在备后、美作、播磨、赞、岐、安艺、周防、长门、伊予等地巡回布教,他们还访问了津轻的流放信徒,以长崎为中心的大村、有马、平户、五岛等地,教会又兴盛起来。多明我会士到丰后、丰前、日向、肥后、筑后布教,方济各会士到江户布教,从国外潜入的传教士陆续不断。1617 年日本有 34 名耶稣会士、5 名方济各会士、6 名多明我会士、1 名奥古斯丁会士及 5 名在俗日本人祭司。①

然而幕府方面,1616 年第二代将军德川秀忠发布《元和二年禁教令》,举国上下严禁信教,凡窝藏传教士的要用火刑处死,并没收其家产。1617 年大村的大名纯赖(纯忠之孙)加强对传教士的迫害,方济各会士阿松布西翁(Pedro Asumpcion)4 月 8 日晨谏早领喜津被捕,耶稣会士约翰·巴布契斯泰(Joao Baptista)在五岛被捕,5 月 22 日两人均在大村被处死。因此多明我会代理管区长阿隆沙·那瓦列特(Alonso Navarrete)和奥古斯丁会代理管区长阿耶拉·特·圣霍赛(Ayala de San Jose)两神父以一死之决心,劝告背教大名大村纯赖恢复信仰,结果被捕。6 月 1 日两神父在大村湾的鹰岛被处死。

1618 年 12 月 16 日,澳门圣保禄大教堂设计者、耶稣会士卡洛斯·斯比诺拉(Carlos Spinola)被投入大村的铃田监狱。1619 年 10 月 6 日,桔梗屋桥本太兵卫等 52 名信徒在京都被处以火刑。11 月 18 日,耶稣会士木村列奥纳多等五人在长崎被处以火刑。1622 年 9 月 8 日以斯比诺拉为首的 55 名信徒在长崎被处以火刑。

4 平山常陈事件与元和大殉教

1620 年,根据马尼拉的奥吉斯丁会管区会议的决定及日本信徒的请求,两名西班牙传教士在马尼拉搭乘平山常陈船长的船到日本。这艘船是葡萄牙的,还是是西班牙和日本共有的,或者是日本的,情况不明。像这样传教士利用商船潜入日本的现象屡见不鲜。

根据日本法令,凡搭载传教士到日本的,船和货物都要烧毁,船员要处死刑。或许这两名西班牙传教士打扮成商人模样,因而没有被平山常陈发觉。

平山常陈的船从马尼拉开出之后,因遇暴风雨,到澳门停泊。同年 7 月 2 日离

---

① [日] 松田毅一:《南蛮神父》,朝文社 1993 年版,第 239 页。

开澳门,22 日在台湾附近海面被英国船"伊丽莎白"号捕获。

当时英、荷两国缔结共同防御条约,两国的东印度公司在东亚水城各提供 10 艘船,编成防御舰队,对抗西、葡两国的船队,袭击它们的殖民地,封锁它们的港口,尤其是捕捉中国去菲律宾的商船,阻止澳门与菲律宾贸易,计划把中国贸易移到爪哇岛。两国协定,舰队的捕获物在它们的根据地平户由两国商馆平分,因此 8 月 5 日平山常陈的船被带到平户。

平山常陈的船被带到平户之后,潜入船内的两名传教士因其生活严肃、外表朴素被人发觉是圣职人员,后来又发现他们带有奥古斯丁会和多明我会的传教书信。于是英、荷两国便向幕府报告,并表示为阻止西班牙国王侵略日本的野心而采取了战斗行动。

幕府将此事件交给平户侯松浦隆信和长崎奉行长谷川权六藤正处理。经过四次极其残酷的审讯和拷问,两名传教士被迫坦白。元和八年(1622)7 月 13 日,船主平山常陈和两名传教士在长崎被处以火刑,船员 12 名斩首,船上货物全部由幕府没收。

平山常陈事件不仅是禁教事件,其中还存在着日本商人与荷兰商人经济利益的冲突,国外侵略势力与幕府反侵略政治利益的冲突,以及英、荷两国与西、葡两国争霸的国际利益的冲突。

平山常陈事件以后,幕府越发加强禁教,1622 年 9 月 8 日在 26 圣人殉教的长崎西阪,将以斯比诺拉为首的 55 人处死。其中西班牙传教士 7 名、意大利传教士 1 名、日本传教士 13 名、出租房屋给传教士的日本人 3 名和朝鲜人 1 名,共计 25 人处以火刑。在火刑柱前斩首的日本信徒有 30 名。这就是所谓的"元和大殉教"。现在罗马的阿尔·起士(Al Gesú)教会还保存着一幅描绘这次殉教的图画。

5　殉教与弃教

基督教史是殉教的历史,这样说绝不夸大。如果照样实行基督教教义和道德伦理,不免和世俗的政治和道德伦理发生冲突。当然 4 世纪以后欧洲基督教世界成立以来,即统治阶级基督化以来,殉教的事很少发生。但基督教严格的教义,特别以上帝为唯一神的绝对神信仰,在异教世界产生了冲突。同时从基督教所强调的原罪(人类生来有罪)出发,基督徒必定要与世俗世界的罪和恶作斗争,从而基督教在异教社会的斗争相当激烈。如果放弃斗争,便改变了基督教的本质,与世俗和异教妥协了。和世俗、异教对决,苦难不可避免,所以不论传教士还是信徒,一开始就应该有殉教的觉悟。3 世纪基督教教义确立者圣狄尔都里安(St. Tertulianus)说过:"殉教者的血就是基督的种子。"确实教会的发展是建筑在殉教者的血泊上的,沙勿略敢于脱离葡萄牙国王的布教保护权挺身来日本布教,也是从这样的觉悟和使命观出发的。他说:"在我们面前有死的危险……据说四只船中有两只能到达所向港口就算特别幸运了。我决心赴日本,即使知道面临终身未遇大灾难我也要去,因为我的心确信此举是我主耶稣亲自赐予,神圣的信仰能够在那个东方国家取得辉煌的胜利。"①

其后来日本布教的传教士,都是继承沙勿略的这个遗志。他们对信徒宣传殉教意识,1591 年在加津佐出版了《圣人传》。1592 年在天草出版了路易斯的《信仰的导师》。这些书宣传效法基督和世上的魔鬼战斗,大大鼓舞了信徒的信仰。

基督徒把殉教看成效法基督钉死十字架为人类赎罪的实践。他们不放弃信仰,却甘心放弃家庭、名誉、财产被流放,过贫苦的生活;或者被斩首和烧死;一些外国传教士,更是不远万里冒生命危险来日本传教。如 1637 年岛原起义前不久,意大利人耶稣会士马尔奇洛·马斯特里(Marcelo Mastrili)潜入日本,立即被逮捕。经过残酷拷问,最后殉教。

据研究,真正的殉教者有 1045 人。② 当然这是有史料根据的,实际数字一定更多。不过也有不少经不起严刑而弃数的,如日本耶稣会管区长费列拉,1633 年秋在长崎被捕,不堪受倒吊的极刑宣布放弃信仰,后来改名为泽野忠庵。受费列拉弃教的刺激而奋起,来日本传教的不少。如 1642 年意大利罗皮诺(Antonio Rubino)带领五名神父、三名随员在萨摩登陆,不料立即被捕送到长崎,改宗神父泽野忠庵奉幕府之命劝他们弃教,罗皮诺以激烈的言辞拒绝。他们长期受到拷问,最后于 1643 年初殉教。其中一名神父在拷问中泄露说,目前有许多神父在中国很活跃,大量印刷有关基督教的书籍输入日本。的确,明末清初利玛窦(Matteo Ricci)的后继者在中国开展传教活动,取得了很大效果。荷兰商馆长对幕府建议

---

① 给稣会总长罗耀拉的信,1549 年 1 月 12 日发自科钦,阿罗编、井上郁二译:《圣方济各·沙勿略书翰抄(上)》,岩波书店,1949 年,第 312—313 页。

② [日]松田毅一:《南蛮神父》,朝文社 1993 年版,第 246 页。

说,如果不禁止中国人来日本,日本天主教不能绝根,显然这是荷兰人出于垄断日本贸易的意图。

罗皮诺死后一个月,前几年在仙台逮捕押送到江户的四名神父,由井上筑后守审讯,将军德川家光多次亲临审讯现场。井上筑后守原来是教徒,后来弃教,1640年幕府设立改宗所,由他担任第一代所长,成为幕府的侦探,专门审讯外国传教士和日本信徒。

1643年5月,五名西班牙传教士在筑前的宗像郡大岛的津和濑被捕,从长崎送到江户。但此次与去年罗皮诺一行不同,传教士几乎全部弃教。泽野忠庵于1650年去世。井上筑后守1658年因老龄告退,那时他公开发表,日本信仰天主教的人已经没有了。

6 反抗与潜伏

如前所述,德川幕府1614年开始全国禁教,接着当局全力搜索、逮捕教徒,威吓和强制他们放弃信仰,不同意弃教的信徒投狱拷问,或处以斩首、火刑、水刑、倒吊等残酷的刑法。幕府还制定各种法制加强禁教,如5人小组、10人小组等连坐制,检举者给予奖赏,踏画①②、考心誓词制等。这样,潜伏于山间洞穴和地下等由信徒照顾的传教士,17世纪30年代几乎都被逮捕,前述1642、1643年虽有数名传教士从海外潜入,但他们立即被捕殉教或弃教。至1644年,日本土地上天主教圣职人员完全绝迹。

然而在信徒方面,迫害越厉害,他们反抗也越强烈,信仰更加坚决起来。他们信仰上团结一致,誓死忠于主耶稣基督,在各种组讲(Confraria)的领导下,不屈不挠坚持信仰。组讲原来是一种加强信心的组织,对信徒进行殉教觉悟的教育,在统治者残酷迫害下,它成了反抗的共同体,岛原起义就是由组讲转化为武装斗争组织的行动。当初组讲主要进行慈善事业兼信心事业,形成"慈善组"(Confraria de Msericordia),进行医疗、救癞(麻风病)、救贫、保护孤儿寡妇等活动,给封建剥削下受苦人以物质救济和心灵安慰,有利于教会发展。但1587年秀吉发布神父驱逐令

---

① [日] 松田毅一:《南蛮神父》,朝文社1993年版,第246页。

② 在木板、铜版上画着刻着圣母或耶稣像,通过踩不踩圣母或耶稣像来检验该人是不是教徒。

以后,维持慈善事业不仅财力上不可能,而且还随着组员自身面临着信仰和生命危机而逐渐开始变质。

一方面组员尽全力继续进行慈善事业,另一方面加强组讲同舟共济的色彩,救济为信仰而坐牢、流放、殉教者的家属。与此同时,组讲成为锻炼信仰和培养不辞殉教的坚韧不拔精神的信心会,它作为地下教会组织与统治者对抗,继续保持信教。这样,组讲便形成了初期以来的"慈善组"和迫害时代的"圣玛利亚组"两种类型。

迫害时代葡萄牙耶稣会系统的"圣玛利亚组"和后来形成的西班牙多明我会系统的"念珠组"主要起到了团结信教,加强信仰,对付迫害的作用,防止产生落后者,把本地区甚至全日本的天主教徒组织起来。这样的组讲,以1592年以前在肥前大村形成的为最早,该组讲拥有3000组员,规则严密,每星期日集会,互相勉励信心。因没有规则留下来,具体组织不详,只知道大组长叫"组头",小组长叫"小亲",任期一年,小亲由组头商量选出。组的机构、定员等按照各个大组的情况而定,有相当自由的幅度。有的地区还成立了只有女性的组和儿童的组。

1591年范礼安率领天正遣欧使节团为谒见秀吉而进京,中途在大阪停留,高山右近的旧领地北摄津及河内等原天主教大名的领民陆续来见巡察使范礼安,想在灵性上得到安慰。该地区的农民信徒,在秀吉的神父驱逐令发布以后,既没有神父又没有其他援助,还要忍受异教领主的激烈迫害和屈辱,在连食物都缺乏情况下互相勉励,活在信仰之中。

弗洛伊斯在《日本史》中写道:"在曾属于右近君的高槻领内,神父遇到了这样团结的情况:在所有农民或几个天主教村落里,谁都不愿下决心放弃我们的神圣教义,决不许一个异教徒在自己中间居住。他们达到那种地步是经历不少困难的,但不管怎样还是把它克服了,就这样维持信仰迄今。这是因为领主是异教徒,知道信徒的决心坚不能摧,害怕失去这些为自己耕作土地的农民,决定放任他们。"[①]

尽管信教团结在组讲下进行反抗,但仍免不了被消灭的命运。1640年至1658年井上筑后守担任长崎改宗所所长期间为日本天主教消灭期,连持有天主教物品的人也要处刑。根据长崎出岛荷兰商馆长1643年3月16日的日记:"据说长崎发

---

① [葡]路易斯·弗洛伊斯:《日本史》第2册,第82—85页,引自海老泽有道:《天主教的镇压与反抗》,雄山阁1981年版,第131—132页。

现数人持有基督教的装饰品，被处刑，其中一人不是教徒，因是他们的保证人，所以被杀了。"1644 年 7 月 25 日的日记："三年前在当地一市民的家里，发现一比尼克币上有圣徒像，全家被捕拷问。他们被宣告死刑。女儿死在狱中，父母及两个孩子被剃光头，被捆骑瘦马游街四天，最后处刑。"①

1658 年北条安房守担任长崎改宗所所长，继续消灭教徒。鉴于宗教信仰以家族为单位继续保持，1685 年 6 月 22 日，幕府的改宗所施行天主教徒族类登记制，从孙到曾孙、玄孙、耳孙都要登记，对天主教徒族严格加以监视和取缔。然而宗教信仰是砍不断斩不绝的，天主教徒的子孙继续保持着他们的信仰，但它既不是天主教也不是属于神道、佛教或儒教，而是一种变形的独特民间信仰，即天主教俗信化，成为一种民间信仰。民间这种变形的天主教信仰，至 18 世纪前半期分散在各地，从肥前的浦上到西彼杵，从平户、生月到五岛列岛，高山右近的旧领地摄津高槻地区，越前加贺地方，尾张、美浓的边境地区，陆中、陆前的边境地区等，范围相当广泛。

---

① ［日］松田毅一：《天主教宗门的兴废》，《范礼安与天主教》，朝文社 1992 年版，第 190 页。

第五章　开放与锁国

1　天正遣欧使节团的派遣

一、发起人和遣使目的

本能寺事变以前四个月的天正十年正月二十八日（1582 年 2 月 20 日），一艘葡萄牙船从长崎出发，向东中国海驶去。船上乘着范礼安率领的少年遣欧使节团一行，他们携带九州天主教三大名即大友、大村和有马给葡萄牙国王、罗马教皇和耶稣会总长的书信，将对遥远的欧洲进行友好访问。使节团一行打算经澳门、马六甲、印度，绕过好望角北上，到达葡萄牙首都里斯本，谒见葡萄牙国王，然后经由西班牙抵达罗马，谒见教皇。这样路途遥远及危险性很大的旅行，即使在交通工具发达的现代也是十分辛苦和花费时间的，何况是 400 年前的帆船时代，然而他们以 8 年 5 个月 27 天的时间完成了这一历史使命。这一东西方文化交流史上的壮举是谁发起或倡议的呢？根据作者不明的《日本使节罗马行记》和范礼安的《日本使节见闻对话录》（由圣德［Duarte Sande］译或拉丁文），发起人是范礼安，而不是大友、大村和有马三大名。

范礼安派遣使节团往欧洲的决定是在他第一次巡察日本（1579—1582）结束离开长崎前不久。关于这点，誊写在《澳门主教区史资料集》的《日本使节罗马行记》中说"巡察使立刻决定"，"从此到出发的日期很短了"，"遣使是突然决定的"。大友宗麟给教皇的书信中也说："巡察使出发的日期迫近了。"1581 年底至翌年初在长崎召开的耶稣会士协议会上没有讨论派遣使节的决议案，可见范礼安是会议结束之后即 1 月中旬以后突然决定的。根据日本耶稣会副管区长给耶稣会总长的报告及其他资料，范礼安当初打算把大友宗麟之侄的孩子伊东祐胜作为宗麟的代表，但祐胜在安土神学校读书，来到长崎时间上来不及。而范礼安自己离开安土城是

1581 年 8 月,12 月到长崎。由此看来,派遣使节团的计划是在 1582 年 2 月 20 日长崎动身不久前制定的。①

据研究,使节带到欧洲的日本书信是范礼安让某个日本人写的。因为,第一,现存大友宗麟的日文书信和有马镇纯、大村纯忠的两封日本书信是同一笔迹;第二,宗麟的署名"不乱师子虎"下面的花押是宗麟 1564 年至 1572 年使用的,1578 年以后他使用别的花押;第三,使节团在旅行地点留下的数封日本书信和感谢信,与上述三大名的书信比较,笔迹很相似。可见三大名的书信也许是和使节同行的日本修道士罗耀拉执笔的。②

那么范礼安为什么突然之间决定派遣使节到欧洲去呢? 其原因有三。

第一,代表日本天主教会向罗马教皇和葡萄牙国王表示敬意,并进一步希望得到他们的援助,使日本的传教事业更加兴盛;

第二,向欧洲教会及其他欧洲人汇报和证实日本耶稣会出色的传教成绩;

第三,让将来可能成为日本教会领导人的日本少年亲眼观看辉煌的欧洲基督教文化,亲身体验教会的威严。③

关于范礼安遣使的目的,在他给负责把少年使节带到欧洲去的努诺·罗德里格兹(Nuno Rodrigues)的指令书中说:

"少年们在葡萄牙和罗马的旅行中应追求的目标有两个,一个是世俗上、精神上的,获得日本所需要的求援手段;另一个是使日本人知道基督教的光荣和伟大,信仰此教的君主和诸侯的威严以及我们的诸王国、诸都市的广大富裕,并进一步知道我们的宗教在此间所拥有的名誉和权威。而且这些日本人归国后作为目击者,有资格把自己的见闻讲给同胞们听,这样才可表示我们适用于万事的信用和权威。事实上日本人过去没有看到这些,所以今天还不相信。他们中间有许多人什么都不懂,认为我们(神父)在祖国是贫穷而身份低的人,以讲天堂为借口,来日本发财。我们这样做才使他们理解神父来日本的目的是什么了。"④

范礼安接着又指示,为了达到上述第一、二个目的,必须让葡萄牙国王陛下、罗马教皇圣下、枢密卿及其他诸侯通过实际接触,认识到他们(少年使节)是如何优秀

---

① 〔日〕松田毅一:《天正遣欧使节》,朝文社 1991 年版,第 55 页。
② 〔日〕松田毅一:《天正遣欧使节》,朝文社 1991 年版,第 56 页。
③ 〔日〕岩生成一:《锁国》,中央公论社编:《日本历史》第 14 卷,朝文社 1991 年版,第 65—66 页。
④ 〔日〕松田毅一:《天正遣欧使节》,朝文社 1991 年版,第 64 页。

的人,知道在日神父所报告的不是虚假的,希望借此打动那些显贵者援助传教事业的心。为此必须注意所派的使节是身份高贵的人,以得到欧洲显贵的相应好待遇。

为了达到第三个目的,让少年使节在国王陛下的宫廷和葡萄牙、罗马及其他少年们所经过的大部分都市参观大建筑物、教会、宫殿、庭园、银制品或豪华的圣具室以及其他可成为教化粮食的各种文物,只看高贵、伟大的东西,与此概念相反的事物不让他们看。①

由以上看来,少年遣欧使节团的派遣完全是范礼安的意旨,大友、大村和有马三大名仅是个名义而已,其主要目的是争取欧洲显贵们的援助。事实上日本耶稣会每年经费至少要一两万杜卡,教会经营的生丝贸易收益只有五六千杜卡,而葡萄牙国王和果阿的葡印总督经济上几乎没有援助。为此范礼安向欧洲求援是可以理解的,而派遣少年使节团之举也是煞费苦心的。从大方向来看,此举实在是使日本基督教化的一种手段,但客观上却促进了东西方文化交流。

二、使节团成员

遣欧使节团有正副使节各两名,都是十三四岁的少年。一名正使是伊东满所(Mancio,当时 13 岁),他是大友宗麟近亲、日向伊东修理亮祐青之子;另一名正使是千千石弥开罗(也叫千千石弥解留,13 岁),他是大村纯忠之弟(相当于有马晴信之叔)千千石左卫门佐直员之子。一名副使是 14 岁的中浦裘丽安(也叫中浦寿理安),另一名副使是 13 岁的原马罗奇诺(也叫原丸知野)。此外还有领导人范礼安、修道士第谷·米斯基泰(Diogo Mesquite),日本人修道士乔治·罗耀拉,随员日本少年康斯坦丁·都拉德和奥吉斯丁,以及 27 岁的西班牙人修道士芳·圣契斯(Fon Sanchez),共计 10 人。

伊东满所 1569 年生于日向国都于郡(今西部市大字鹿野田),是日向国的贵族即大名伊东义祐之女町上和伊东修理亮祐青所生的儿子。从大友家来说,伊东满所是大友宗麟的外甥阿喜多之夫伊东义益(伊东义祐之子)的妹妹町上之子。满所八岁的那一年,伊东家发生一大悲剧,即日向国主伊东义益去世,其子义贤继承家督,数月后萨摩的岛津氏侵入日向,义贤逃离都于郡城,投奔母亲阿喜多的伯父大友宗麟,所以一族都到了丰后,义益的未亡人阿喜多及其子义贤、祐胜兄弟受到厚遇,伊东义祐等受到冷落,因此他们逃到伊予。此时满所的父亲祐青丧失,母亲町

---

① [日] 松田毅一:《天正遣欧使节》,朝文社 1991 年版,第 64—65 页。

上离去,伊东满所便成了孤儿。恰巧此时拉蒙(Pedro Ramón))在丰后的街上和伊东满所相遇,把他送到有马神学校读书。后来被范礼安选为遣欧使节团的正使兼主席。

千千石弥开罗是大村纯忠的侄儿,弥开罗是教名,1569 年生于岛原半岛西北部的千千石。父亲千千石直员是千千石城主,1570 年战死。弥开罗 1582 年离开长崎时其兄纯员已经战死,所以他是个独子。1580 年以葡萄牙船的司令官弥开罗·达·伽马为继父而受洗,不久入有马神学校。

原马罗奇诺,1569 年生于肥前波佐见,父亲原中务太辅纯一是大村纯志的家臣。原马罗奇诺之姊嫁给大村领主的兄弟(有纯宣、纯直、纯荣三人,不知是哪一位)。

中浦裘丽安生于肥前西彼杵半岛西北部的一个寒村中浦,父亲是中浦的领主(或村长)。他如何进有马神学校不详。

修道士米斯基泰是葡萄牙人,1577 年 7 月抵达长崎。在府内学习日语后赴安土新设的教会和神学校工作。1581 年回到长崎,随同少年使节赴欧,在澳门升神父。他在八年长途旅行中,担任使节的指导工作。

日本人修道士罗耀拉,1562 年生于肥前的谏早,后进有马神学校,因成绩优秀加入耶稣会。20 岁前后加入使节团,给少年们教日语并起草日文书函。

随员日本人都拉德,1567 年生于肥前的谏早,以同宿(教会工作人员)身份加入使节团,出国时约 15 岁。1595 年加入耶稣会,都拉德自幼擅长金银加工,在神学校中成绩最好。他的任务是去欧洲学习印刷术。

另一名随员奥古斯丁是大村人,有马神学校的同宿。后来他和都位德一起在澳门从事印刷工作。

西班牙人修道士圣契斯途中离开使节团,情况不明。

由于遣欧使节的计划和准备相当仓促,只有从有马神学校选出六名少年,并命葡萄牙人美斯基泰、日本人罗耀拉两修道士作为伴侣同行。范礼安认为伊东满所代表大友宗麟是有资格的,因为满所是日向国主伊东义祐之孙,而且伊东家和大友家有亲戚关系,宗麟事后一定会同意的。范礼安让日本人修道士罗耀拉代写大友宗麟的书信,而且临摹旧书信上的花押时,没有想到那个旧花押几年前就不使用了。同时由使节带给罗马耶稣会总长的大村纯忠的书信,经四个世纪又回到了日本,受到后世人的指摘,这也是范礼安所预料不到的事。

三、乘风破浪赴欧洲

遣欧使节团一行所搭乘的是伊古那西奥·特·利马（Ignacio de Lima）船长的黑船。船离开长崎的一两天内，碧波万顷，风平浪静，航行顺利。但到第三天就刮起大风，巨浪滚滚而来，打击船舷发出巨大的声音，千吨巨船在大海里好像一叶扁舟，任凭怒涛翻弄。船激烈动摇，物品到处滚落，人们不能安稳地躺卧，只得将身体缚在船板上。晕船的人更是无比痛苦，胃内呕出液汁，感觉五脏六腑好像都要吐出来了。

此时范礼安的心中非常不安，长崎解缆时曾对千千石弥开罗的母亲（寡妇）保证，一定将四个孩子带回日本，但天灾人祸谁能担保呢？唯佑一路平安。南蛮船不但依靠风、帆和海浪，还要神保佑。

连续六天的大风平息了，船因强风飞驶如矢，只经过 17 天就到了澳门。当时圣保禄教堂还没有建造，使节团一行在一所两年前造的教堂旁边的耶稣会学院下榻。1601 年该教堂失火烧掉后才在废墟上建立圣保禄教堂。

实际上使节团整个旅行时间的三分之一是在澳门度过的，因往返等风的缘故，往程在澳门停留约 10 个月（1582 年 3 月 9 日至 12 月 31 日），归程停留 11 个月。使节团在澳门停留期间，为不使时间白白度过，让少年们学习拉丁语、葡语、日本文学和音乐等，还教给他们各个地方的地理、历史、政治、经济、风俗和人情等，扩大他们的知识面，而且还进一步学习天体观测法及观辰仪、平面球形图、海图和指南针的使用法、制造法。使节团在澳门期间欧洲送来了重大消息：西班牙国王腓力二世就任葡萄牙国王，西、葡两国合并。这对葡萄牙人来说是很不高兴的，3 月底到达的消息推迟至 11 月才宣布。因此大友、大村和有马三大名的书信上不得不更换收信人名字，他们所要谒见的葡萄牙王是西班牙王腓力二世，去马德里谒见便具有重大意义了。

1582 年底，使节团一行仍旧乘长崎来的利马船长的船，从澳门到马六甲，受到当局的欢迎。他们从 1583 年 1 月 27 日至 2 月 4 日在马六甲休息之后，又乘船到印度洋。但遇到了无风的天气，帆船进退不得，洋上充满热风，食物迅速腐烂，不断有人生病，伊东满所是其中之一，患痢疾发高烧，整个船只成了医院。

船只通过印度洋南端的科摩林角（C. Comorin）西侧，打算沿着马拉巴尔海岸（Malabar Coast）北上航行，直达果阿。中途因船修理曾在马拉巴尔角停泊，又因雨季船不能入果阿的曼德维（Mandvi）河口，在柯钦停留了近七个月（4 月初至 10

月末)。少年们在这里利用空闲时间,学习葡萄牙入侵印度的历史。在柯钦,范礼安接到了罗马耶稣会新总长阿奎亚维瓦(Claudio Aquaviva)的命令,不与使节团一起赴欧,而是作为印度管区长留在印度工作。使节团一行于 12 月下旬到达拥有 30 万人口的大都市果阿,受到印度副王(葡印总督)方济各·马斯卡列纳斯(Franeisco Mascarenhas)的欢迎,让他们参观宫殿,陈列在走廊里的瓦士科·达·伽马以来许多舰船的图画,少年们深受铭感。期间他们住宿在圣保禄学院。

本来打算率领使节团赴罗马的范礼安,为执行耶稣会总长的命令,不得不留在印度。因此他任命努诺·罗德里兹(前述)为印度管区代表,带领使节团赴欧洲。为了妥善安排使节在欧洲的活动,范礼安于 1583 年 12 月 12 日写成 56 条指令[①]交给罗德里兹。这个指令相当详细完整,从少年们穿的服装、奉献的礼品、呈递的书信、谒见的礼节等一直到礼品搬运、交通路线、搭乘船只等都作出妥善安排,甚至考虑到"不要安排他们(少年们)住高处的房间和阳台,因为他们下来时会有受伤的危险"。在指令中特别强调要给少年们好的印象,"绝对不让看坏的,只许看好的,因此要经常留意跟从的向导人……绝对不让少年们和外部人交际,因此少年们所到之处都要由一名神父和一名修道士伴同。因为最重要的是让他们受到良好的教育,回来高度评价欧洲的基督界"[②]。用心多么良苦啊!范礼安还要罗德里兹注意,从葡萄牙回印度时,所乘的船上不可乘其他修道会士,航海时要有万全的准备,如果有人生病,务必想方设法保全他们的生命。[③]

少年使节们含泪和范礼安告别,登上"圣地亚哥"号,向"南蛮人的故乡"里斯本进发。一般说来,航行顺利的话到里斯本需要六个月,在好望角若遇逆风则要在莫桑比克(Mozambique)等风一年。

"圣地亚哥"号从果阿出发,南下马拉巴尔海岸,沿途停靠数港装载胡椒和粮食,然后到柯钦出海。那时是 1584 年 2 月 20 日,正好是长崎启程两周年纪念日。船横渡印度洋南下时,有 15 天没有风,船不能前进,而且天气炎热,大家感到十分苦恼,船员大部分生病。然而苦难终于过去,风来了,船向南疾驶。因为怕土人袭击和防止病菌带上船,没有在非洲东岸停靠。船好不容易绕过好望角,17 天后到

---

① 现存罗马耶稣会文书馆。
② [日]松田毅一:《天正遣欧使节》,朝文社 1991 年版,第 89—90 页。
③ [日]松田毅一:《天正遣欧使节》,朝文社 1991 年版,第 92 页。

达著名的圣赫勒拿岛(Saint Helena,距西非岸1850公里)。这个大西洋上的孤岛气候温和,景色宜人,到处是溪水和水果树,还有山羊、野猪、野鸡、鹧鸪、鸠等无数鸟兽。此岛1502年5月21日由葡萄牙人航海家若昂·特·诺瓦从印度返航时发现,后因拿破仑被流放并死在这里而闻名。1584年5月27日至6月6日"圣地亚哥"号在此岛停靠,遣欧使节团一行曾登陆游览,擅长文笔的日本人修道士乔治·罗耀拉以日文挥毫写道:

荣耀归于天地万物的创造主及其独生子耶稣基督之名。

我们日本国丰后大名的使者伊东满所,有马大名和大村阁下的使者千千石钝弥解留及原钝丸知野、中浦钝寿里安一行,从5月27日起滞留在这个美丽的绝海孤岛,度过了快乐的日子。

伟大的神,祈愿赐给我们所剩无几的海路平安,安全地经由葡萄牙、西班牙,将我们送到永恒之都罗马。阿门。

基督降生以来1584年6月6日

四位使节日文连署及罗马字署名

罗耀拉的这一墨翰和有"波拿巴"(Bonaparte,拿破仑家族)署名的档及庆长遣欧使节团(后述)带去的日本浅草天主教徒的连名信一起收藏在梵蒂冈古文书馆的贵重箱子中。据说使节们将此墨翰贴在教堂的墙壁上,1815年至1821年拿破仑流放圣赫勒拿岛时发现后,将它保存起来。此奇缘由松田毅一发现。[①]

"圣地亚哥"号6月6日离开圣赫勒拿岛,为避免海盗袭击,航绕远圈北上。此时病人激增,死去的有32名,幸而使节平安无事。

四、在南蛮人的故乡

1584年8月10日,"圣地亚哥"号抵达里斯本西方的卡什凯什(Cascais),次日进入里斯本港。里斯本的耶稣会接到从卡什凯什来的通知,数名神父乘小艇到"圣地亚哥"号上,双方协商结果,为了避人耳目,使节团等到黄昏下船。从长崎出发以来,经历了两年零六个月的时间,少年们长大成人,已经十五六岁,称得上青年了。

使节团一行被安排在耶稣会圣罗格誓愿修道院。当时该修道院住有70名神

---

① 〔日〕松田毅一:《天正遣欧使节》,朝文社1991年版,第106页。

父和许多修道士,规模巨大。因为当时日本的布教事业直属耶稣会葡萄牙管区,所以作为耶稣会葡萄牙本部的圣罗格修道院的神父热烈欢迎他们的到来。

西班牙国王腓力二世取得葡萄牙王位之后,葡萄牙实际上由他们的侄子阿尔维尔特·奥斯特里亚(他的父亲是前德国皇帝马克西米连二世)枢密卿统治,他在利维拉王宫接见了使节团。

8月中旬的某日,枢密卿差遣马车来带他们到里斯本西郊的星特拉离宫参观,星特拉离宫是14世纪若昂一世所建,在海拔200多米的地方,为历代国王避暑胜地。使节穿着日本服装,在此谒见枢密卿,并展示了从日本运来的屏风。这些屏风非常珍贵,描绘着安土城全景,是织田信长在安土城送给范礼安的,预定献给罗马教皇和葡萄牙王,所以枢密卿看过后就留了下来。使节此时向殿下献上了施以银装饰的犀角杯。谒见完毕,他们参观了星特拉离宫。此宫是哥特式与摩尔式(阿拉伯式)融合的建筑,虽然不能与罗马的宫殿相比,但在葡萄牙也算一大名胜了。少年们第一次看到欧洲的宫殿,感受格外深刻。

枢密卿给使节团提供了豪华的马车,让他们到处游览。他们历访了圣乔治古城、圣吉罗尼摩等修道院和教会,以及圣安丹学院、女修道院、造船厂、畜牧场和竞技场等地方。

使节团还访问了里斯本东方的埃沃拉,受到大主教狄奥托尼奥·特·布拉冈萨(Theotonio de Braganca)的热情招待。他们参观了大主教邸宅和大主教座。在大主教座,伊东满所和千千石弥开罗弹奏了管风琴,受到大主教和许多听众的称赞。使节团一行告别埃沃拉时,大主教赠送200克罗萨金币,以充当旅费。大主教很关心日本的布教事业,打算自费建立神学校和神学院,还要派几名懂农事的人去日本建立葡萄园,酿出葡萄酒来供做弥撒仪式用。

9月15日使节团一行离开埃沃拉,往维拉·维沙萨参观。它是一个靠近西班牙国境的小镇,约有4000人,宫殿林立,是产生历代葡萄牙国王的布拉冈萨家的根据地。

图阿尔提王公和卡塔丽娜王妃(曼努埃尔一世的孙女,腓力二世的表妹)得悉日本使节来临,便派布拉冈萨家的马车去迎接。卡塔丽娜王妃热情欢迎日本青年,开设宴会招待。宫殿里的金银制品、壁毯、地毯、天鹅绒的床和坐席、手握银制金头杖的卫士、紫红色的马车等西方物质文明,看得使节们眼花缭乱。王妃特别喜欢和服,一定要看一看使节们穿和服的样子。于是使节们解开行李,当场穿着,王妃赞不绝口。

9 月 18 日，使节团一行和卡塔丽娜王妃告别，向她深深致谢。王妃授予每人一副芳香的手套，还赠送旅费 200 克罗萨金币。

当天使节团一行越过西班牙国境。经过五天路程，他们来到了瓜德罗普圣地。这里圣母修道院的圣母像久负盛名，哥伦布发现新大陆以后瓜德罗普圣母成为西班牙领新旧世界的保护者，来参拜的人络绎不绝。这所黄褐色的巨大修道院正因为在高山上，像一座坚固的城堡，光修道士有 120 名，还有 500 名职工。使节团一行受到院长和修道士的欢迎，他们在大圣堂的祭坛前，由 50 个银烛台点燃蜡烛照明，向圣母像跪拜。美斯基泰神父听了有关此圣母的奇迹，深受感动。

使节团一行在圣母修道院住了两宿以后，下山赴塔拉韦腊（Talavera），受到耶稣会学院的欢迎。因事前消息泄露，街路被群众堵塞，出现了狂热骚动的场面。学生们八天前就开始准备，给使节团演出戏剧、舞蹈。

9 月 27 日，使节团一行向托莱多（Toledo）进发。从托莱多派来了四匹马拉的豪华马车迎接，耶稣会学院的许多学生骑马跟来。使节团一行进入市区，路边和房屋视窗挤满了人，要想看一看日本人是什么样子的。

托莱多是西班牙的古都，三面围以塔古斯河（Rio Tajo），一面围以城墙，当时人口 25500 人，有女子修道院 23 所，男子修道院 13 所，医院 8 所。使节们对托莱多的印象是"欧洲不论什么都比日本好"，达到了范礼安遣使之目的。

10 月 19 日，使节团一行离开托莱多赴马德里。马德里方面，派来了四辆由四匹马拉的马车，四位使节各乘一辆。大批群众或骑马或坐车或徒步来迎接，跟在使节后面。在葡萄牙不让使节公开露面，在西班牙则远非如此了。

10 月 14 日，使节团一行谒见西葡国王腓力二世。进行谒见的旧王宫已被烧毁，就是现在的奥利安特宫殿的地方。许多人为好奇心所驱，挤在王宫前面，想看一看从日本国来的贵公子。

使节们由王室派来的两辆豪华马车从耶稣会学院送到王宫，因为日本服装特奇，马车的窗帘被放下，不让人看到。

谒见时使节们和国王拥抱，王太子、两位内亲王也和使节一一拥抱。这样破格的有名誉的厚遇立即传遍欧洲基督教界："强大的基督教徒国王"的王子来访了。腓力二世对日本的服装很感兴趣，美斯基泰解说道："因长期旅行衣服已经破损褪色了。"国王陛下说："不，非常漂亮。"

此次谒见的礼品很寒酸,只有竹制书箱和一些描金漆器。美斯基泰解说,因路远没有带多少来。陛下毫不介意,称赞日本的工艺品小巧而精细。最后伊东满所和千千石弥开罗两人奉呈大友、大村和有马三诸侯的书信,国王陛下将书信交给日本人修道士罗耀拉朗读。此时陛下走近观看书信如何读法,原来是从上到下,自右向左读的。而王太子和内亲王方面,因使节们的言语异样和发音特别,笑个不停。这些书信的原文散失,只存西班牙和葡萄牙语的译文。

1584 年 11 月 16 日使节团一行赴马德里西北 42 公里的埃尔·埃斯寇里亚尔(El Escorial)参观。这里的圣罗伦索修道院及王宫是世界屈指可数的宏伟建筑物,是由腓力二世花费 20 多年岁月建成的,使节去参观时建筑物刚竣工。

建筑物呈长方形,分成三部分:中为教堂,南为五座修道院(包括王宫和官厅),北为修道士住所。教堂为正十字形,中心圆顶高 18 米。修道院宏伟高大,围以灰色花岗岩墙。王宫中最精彩的部分是腓力二世的居室。整个建筑物有 1500 个房间,1200 扇门和 2600 扇窗。使节们对此宏伟的建筑留下了赞辞,由日本人修道士罗耀拉用日文书写。原文尚未发现,西班牙语译文是:"过去不曾看到的,想不到现在看到了。我们参观了如此富丽堂皇的埃尔·埃斯寇里亚尔,感到无比满意和赞叹,值得经历三年苦难的旅行而来。在天之主啊!陛下若以爱主而在地上建立如此漂亮的教会,那么但愿再同样在天上授予陛下无限光荣的居所。切切奉望。"①

腓力二世对使节的宠爱无以复加,这对其后人们对使节的待遇有决定性影响。当使节团要离开马德里的时候,陛下行幸他们的宿舍——耶稣会学院,给他们特别通行证(路上不纳税不检查),并开具文书,命所到之处的官员、运送他们去意大利的舰船司令官、驻罗马的西班牙大使等,要厚待使节。最后还下赐一笔旅费。当时拥有世界最大领土的西葡国王,为何如此优待日本使节呢?无非第一是感激使节们敢以进行"地上最伟大的旅行"来欧洲对自己表示恭敬,第二是期望由于自己的厚遇而对今后日本的布教事业带来更大的成果和反响。

1584 年 11 月 26 日,使节团一行离开马德里向罗马进发。

五、在意大利

使节团一行在马德里东北的阿尔卡拉·德·埃拿雷斯(Alcala de Henares)的

---

① 〔日〕松田毅一:《天正遣欧使节》,朝文社 1991 年版,第 154 页。

耶稣会学院受到热烈欢迎,在这里乘西班牙巨船横渡北地中海到意大利。其间屡遭逆风,几经周折,最后于 1585 年 3 月 1 日船抵达意大利半岛的里窝那(Livono)。他们一登陆,便受到里窝那当局的热情招待,还把他们送到比萨(Pisa)。一提到比萨就使人们想起斜塔,一提到斜塔便联想到天文学家伽利略(Galilei)。那时他还是一个 20 多岁的青年,去年从比萨移居佛罗伦斯(Firenze)。

在比萨,托斯卡纳(Toscana)大公热情招待使节一行。傍晚,无数火炬照耀着东方来的贵宾,大公从台阶上下来拥抱使节说:"在全意大利的王侯中,我能最先迎接如此的日本王子,如此的基督教徒,是上帝对我格外的恩宠。"

由于大公的盛情难却,使节团在比萨逗留五天,参观了大教堂、洗礼堂和斜塔等名胜,还出席大公招待的舞会,住在宫殿里。这与范礼安的训令——住宿在修道院或学院,不与世俗人往来——相违背。因为文艺复兴之花盛开的欧洲基督教世界有其阴暗的一面。

3 月 7 日,使节团一行到达托斯卡纳大公国的首都佛罗伦斯住了七天。大公命令要使节住在自己的宫殿里,不许住在耶稣会学院。他们参观了市内几乎所有的宫殿,特别到了大圣堂(Duomo)广场。那座世界三大教会之一的大圣堂,宽 153 米,罗马式的洗礼堂等大理石的意大利文艺复兴独特建筑极其美丽,令使节赞叹不已。

他们还参观了佛罗伦斯西北 16 公里的拉特里诺离宫。这里的庭园十分美丽,几个喷水池给使节的印象特别深。他们作为托斯卡纳大公的贵宾,一出门就有数十名随从,气派很大,为日本人争得了荣誉。大公还负担了至数个教会领的一切费用,据说跟随使节去罗马的有 3000 人。

3 月 13 日使节一行抵达这次出使的最终目的地罗马。教皇格列高利十三世(Gregory ⅩⅢ)派遣 300 名士兵到国境护卫。当使节团接近罗马时,教皇又派轻骑队迎接。轻骑队高声吹小号,把使节的到达传遍全市。群众为好奇心所驱,拥上街头要想看一看"地球另一侧"来的人种到底是怎样的容貌。

以总长阿奎亚维瓦(前述)为首的耶稣会修道院和学院的近 200 人,在耶稣会本部的修道院门前迎接,和使节亲切拥抱。宾主在四把火炬的开道下进入耶稣教会(Chiesa del Gesú,在修道院隔壁),使节、随员和会士等一进门,大门就关闭,以防群众涌入。无数支烛炬把圣堂照得通明。德意志学院的白衣圣歌队员在管风琴的伴奏下合唱《赞美主》,四使节跪在主祭坛前面,感谢神保佑三年多的长途旅行平安结束。会议堂的大客厅及附属几个小房间作为使节团的宿舍。

1585 年 3 月 23 日,使节团谒见教皇格列高利十三世。早晨,西班牙大使把他们用马车送到城外的别庄,因为习惯上教皇的正式谒见仪式是在这里举行的。当时中浦裘丽安正在生病,医生不许他出门。但裘丽安坚决要去,说:"能够看到至圣的教皇一切疾病就好了。"为了满足他的要求,把他用封闭的马车带到梵蒂冈宫殿单独谒见。其他三使节穿着和服,骑在三色天鹅绒装饰的马上前进。队伍前面是教皇厅的轻骑队、瑞士人的卫兵、枢密卿的家臣团、驻罗马的各国大使、穿大红服装的教皇厅职员、13 名鼓手。而伊东满所挟在两位大主教中间,千千石弥开罗挟在两位主教中间,其后是原马罗奇诺,还有许多骑马的绅士团。沿途人山人海,他们要看一看从地极来的人类的容貌和服装。队伍行进时放礼炮 300 发,教皇近卫队还在圣彼得广场放枪表示祝贺。

教皇格列高利十三世率领枢密卿等进入梵蒂冈的"帝王之间",谒见仪式在这里举行。三位青年使节屈身膝行,徐徐接近教皇圣下,行"吻足之礼"。老教皇分别向使节伸出戴着宝石戒指的手,让他们接吻。然后教皇让他们站起来,分别拥抱接吻。其后伊东满所奉呈大友宗麟的书信,千千石弥开罗奉呈有马、大村两侯的书信,并用日语简要地上奏此次使命,由美基斯泰神父翻译。最后由耶稣会葡萄牙人神父康萨尔维斯(Consalves)用拉丁语发表热情洋溢的演说。

谒见毕教皇退场时,让伊东满所和千千石弥开罗捧持教皇外套的下摆,这只是给德国皇帝的大使的亲誉。后来教皇还发行了接见日本使节的纪念章。在此一个月以前,教皇就宣布将日本的传教权交给耶稣会,并在 20 年内每年赐给 4000 克罗萨金币。

4 月 11 日格列高利十三世逝世,24 日西克斯图斯五世(Sixstus Ⅴ)即位,想不到使节团竟参加了葬礼和即位两大盛典。新教皇和前教皇一样宠爱使节,5 月 5 日新教皇按惯例行幸拉提拉诺(Laterano)教会,四位日本使节参加了这次盛大仪式。梵蒂冈宫殿"西克斯图斯之间"有那时的《拉提拉诺教会行幸图》,其中可以看到四个穿西装的青年骑在马上。

5 月 29 日,教皇将使节召至梵蒂冈的礼拜堂授予叙位。法国大使、威尼斯大使、罗马市长分别代表教皇授予四使节叙位。教皇接受四使节的"吻足之礼",并分别亲切拥抱,还给他们挂上黄金项饰。教皇的近卫队长授予他们马刺。同一天罗马市会授予他们市民权证书,列入罗马贵族,永享特权。新教皇还指示,在前教皇下赐日本传教事业费每年 4000 克罗萨上每年再增加 2000 克罗萨。这样,日本教会每年可以从罗马教皇取得 6000 克罗萨传教经费。

使节即将离开罗马,教皇赐给大友、有马和大村三侯刀剑、帽子、圣遗物等许多礼物和复信,同时赠送旅费 3000 克罗萨。还命令教会领的各地要好好招待,并进一步写信给威尼斯、热那亚的元首,以及西班牙国王等,要求他们旅途给予照顾。

6 月 3 日,使节团一行在教皇的骑马队护送下离开罗马,此次范礼安的代理人努诺·罗德里格兹也同行了。他们离开罗马后,经圣地阿西西(Assisi),向东北进发。又沿阿德里亚海(Adriatic Sea)北上,沿途到处受到欢迎。

波伦亚(Bologna)以大学城闻名,使节团在此受到的热烈欢迎不亚于其他城市,光出迎的马车就有百辆以上。他们参观了该市的名胜,但不知何故,没有访问波伦亚大学。使节离开波伦亚时,维泰列·巴巴佐赠诗一首,寄托着欧洲人对日本的期望:

受天恩惠的王室青年啊! 有幸回国。

离开堕落的伪神,和真神在一起。

亚洲的陆地与海洋,经常保佑你们。

让一切之恶远离你们。

最后愿我们人类最宝贵的幸福在你们的心中。

罗马及全意大利以此愿望送你们。

祈愿真正的信仰从你们的国家传到其他国家。[①]

在波伦亚北方的弗拉拉(Ferrara),弗拉拉公阿丰索二世(Alfinso Ⅱ)和托斯卡纳大公法兰西斯哥都是文艺复兴末期享尽豪华世俗的君主,他热烈招待了使节团。中浦裘丽安突然发高烧,医生在一小时内赶到,全力抢救,弗拉拉公还亲自来探望两次。

6 月 25 日,使节团一行离开弗拉拉,下波河(Po River),赴水都威尼斯。26 日,威尼斯共和国政府派出无数画舫(gondola)迎接。傍晚,烟火缤纷,礼炮隆隆,

---

① 《大日本史料》第 11 编别卷之二,引自[日]松田毅一:《天正遣欧使节》,朝文社 1991 年版,第 220—221 页。

使节的船在许多大小船只包围下通过圣马可广场,进入大运河。群众在运河两岸观看,挤得无立足之地。

不久进入小运河。到耶稣会修道院住宿。他们在赞歌声中进入修道院,此时虽已入夜,观众仍然接踵而来。

次日,使节团一行参观威尼斯市内诸圣堂,并接受了在主教、各国大使和贵族的访问。

28 日在圣马可广场大总统宫的大会议厅谒见大总统。使节在威尼斯逗留期间,参观了圣马可教会、钟楼、市政厅、兵工厂、造船厂、玻璃厂、要塞等,他们对欧洲文化如此发达赞叹不已。原定 6 月 26 日闭幕的圣马可祭典,为使节延期至 29 日。大总统还命画家给使节画肖像,伊东满所的一幅肖像画已经完成,其他使节的肖像只留下草图。

临别时,大总统还送了许多礼品,如美丽的八面镜,两大箱玻璃制品、天鹅绒、呢绒、缎子、金襕、四个象牙雕成的十字架等,这些东西都运回日本。这里值得一提的是使节团在威尼斯留下了两件实物。一件是使节团临别时给大总统的日文感谢信(左面附加意大利语的译文,现藏梵蒂冈),另一件是圣爱神学校的纪念碑。圣爱神学校在圣马可广场对岸,萨尔提的西方,现为美术学院。纪念碑树立在萨尔提教会和圣爱神学校之间的庭园里,碑文用意大利语撰写:

日向国王之孙、丰后王之大使,英俊而高贵的伊东满所等,从他半球之极的日本,于 1585 年 7 月 5 日来本校,谨在此拜观维萨利奥枢密卿所遗下来的珍贵而有殷鉴的圣宝,并由王和自己的名誓约,以圣爱之名在日本创立同类学校。[①]

7 月 6 日,使节团一行离开威尼斯,开始了北意大利的旅行。他们在帕多瓦(Padova)、维琴察(Vicenza)、维罗纳(Verona)、曼图亚(Mantua)等地,分别受到热烈的欢迎。

7 月 25 日,使节团一行到达西班牙领的米兰(Milano),在这里又一次掀起了欢迎的高潮。总督(公爵)以下议员,法官等 500 名高级官员出城迎接,把他们送到耶稣会学院。翌日,大主教、各国大使等显贵要人来宿舍访问。使节们在米兰停留

---

① 〔日〕松田毅一:《天正遣欧使节》,朝文社 1991 年版,第 236 页。

10天,市政厅让他们参观市内名胜,还放礼炮以示欢迎。

8月6日,使节团一行从米兰抵达热那亚(Genoa),在这里乘船回里斯本。8月8日使节们在礼炮声中登上西班牙舰船。翌日早晨起锚开船,离开热那亚向西班牙进发。

六、踏上归途

船在地中海航行八天时间,8月16日抵达西班牙的巴塞罗那(Barcelona)。9月9日使节团一行离开巴塞罗那,经由萨拉戈塞(Zaragza)到马德里。腓力二世闻得使节团访问意大利成功,感到十分愉快,下令付给巴塞罗那以后的一切旅费。

10月4日使节团一行入葡萄牙国境,在维拉·维沙萨和图阿尔提王公、卡塔丽娜王妃重逢,然后赴埃沃拉。

一到埃沃拉,大主教狄奥托尼奥·达·布拉冈萨率领200人把他们迎入耶稣会学院的宿舍,每天酒宴招待,还带他们到11公里以外风景优美的别庄游览。鉴于使节们快要回国了,主教赠送了他们大量贵重的礼品,还授予日本人修道士罗耀拉四级下品的叙位。他们在埃沃拉停留九天,于11月下旬回到里斯本,入圣罗格誓愿修道院休养。因为离赴印度的船期还有四个月,按照范礼安的指示,一面在葡萄牙国内参观一面休养生息,准备投入未来的苦难航海。日本人修道士罗耀拉和随员都拉德,按原定计划在里斯本学习活字印刷术。

统治葡萄牙的实权人物枢密卿阿尔维尔特·奥斯特里亚接到腓力二世国王的命令,对使节团不惜一切地援助。因此奥斯特里亚立即赐予使节团1000克罗萨。

12月23日使节团一行到达葡萄牙第二大城市科英布拉(Coimbra)进行访问,各大中学校停课欢迎他们,妇女为使节喷洒贵重的香水。圣诞节那天使节参加在大主教座圣堂举行的主教弥撒,晚上观看有关圣诞的话剧。其后某日,他们在耶稣会圣堂听主教讲道。同日为适应学都科英布拉的名声,用九国语言讲道。这九国语言是希伯来语、希腊语、拉丁语、法语、意大利语、葡萄牙语、英语、爱尔兰语和日语。日本人修道士罗耀拉用日语讲道,主教和列席者都对罗耀拉赞扬不已。使节团一行还访问了大学,学校打钟,教师停止上课,以示欢迎。

1586年1月9日他们离开科英布拉,回到里斯本。

1586年4月12日,使节团结束了欧洲的访问,离开里斯本回国。此次他们所乘的"圣腓力"号是开往印度的船队中最大最坚固的一艘,船员近200名,此外还有200名士兵。"圣腓力"号简直是"宝船",装载着教皇、国王、诸侯、贵族等赠送的许多珍贵礼品。西班牙国王赏赐的布教费 12000 克罗萨也许是由该船运去,还有商人去印度购买胡椒的资金。

"圣腓力"号虽然遇到风暴,但总算没有遭难。7 月 7 日绕过好望角,9 月 1 日在莫桑比克(Mozambique)岛抛锚。该岛南北 3200 米,宽 600 米,离非洲大陆最近处 3500 米;岛上建有城堡,安置大炮。"圣腓力"号在这里停泊三天,补给食物和水等,然后打算直航印度。但是时间迟了,不能得到顺风,船不得不返回莫桑比克,下一次季节风还要等候半年以上,同时岛上的食物被早先登岛的七艘船的船员吃得所剩无几了,加之"圣腓力"号急于装载其他难船的货物回国,便把他们留在莫桑比克径自开走了。

在果阿天天翘望使节团回来的范礼安,接到他们在莫桑比克进退维谷的情报,立即向葡印总督要求派舰去莫桑比克岛。1587 年 3 月 15 日,印度来的船终于把他们带出莫桑比克岛。5 月 29 日平安抵达果阿,两鬓花白的范礼安看到四使节长大成人了,而且一个也没有缺,高兴得流出泪来。6 月 4 日,原马罗奇诺代表四使节在圣信学院用拉丁语演说,向范礼安感谢。这篇演说相当长,后来用欧洲带来的印刷机出版。

1588 年 4 月 22 日范礼安作为印度副王(葡印总督)图阿尔提·特·美纳齐斯(Duarte de Menezes)的使节,带领伊东满所等四人(作为使节团成员)乘葡萄牙的定期航船离开果阿,同船的还有将参加日本布教的 17 名耶稣会士。他们中途在马六甲停泊 12 天后,直驶澳门。

8 月 11 日范礼安一行抵达澳门。他们本来想听到日本的喜讯,却接到了悲报:大友、大村两天主教大名相继逝世,丰臣秀吉发布"神父驱逐令",开始迫害教徒。然而誓死忠于布教事业的范礼安,仍然坚决要赴日本,一面托中国船带信给在日本的耶稣会士,让他们去试探秀吉能不能准许印度副王的使节入境,一面执笔撰写《遣欧使节对话录》,等候回音。在澳门停留期间,不幸擅长日本文学及精通哲学等其他学问的日本人修道士罗耀拉病死,范礼安非常痛心,日本布教事业正需要像他这样的人才,范礼安的《遣欧使节对话录》再也无人能译成日文了。

七、印度副王的使节

1589 年 11 月 21 日,丰臣秀吉准许范礼安入境的许可证终于送来了,其上有这样一句:"我不喜欢天主教宗门。"显然这是意味着带有宗教性质的使节拒绝,纯粹外交使节则欢迎。秀吉当然知道范礼安是个神父,他与印度副王(即葡萄总督)

往来通商,而范礼安则借印度副王使节的名义,乘机缓和一下秀吉禁教的激情,打开耶稣会士可以留在日本的道路。

然而帆船时代航海不是那么容易,必须等候季节风,所以以范礼安为首的使节团,到明年(1590年)6月23日才乘船离开澳门,7月21日抵达长崎。大村领主大村纯忠的嗣子喜前和有马领主有马镇纯(镇贵)分别赶到长崎迎接。

8月9日,范礼安带领四名青年使节夜里偷偷进入有马,有马镇纯在日野江城里新建的邸宅招待他们。三天后,范礼安到岛原半岛南端的加津佐召开在日传教士首脑会议。

10月末,范礼安从长崎代官毛利吉成接到进京命令后,便率领使节团(团员共29名,包括遣欧四名青年使节),风尘仆仆赶到京都。

谒见仪式3月3日在京都丰臣秀吉的邸宅“聚乐第”举行,翻译是约翰·罗德里格兹。范礼安首先上前拜见关白丰臣秀吉,郑重地向他致敬,然后奉呈印度副王的国书。国书写在有彩色图案的羊皮纸上,宽75厘米,长60厘米,放在绿色天鹅绒掩盖的金钮雕花箱里,由随员端上;国书首先对关白征服全日本表示敬意和祝贺,然后说:“承蒙殿下对在贵国的神父各方面加以照顾,不胜感谢。而他们以无限巨大的恩赐宣布拯救人类灵魂的教义是殿下深知的,但愿殿下今后对巡察使及其国的其他神父更加赐予慈爱。”[1]此国书是秀吉发布“神父驱逐令”以前写的,秀吉知晓后也一定会原谅的。与呈国书同时,还献意大利米兰制白色甲胄两领、阿拉伯马两匹及时钟等礼品。

奉献毕,进行“交杯之礼”,范礼安以熟练的日本礼仪与秀吉互相交杯。最后秀吉通过重臣对范礼安说,对此次来访感到满意。范礼安通过翻译向关白致谢。

接着开设宴会。宴会结束后秀吉与伊东满所谈话,要他做自己的家臣。但被伊东辞退,他说:“我蒙受神父的恩义不少,若离开神父的身旁不免诽谤忘恩。”

最后秀吉让青年使节演奏西洋乐器和唱歌,并三次要求“再来一个”。

八、历史使命的完成

鉴于葡萄牙船已经离去,秀吉同意范礼安留在日本,待下次定期航班再回去,并转告他,留在京都或大阪也好,回长崎也好,一切听便。至于给印度副王的复书和赠答品,也在此期间送来。因此范礼安一行在京都停留20多天,他们参观了京

---

[1] 原件保存于京都妙法院,见[日]松田毅一:《天正遣欧使节》,朝文社1991年版,第209页。

都内外和奈良的许多名胜古迹和著名的神社佛寺。3 月 25 日范礼安一行离开京都,因天气恶劣不得已在大阪停留八天之后,从海路经由平户回长崎。

5 月,在有马、大村分别举行授予有马镇纯、大村喜前教皇敕书、圣木十字架及其他赠品仪式。丰后的大友义统没有给予这样的荣誉,因为他害怕权力者放弃了信仰。至此,使节的任务宣告完成,范礼安遣使的目的也一一达到。但是由于丰臣秀吉坚持禁教政策,印度副王所提出的要求——方便传教,一点也没有做到,所以使节团所带来的欧洲见闻也无机会发挥作用。不过通过此次使节的派遣,打开了日本人的眼界,同时也加深了欧洲人对日本的理解,其意义重大。再者,使节所携回的印刷机、地图、绘画、乐器、器具、时钟等欧洲文物,给日本文化带来了一定的影响。

丰臣秀吉给印度副王的复书和赠答品两领甲胄和名刀(现存马德里王宫武器库)等送来了,但是复书的内容使范礼安大吃一惊,原文是这样:

> 如尔之国土,专门以教理号称,而不知仁义之道。因此,不敬神佛,不分君臣,只欲以邪法破正法。自今以后,莫为胡说乱说,不辨邪正。彼伴天连(神父)之徒前年至此,欲魔魅道俗男女,其时且加刑罚。若欲再来此界作化导,则不留种类,族灭之,勿后悔![1]

这样的复书当然不能带到印度去,通过翻译罗德里格兹周旋,奏请修改,总算又送来了言辞比较温和的复书。

范礼安作为印度副王的使节完成了第二次巡察的任务后,1592 年 10 月 9 日离开长崎,赴澳门。

同年 10 月 24 日范礼安抵达澳门,在这里居住两年,专门制定中国传教计划,并在澳门设立澳门学院。1595 年 3 月范礼安回果阿,被任命为日本巡察使,专门负责日本传教工作。1597 年 4 月范礼安第三次赴日本,到达长崎是 1598 年 8 月 5 日。五年后范礼安又离开日本赴澳门,最后在澳门逝世。

关于四使节最后的去向是这样的:伊东满所和中浦裘丽安在澳门作为修道士修学两年后,1604 年回长崎传教。伊东满所后来成为神父,对布教事业贡献很大,1621 年 11 月 13 日 53 岁在长崎病死。中浦裘丽安 1632 年在北九州被捕殉教。千

---

[1] [日] 松田毅一:《天正遣欧使节》,朝文社 1991 年版,第 314 页。

千石弥开罗从欧洲回来后经不起考验,弃教还俗,改名清左卫门,成为大村喜前(弃教)的家臣。原马罗奇诺后来成为神父,被流放澳门,1529 年在澳门病死。

② 三浦按针的欧洲科学文化介绍

庆长三年(1598 年)初夏,"利夫德"号(Liefde)加入荷兰东洋远征船队(共五艘),从荷兰的鹿特丹港出发,沿英国海岸南下,目标是从非洲西岸的佛德角群岛到巴西海岸。途中因暴风雨、坏血病和粮食缺乏等,历尽千辛万苦,于 1599 年 4 月进入麦哲伦海峡。在这里过冬后便进入太平洋,不幸遇暴风雨,船队四散,或回国,或被西、葡两国的船捕获,只剩下旗船"霍布"号和"利夫德"号。两船乘秘鲁海流北上,目标为日本。两船装着大量毛纺织品,因为日本需求量大。后几经暴风雨事件,"利夫德"号和"霍布"号失散。

"利夫德"号在海上漂流五个月后,1600 年 4 月 29 日漂到日本九州丰后的臼杵,幸存者仅 25 人,其中能步行的为六人。此时正当日本群雄决战——关原会战前夜,德川家康的势力压倒诸大名,而丰臣秀吉部将之间正在策划叛变。

"利夫德"号的漂达地点是离臼杵不远的佐志生(大分县臼杵市)。臼杵城主太田重正派大船把"利夫德"号拖到臼杵港,对船员加以保护。到第九天,大阪的德川家康派人来带"利夫德"号的船长。但因船长生病,由英国人航海长威廉·亚当斯(即后来的三浦按针)代理。5 月 12 日,亚当斯到大阪会见家康,此时旧教国葡萄牙人对家康说,漂来的荷兰人是专门在海上抢劫商船的海盗,要求将他们处死。家康非但不听,反将亚当斯释放,以厚礼款待,还把他们迎到江户,让"利夫德"号开到江户附近的浦贺。后来船上所装的大炮、火药等被用于家康的统一战争。

荷兰人、英国人是新教徒,与信旧教的葡萄牙人不同,专为经商,不强调传教。而且亚当斯是个有新知识的人,从天文、数学到世界地理、造船、航海等科技知识无一不懂,与一心向海外发展的家康十分契合,得到家康的赏识。当时日本与葡、西两个国家往来,国际关系复杂起来,所以家康把亚当斯作为外交顾问兼语言学教师安置在江户,在小田原町赐予邸宅;还在浦贺附近的相模三浦郡逸见村赐予 200 石米的采邑地,把他改名为三浦按针(按针是"领航员"的意思)。

三浦按针受到家康宠遇绝非偶然,此时正是家康实现多年抱负的时候,他密切关注世界形势,开拓自己应走的道路。如果不想像墨西哥、菲律宾、印度那样受欧洲人统治,就得根据世界形势寻找对策。家康第一次接见三浦按针时听了他关于世界形势的介绍,正中怀下,决定让他留在自己身边。

按针给家康传授几何学和其他数学等知识的故事很有名。据按针自己所说:"我教他(家康)几何学和其他数学知识,他很满意,所以我的建议不论什么他都不反对。"①

三浦按针不仅懂天文数学,还精通航海、造船、铸炮等技术。他少年时代曾在伦敦附近的造船厂做过徒弟,后来又长期在海上航行,航海经验丰富。根据耶稣会的史料,方济各会士为讨好家康,曾约定菲律宾来的船直接停泊江户,但西班牙船长和领航员强调江户没有适当的港口,停泊困难,提出如果家康能负担费用就把船拖来。此时三浦按针自告奋勇做领航员,不借拖船之力完成了这项困难任务。

三浦按针还接受家康的委托,在伊豆的伊东建造欧洲式海船。他的这种欧洲造船术,给日本造船事业影响很大。

三浦按针不但乘自己的船往来于关东关西之间,还测量关东一带海岸。他对朋友写信道:"江户市位于 36 度,这一带富有良港,海岸很安全,离陆地半海里之间没有岩礁。"②这是他实测的结果。西方科学早在三浦按针来日本 50 年前就传入日本了,但它为传教所利用,对一切自然现象,如日食、月食、地震、下雨、下雪等进行解释是为了称颂造物主的恩德,往往导致追求科学的人信教。如天正年间京都名医曲直濑道三因感叹西医优越而信教,因而这里科学与宗教不能区分。虽然如此,对正在从中世的迷蒙渐渐向近世开明社会转换的日本来说,和天主教信仰结合的南蛮科学所起的作用是进步的。

然而进入 17 世纪,新教徒三浦按针所带来的科学知识完全不带宗教色彩,也与基督教信仰无关。德川家康之所以采纳按针的意见,因为他是新教徒,所信没有宗教色彩,解除了利用宗教侵略日本的顾虑。

1618 年即家康死后的第二年秋至次年,天空出现一颗大彗星。每天凌晨彗星的白色长尾向西南高空伸展,至天明还挂在空中。朝廷认为这是不祥之兆,举国上下不安。将军秀忠召见按针,问这究竟有何前兆。按针回答说,这当然是战乱的前兆,但战乱发生在欧洲。后来这件事传到耶稣会士耳里,反而中伤按针说,将军是

---

① [日] 冈田章雄:《三浦按针》,创元社 1944 年版,第 43 页。
② [日] 冈田章雄:《三浦按针》,创元社 1944 年版,第 43 页。

迫害天主教的人,这颗彗星完全是神威胁将军而出现的天的预兆,因为按针是异端者,与天主教为敌,所以没有实说。① 的确,三浦按针是异端者,宣扬人文主义,这点从"利夫德"号船尾安置著名荷兰人文主义思想家伊拉斯谟(D. Erasmus,1466—1536 年)雕像可以证明。

三浦按针曾计划勘探西北航线,开辟英国直接至日本的新航线。这样,欧洲商品可以从北方通过短距航线运到日本,但没有实现。不过按针的传播使江户幕府大开眼界,面向广大的世界。尤其是荷兰、英国与日本通商全靠他从中斡旋,对西文化流入日本作出了巨大的贡献。

3 太平洋航线的开通

一、横渡太平洋成功

德川家康统一日本后为增强国力,主张和海外进行贸易,特别是太平洋成了日本朱印船进出的目标。正当家康梦想进入太平洋的时候,由于前菲律宾总督维威罗回墨西哥途中船遇难漂流到日本(前述)而使他的梦想向实现迈出了一步。

事情是这样的:1606 年菲律宾总督阿克涅逝世,因从西班牙派来新总督需要一个时期,所以维威罗作为临时总督从墨西哥派到马尼拉。后来新总督西洛瓦上任,他便免职回墨西哥。1609 年 7 月 25 日,维威罗乘"圣方济各"号(千吨以上,另有两艘僚船)从甲米地(Cavite)动身,在日本洋面遇暴风,决定到日本避难,但在上总国夷隅郡浪花村岩和田的田尻海岸触礁,船身破裂,56 人溺死,维威罗等人被渔民搭救,那时是 1609 年 9 月 30 日。维威罗等被送到大多喜城,受到城主本多忠朝的欢迎。后来他们赴江户谒见将军秀忠,四天后携带礼物赴骏河谒见德川家康。10 月 29 日正式谒见家康,维威罗记道:"皇帝(家康)坐在青色的天鹅绒椅子上,在其左边约六步的地方为我准备着一模一样的椅子。皇帝的衣服是青色有光泽的绸衣,其上用银丝绣出许多时辰和半圆月。腰间带剑,头上不戴帽子及其他冠物,用有色纽带将头发编结起来。他是 60 岁中等个子的老头子,有一副令人尊敬的愉快的容貌。"②

翌日,维威罗提出请愿书,其内容是:一,尊敬在日本的各派传教士,让他们自

---

① 〔日〕冈田章雄:《三浦按针》,创元社 1944 年版,第 49 页。
② 〔日〕冈田章雄:《日西交涉南蛮贸易》,思文阁 1983 年版,第 160 页。

由传教;二,和西班牙保持友好往来;三,把荷兰人从日本驱逐出去。

家康的回答是:一,今后不迫害住在日本的传教士;二,保持和西班牙友好往来;三,因不知荷兰人是海盗,约定两年时间内准许他们留在平户,约定时间过后就让荷兰人退回本国。

为了西、日两国政府进一步合作,维威罗制定一个方案,由路易斯·沙狄罗(Luis Sotelo)带到骏府呈家康。沙狄罗生于西班牙的塞维利亚(Sevilla)的贵族家庭,由塞维利亚修道院转属菲律宾教团。1603年来日本,在和歌山、京都等地传教。后来担任江户的吉罗尼摩创建的"念珠圣母堂"修道院长,精通日语。

沙狄罗于1610年1月21日谒见家康,2月2日缔结协定。其内容是:一,给西班牙提供关东的港口,设立码头、仓库及造船所。在通商港建立教会,驻留传教士;二,建立使馆,保护大使和随员,并给予优厚待遇;三,保护西班牙船并准许出售所载之货物;四,从新西班牙墨西哥派遣矿工来日本开采银矿,银产品的一半交给西班牙。

1610年8月1日,维威罗乘三浦按针的"圣布那温托拉"号(San Bunaventura)回墨西哥。同船去的日本方面有家康的大使阿隆沙·摩尧斯(Alonso Munos,日本方济各会布教长)、商人田中胜介和后藤庄三郎(两人均是银矿开采专家)等22人。

1610年8月1日,日本自己制造的"圣布那温托拉"号从浦贺出发,10月底平安到达墨西哥的阿卡普尔科(Acapulco),将家康的书信和礼品交给腓力三世的宰相赖尔马(Lerma,1553—1625年)。后来日本船因船小有危险性,在墨西哥出卖,田中胜介等受洗成为基督徒。

当时传说日本近海有"金银岛",基于西班牙国王的指令,一面派使节送还日本人,一面寻找金银岛。于是探险家塞巴斯丁·维兹凯诺(Sebastian Viscaino)被任命为特使派到日本,他1604年曾任西班牙舰队司令官。

1611年3月7日,维兹凯诺特使一行带着田中胜介等日本人离开墨西哥市,19日"圣方济2"号到达太平洋沿岸的阿卡普尔科。在这里有50多名西班牙人(包括六名方济各会士)上船。经过三个月的艰苦航海,6月10日抵达浦贺。

维兹凯诺等使节一行,17日分乘五艘小船从浦贺到江户,谒见将军秀忠,田中胜介等则从浦贺到骏府,向家康报告横渡太平洋的情况。后来维兹凯诺使节又一到骏府谒见家康,献上时钟一架。①

二、伊达政宗与沙狄罗

西班牙国王和墨西哥的使节维兹凯诺在江户城谒见将军秀忠的第二天,即1611年6月24日,是授洗者圣约翰的祭日,维兹凯诺和翻译沙狄罗神父去江户南蛮寺做弥撒,在路上遇见仙台藩主伊达政宗。政宗绰号"独眼龙",领有63万石米的封地,是日本东北地区的实权人物。他对西班牙贸易早有兴趣,这次遇见实在是实现自己抱负的绝好机会。于是两人相约再见日期。从此以后,沙狄罗成为伊达政宗家的贵宾,往来频繁。

根据阿马契(Scipione Amati)的《伊达政宗遣欧使节纪》说:

伊达政宗有一名外国人妾,她患了病,连日本最好的医生也不能治好。当时江户方济各会修道院附属医院以医术高超闻名,政宗便将方济各会长老沙狄罗请来,希望他设法治好妾的疾病。后来沙狄罗派修道士布林吉僚斯来,很快把她的病治好了。政宗为感谢沙狄罗,准许在奥州传教。② 于是沙狄罗便到奥州传教,并给伊达政宗讲道。结果政宗接受了信仰,他说:"今天我才第一次知道人的尊严和崇高,对释迦、阿弥陀、弘法大师、达摩及其他高僧感到憎恨,他们出于虚伪和无知,把人当做动物那样对待,今后要对他们报复,让大家知道真实情况。"③这样,家臣们都从崇拜偶像的迷信中觉悟过来,受洗信天主教。1611年11月23日,国主(政宗)至日本七大寺之一的松岛大寺,命家臣破坏佛像,并叫喊:"君临日本诸神的天主教之神万岁!"在另外一所寺院,由后来成为使节的腓力支仓(六右卫门)对佛僧处刑。领民看到国主的做法后,受洗的人激增。于是国主便向沙狄罗征求意见,是否建立一座适应该国情况的大教堂,沙狄罗回答道,基督的代理人是罗马教皇,应该服从教皇的领导,国主便决定派遣熟悉情况的沙狄罗去罗马教廷。④

当然阿马契的记载有夸大的、想象的成分,不能全信。不过伊达政宗为仙台

---

① 该时钟是自鸣钟,1581年由钟表师埃瓦洛(Hans de Evalo)制造,现存久能山东照宫,为日本最早的机械钟。

② [日] 松田毅一:《庆长遣欧使节》,朝文社1992年版,第151页。

③ [日] 松田毅一:《庆长遣欧使节》,朝文社1992年版,第152页。

④ [日] 松田毅一:《庆长遣欧使节》,朝文社1992年版,第152—153页。

藩的强盛而主张打开对外贸易是事实,他对天主教有好感也是事实。而沙狄罗则投其所好,乘机把方济各会的势力扩大到东北地区,把奥州成为日西贸易的中心。

三、维兹凯诺与家康、政宗

如前所述,西班牙使节维兹凯诺谒见将军秀忠后,又于 1611 年 6 月 30 日带着幕府的船手奉行向井兵库头正纲、翻译沙狄罗一起离开浦贺,赴骏府谒见德川家康。7 月 5 日,维兹凯诺在骏府城正式谒见家康,送上墨西哥副王(总督)的书信和礼品(时钟和腓力三世、妃、王子的三幅肖像画),并向家康提出三个要求:一是测量日本海岸,测量后做出的地图献给家康一份;二是在日本建造一艘相当吨位的海船;三是西班牙运来的商品可以自由买卖。这三个要求得到家康批准后,维兹凯诺便回浦贺,设法把带来的货物卖掉。10 月 22 日,维兹凯诺和沙狄罗从江户赴奥州,沿途进行测量。

11 月 8 日他们到达仙台,两天后在青叶城拜访伊达政宗,受到政宗的热情招待。政宗表示,不论什么都可以提供,并说领内有许多良港,希望往来于菲律宾和墨西哥之间的西班牙船入港,恳请和墨西哥副王结交。维兹凯诺对此回答说,西班牙国王由神授予许多领土,和日本贸易这一现世利益无关紧要,最佳的是让传教士来日本传福音。伊达政宗希望通商,维兹凯诺则要求传教,两人互相利用。

维兹凯诺和沙狄罗在政宗帮助下测量了仙台一带沿岸,发现了不少一流的港湾。他们于 12 月 18 日离开仙台,在此共逗留 40 天。其间沙狄罗还给许多人授洗礼,成为信徒。

1612 年 1 月 2 日,维兹凯诺和沙狄罗到江户的伊达邸宅,受到盛情款待。不料两个月以后发生冈本大八事件[①],幕府开始全面禁教。同年 7 月,维兹凯诺分别收到将军秀忠和家康的复书及赠品。家康的复书说:"贵下的书信及礼品确实收到,今后希望每年有商船往来。但我国是神国,开国以来一向敬拜神佛,贵国的宗教与我国的宗教大不相同,对我无缘。贵国的商船来朝时,不论日本哪一个港湾

---

① 天主教徒冈本大八是德川幕府中的重要人物本多正纯的家臣,他接受了肥前国天主教大名有马晴信的贿赂被发觉,3 月 25 日冈本大八投狱。经过两人当面对质,4 月 21 日判决大八火刑,晴信流放甲斐。6 月 5 日大八处刑,同日幕府发布禁教令。

都无丝毫异议,请放心。"①此复信由沙狄罗等译成西班牙语,维兹凯诺一看十分不满,因为过去家康曾约定保护天主教,现在却反悔了。加之金银岛探险失败,维兹凯诺决定回国。

4 庆长遣欧使节团的派遣

一、发起人和遣使前的准备

和天正遣欧使节团的派遣一样,庆长遣欧使节团的发起人也是教会方面的。沙狄罗力说伊达政宗派遣使节是出于传教上的需要,想把日本实力最大的外样大名(将军旁系的诸侯)作为天主教新的保护人。同时沙狄罗清楚看到,30年来日本的霸权不是血缘世袭的,而是按实力转移的,家康余命不长,坚信下一期的霸王是政宗。事实上政宗1611年领内允许信教,重用天主教家臣后藤寿安等,还和将军家结成姻亲,②深受家康和秀忠的信赖。而政宗内心并非完全忠于将军,而是对内富国强兵,对外发展国际贸易,企图争霸。因此政宗采纳了沙狄罗的建议,派遣使节团,并建造新船进行各项出洋准备。由于政宗打开日西贸易的想法和家康一致,得到幕府的支援。根据1799年编纂的《宽政重修诸家谱》的伊达政宗条记载:"庆长十八年(1613年)八月十五日,承仰(奉命)和向井将监忠胜商议,重新造船,送还留在江户的南蛮人楚天吕(沙狄罗),赐予该国甲胄、屏风等。九月十五日,忠胜的属下、政宗的家臣支仓六右卫门常长等及南蛮人合计180余人,从领国牡鹿郡月浦开船。"③

由此可见,政宗的造船和遣使都是奉德川家康之命,并非擅自行动。当然具体策划是沙狄罗。根据耶稣会士基罗拉摩·安吉列斯(Girolamo Angels)1619年11月30日给罗马耶稣会总长的信,此次遣使的确是沙狄罗一手策划的;"此次遣使是路易斯·沙狄罗虚构的,他一心想当(东)日本的主教,对葡萄牙人态度傲慢。他通过后藤寿安的一位家臣,说服政宗建造一艘赴新西班牙(墨西哥)的商船。那艘船一竣工,他就通过后藤劝说政宗向西班牙和罗马派遣使节,但后藤对此提案踌躇不

---

① [日]松田毅一:《庆长遣欧使节》,朝文社1992年版,第168页。
② 政宗的长女五郎八姬嫁给家康之子忠辉,政宗的嫡子虎菊丸娶了将军秀忠的养女振姬。
③ [日]松田毅一:《庆长遣欧使节》,朝文社1992年版,第176页。

决,沙狄罗这样说:'若殿下(政宗)不派使节我就不乘船。'于是政宗同意将一个犯罪被斩的家臣之子支仓充当使节。"①

耶稣会士安吉列斯1602年来日本,在伏见的教会当了10年神父之后,又被派到骏府传教,并借着教徒家臣后藤寿安的保护在东北地方传教。他和后藤很亲密,熟悉后藤周围的情况,所以安吉列斯的话是可信的。因此,为什么幕府正在禁教的时候还派遣使节团的疑问便迎刃而解了。

要赴墨西哥就得建造坚固的海船,在伊达政宗领内造船是1613年决定的,日本人在三浦按针指导下造过两艘海船,所以造船技术没有问题,但航海术由于西班牙人保密,不容易掌握,若不由西班牙人驾驶,日本人便不能横渡太平洋。因此必须依靠沙狄罗交涉才能请西班牙人来驾驶,而沙狄罗清楚了解西班牙人船员的弱点,可以充分利用他们作为实现自己愿望的手段。不过家康要和西班牙贸易是他的夙愿,家康不下命令,政宗是不会在自己领内造船的。

据研究,造船的地点就在船的解缆地牡鹿半岛西侧的入口月浦,现在这里有"欧南使士支仓六右卫门常长解缆地"的纪念碑。船长35米,宽10.8米,主樯,弥帆②17.8米,是500吨级的伽列安船③,船名叫"圣芳菩提斯泰"(San Juan Bautista)。

遣欧使节团顾问是沙狄罗,使节是政宗的家臣支仓常长。常长的生父支仓飞驒因盗窃罪被处刑,常长被流放。八年后常长被召回做藩士,三年后授予600石的领地,相当于中坚藩士。常长参加过丰臣秀吉的侵朝战争,而且有航海经验和外交才能。

在幕府的船手奉行向井将监的合作下新船即将竣工的时候,沙狄罗及30名信徒在江户被捕,幸亏政宗的帮助,在处刑前得救。沙狄罗释放后立即离开江户赴仙台,政宗大喜,设宴招待。

二、横渡太平洋

庆长十八年九月十五日(1613年10月28日),使节支仓常长及30名随从、幕府船手奉行向井将监的家臣约10名、商人数10名、原西班牙大使维兹凯诺及其部下数10人、顾问兼船长沙狄罗等共一百四十余人,登上新造的"圣芳菩提斯泰"号,

---

① [日]松田毅一:《庆长遣欧使节》,朝文社1992年版,第179页。
② 弥帆是挂于船头的小帆。
③ 在马尼拉用麻栗树建造的大型舰船,被称为海上坚固的城寨,仙台市博物馆有其模型。

从仙台藩牡鹿郡月浦出发。

月浦在今百卷市东南 12 公里的地方,这里有岬角那样突出海中的小岛,使节船乘满潮时刻出海。为什么使节船在这里出海呢?因为月浦水深 3.5 米,是乘黑潮的理想地方。原来这里数公里的洋面有黑潮流经,站在高处可以清楚看到寒暖流的分界线,乘此潮流可容易地回墨西哥。1571 年西班牙定马尼拉为首都占领菲律宾全境时就在寻找东归航路,这条黑潮路是由一艘西班牙船偶然发现的。

开船的那天早晨,月浦热闹非凡,看热闹的人挤满港湾,东北人从来没有看到过这样的大船。黎明时刻大船起锚,慢慢滑进港湾。一出港湾,便向左转,"圣芳菩提斯泰"号迎着朝阳消失在汪洋大海之中。

"圣芳菩提斯泰"号一路顺风,两个月后的 12 月 26 日抵达北美洲加利福尼亚州门多西诺角(C. Mendosino)的海面,然后沿海岸南下。1614 年 1 月 22 日进入萨加托拉(Zacatula)港,再沿海岸南下,三天后到达阿卡普尔科(Acapulco)。

门多西诺角是在三藩市山以北约 300 公里的地方,位于北纬 40 度 16 分,从北纬 38 度 25 分的月浦正东横渡太平洋,仅差 2 度,相距约 200 公里,可见当时航海术已经相当高明了。萨加托拉在墨西哥的巴尔萨斯河(Rio de las Balsas)河口,由门多西诺角到萨加托拉有 3500 公里的路程,花费 27 天时间,帆船一天约航行 130公里。

萨加托拉港当局看到一艘挂着西班牙国旗的船靠近港口,知道是从日本来谒见西班牙国王和罗马教皇的使节船,决定以最高荣誉来欢迎使节团,船入港时放礼炮。1614 年 1 月 22 日使节团一行登陆后便以盛大仪式迎接,住宿在王府。西班牙副王下令让使节从阿卡普尔科到墨西哥城,务必做到安全舒适。萨加托拉要塞是 1616 年建立的,所以那时还没有要塞,当"圣芳菩提斯泰"号第二次来这里时(1617—1618 年)要塞已经建成了。

三、在墨西哥

使节团一行在萨加托拉稍加停留后即沿海岸继续南下,三天后的 1 月 25 日到达阿卡普科。他们弃舟登陆,从阿卡普尔科到首都墨西哥城。而使节船"圣芳菩提斯泰"号当时没有立即回国,停泊在阿卡普尔科港,直到 1615 年 4 月 28 日,载了墨西哥使节圣卡塔利那(Santa Catalina)才回日本。圣卡塔利那到达浦贺时,日本正当迫害天主教徒最盛期的,所以没有谒见将军,连礼物都被退了回来。圣卡塔利那无计可施,只得再乘"圣芳菩提斯泰"号回到墨西哥的阿卡普尔科,那时是1617年2月。至1618年遣欧使节团完成欧洲访问回阿卡普尔科,重新塔乘"圣芳菩提斯泰"号回日本。所以这艘日本制造的伽利安船"圣菩提斯泰"号两次往返太平洋,出色地完成了任务,这是后话。

且说使节团一行从阿卡普尔科到墨西哥城是陆路,其间所走的路线及沿途情况都不清楚,连阿马契的《伊达政宗遣欧使节纪》也没有记载。不过据推定,使节团一行乘马车出阿卡普尔科以后便进入山区,经格雷罗(Guerrero)的首府奇尔潘星戈(Chilpancingo),渡巴尔萨斯河(Rio de las Balsas),到达银都塔斯科(Tasco,海拔1670米)。再从塔斯科北行约90公里,到达莫列洛斯(Morelos)州的首府奎尔纳瓦卡(Cuernavaca)。这里的方济各会的大圣堂(Cathedrale)里有一幅长8米、宽30米的26圣人殉教大壁画(1959年发现),壁画内容与史实一致,所以是1597年长崎的"庆长大殉教"发生后不久就画的,使节支仓长常等人一定看到了这幅壁画。为什么日本的大殉教图会画在这里呢?原来26名殉教圣人中巴布契斯泰等六名是西班牙方济各会传教圣士,其中五名与墨西哥有密切关系,可能还在这座大圣堂住过,①之后使节团一行再从奎尔纳瓦卡到墨西哥城。

关于庆长遣欧使节团在墨西哥城的活动有两个史料可据:一是奇马尔班的日记,奇马尔班(1579—1660)是墨西哥人圣职人员;二是阿马契的《伊达政宗遣欧使节纪》。奇马尔班的日记记载如下:

1614年3月4日,星期二

本日,日本的贵族们为和我们亲近,来到墨西哥市。中午,钟打了12响,他们骑马进入市内。贵族们让步行的随从先行,随从高举细长的黑棒那样的东西,看起来好像是枪。在日本,这种做法是为主君开道的吧。他们身穿日本服装,披上长袍,其上系着带子,在颈项的地方把头发扎上。此次到达墨西哥市的只有20名,据说日本国王特派的大使尚在途中,为保持威严,不久将带领约百名日本人随从徐徐而来。

我们亲爱的圣方济各会的赤脚神父,担任他们的翻译。据说在阿卡普尔科海边从日本船上卸下来的金属制品、书桌和衣物,不久将在那里出卖。这艘日本船中

---

① [日]高桥由贵彦:《遥远的罗马之旅》,讲谈社1982年版,第78页。

还乘着墨西哥出身的西班牙人塞巴斯丁·维兹凯诺,他在约三年前为调查日本情况赴日本,并带领上次送还菲律宾临时总督维戚罗的日本人回国。

1614 年 3 月 17 日,星期一

本日墨西哥出身的塞巴斯丁·维兹凯诺来到墨西哥市,当初他是为送还来本国的日本人而赴日本的。维茨凯诺是三年前赴日本的,他首次引导日本伟大的君主的特派大使及其随从而来的。

1614 年 3 月 24 日,星期一

本日,日本来的特派大使到达墨西哥市。特使住宿在圣方济各会修道院。如本地所知,他是作为他的主君日本国王的特使来本国的,特使将从这里赴罗马谒见教皇保罗五世,报告如何多的日本人想成为天主教徒,受洗礼授圣体,愿意成为我们的圣母、罗马教会之爱儿。

1614 年 4 月 9 日是,星期二

本日,20 名日本人在圣方济各教会受洗。特派大使不想在本地受洗,因为他打算到西班牙受洗。

1614 年 5 月 29 日,星期四

本日是神圣的秘迹节日,也是日本来的特派大使开始赴西班牙的日子。可是使节出发了,但他的随从一分为二,若干人同去,其余的留在本地和我们一起生活。商人们要和他们做生意吧。①

根据阿马契的《伊达政宗遣欧使节纪》记载则是:

奉副王之命,使节团一行在墨西哥市圣方济各会修道院旁边的邸宅住宿,在这里接见贵族、审判官、天主教和社会上的显贵,受到尊贵荣耀的待遇。

使节将家康、秀忠和政宗的书信交给墨西哥副王,还把政宗所写的信交给新西班牙总长直属管区长及圣埃梵格里奥(Santa Evangelio)区管区长。

使节一行 5 月 8 日以前在墨西哥市,所以能够目击圣周举行的仪式,他们深受感铭和惊奇。使节一行对此种天主教仪式的神圣非常感激,而且以前曾受过信仰的教

---

① [日]林屋永吉译:《奇马尔班的日记》(岩波书店 1976 年版),引自[日]高桥由贵彦:《遥远的罗马之旅》,讲谈社 1982 年版,第 86—87 页。

化,所以其中 78 名尽快授予洗礼的秘迹。本市的一流名士为代教父,为他们在圣方济各圣堂庄严地进行洗礼仪式,接着由大主教授予坚信的秘迹。支仓也想成为天主教徒,但应大主教及方济各会总长、直属管区长的要求延期,到达马德里受洗。

5 月 8 日是主的升天节日,留在墨西哥市的第谷·伊瓦尼斯神父带领大部分人回阿卡普尔科科乘船回国,其他少数人向圣芳提乌尔瓦(San Juan de Ulua)港发进。由路易斯·沙狄罗神父、伊哥那西奥·赫兹斯(Ignacio Jesus)神父、使节支仓及由政宗安排的有名誉的随行人员组成的十多名日本人,从此港乘船。

1614 年 5 月 29 日使节一行离开墨西哥市西行,经巧罗拉(Cholula)、布埃布拉(Puebla)、哈拉帕(Jalapa),到达维拉克鲁斯(Veracruz)市,圣芳乌尔瓦港就在维克鲁斯市前方(现在两地已连接),面临大西洋。7 月 10 日,使节团一行从圣芳乌尔瓦港出海,到古巴的哈瓦那换船,横渡大西洋。

四、在西班牙

10 月 5 日,使节的船抵达西班牙南部的巴拉美达(Sanluar de Barramde),从这里上溯瓜达尔基维尔河(Guadalquivir)而行,到塞维利亚(Sevilla)西南的利奥(Coria del Rio),然后登陆,开始伊比利亚半岛(Iberia)的 1000 公里陆上旅行。

他们首先在塞维利亚受到市政厅的热烈欢迎,因为事先沙狄罗给自己的故乡塞维利亚市去了信,市议会做出的决定如下:

本市不仅是负有日本皇帝使命的传教士及带着奥州国王使命的日本人到达西班牙的第一站,而且他们是作为使者来访问驰名国外的我市的。他们还带来了重大的使命,即数百万人灵性上奉戴罗马教皇,把西班牙国王陛下仰为君主,所以在我市停留期间,以市政费用接待他们最为适当。①

10 月 21 日,使节一行在横跨瓜达尔基维尔河的托利亚那桥边受到市长、贵族、庶民等的盛大欢迎。身穿日本衣服的支仓长常从马车下来,骑马和随员一起赴豪华的离宫。

10 月 27 日,使节一行出席特别市议会,大使支仓常长宣读伊达政宗给塞维利

---

① 〔日〕松田毅一:《庆长遣欧使节》,朝文社 1992 年版,第 224 页。

亚市的书信,由沙狄罗翻译,还把赠送的日本刀和短剑交给市长。市长非常愉快,错认为日本的传教事业取得了巨大成绩,主动负担使节的旅费。

11月20日傍晚,使节一行离开塞维利亚,经科尔多瓦(Cordoba)、托莱多(Toledo),12月20日傍晚到达马德里(Madrid)。那天下雪,气候寒冷,王室没有举行盛大欢迎仪式,使节一行进入圣方济各会修道院休息。翌日,贵族绅士纷纷来访,表示欢迎之意。侍从长等也代表国王来访,传达国王的意旨:暂时休息一下恢复旅途疲劳,在马德里看一看基督诞生的盛大典礼。

1615年1月下旬,使节接到将于30日赐谒见的通知。谒见那天,国王派来三辆马车接使节进宫。在谒见室,国王腓力三世立在华盖下,支仓常长三度跪前,正要吻国王之手的时候,国王缩回手,脱帽低头,命令支仓常长起立,陈述使命,这是对他表示敬意,并给予其巨大的名誉。

根据阿马契的《伊达政宗遣欧使节纪》,支仓这样陈述道:"我为了寻求光明,从天上无光的地方来到这个基督教国家,来到照亮世界的太阳一般的陛下面前,感到无限光荣和愉快,忘记了海上陆上的所有劳苦。我觉得这是我国人民中最得荣耀的。我所来的地方称为日本,远离此地。我君伊达政宗是奥州强大的国王……他亲自受洗,还要让自己的臣下全部皈依(基督教)。我君奥州国王闻得陛下强大,对请求保护的人宽大仁慈,派我来将其叙位及领土献给陛下,和大国结成亲交。今后不论何时,按陛下所望,乐意全力效劳。"①

接着,腓力三世致答辞。其后,沙狄罗作为"日本皇帝"(家康)的大使向腓力三世致词,支仓常长呈伊达政宗的日文书信。

谒见仪式结束后不久的2月17日,支仓常长在马德里王室赤脚派女子修道院附属教会受洗,取教名为腓力·方济各。国王腓力三世、法兰西王妃及两位内亲王赴教会参加受洗仪式,还有许多绅士淑女列席,教父母是宰相赖尔马和瓦拉西亚伯爵夫人。西班牙国王为什么如此重视支仓的受洗呢?其原因一是把支仓看成日本奥州国王的重臣;二是一年半以来支仓长途跋涉历尽艰辛来欧洲谒见自己,出于对他的感谢,给他最高名誉和祝福;三是日后回国可以给同胞更大的影响。

使节一行在马德里停留达八个月,这是使节去不去罗马尚未决定的缘故。同时由于维兹凯诺对沙狄罗的揭发报告,使西班牙当局对沙狄罗的人品抱有怀疑,国

---

① 〔日〕松田毅一:《庆长遣欧使节》,朝文社1992年版,第234页。

王的顾问会议多次上奏取消去罗马旅行,其理由一是奥州国王只是日本皇帝的臣下之一,等于意大利的小诸侯;二是目前日本皇帝正在迫害天主教,沙狄罗的要求中除同意派方济各会士去日本传教外其余全部拒绝或保留;三是沙狄罗不是日本皇帝的大使,数年前他曾被任命为大使,后来他没有来欧洲。实际上当时西班牙正在走下坡,经济困难,使节去罗马的旅费需要 10000 杜卡金币,国库无力开支。尽管顾问会议多次上奏及来自各方面的中伤和忠告,腓力三世对沙狄罗的信任不变,对他提出的要求作如下决定:

1. 关于去罗马一事予批准;

2. 关于由葡萄牙国王任命的日本现任主教以外再重新任命主教一事予以保留;

3. 关于提供弥撒圣祭用的葡萄酒、祈祷文及其他传教上的必需品一事予以批准;

4. 关于尽量多派方济各会士经由墨西哥去日本并由国王支付费用一事予以批准;

5. 关于支付在日本设立修道和学校的费用一事,一如既往没有支给的必要;

6. 和奥州国王通商,每年从彼国开来一艘船,商品在新西班牙(墨西哥)出售,允许以出售额购入该地商品,但附带条件是同荷兰人绝交,决不允许他们进入日本;

7. 支给使节赴罗马及返回日本的各项费用 4000 杜卡金币。

然而,前述两年后(1617 年 2 月)从日本回来的西班牙大使圣卡塔利那的报告,证明腓力三世的上述决定是错误的。圣卡塔利那的报告这样记述:

在西班牙所闻与当地所见颇为不同,从近年出现许多殉教者来看,决不应对基督教徒和传教士非难。这个国家的人只谈论和我国交通贸易,国王和主要人物轻视和讨厌基督教。要想成为基督教徒和听道的人一个也没有,他们把基督教徒当做不学无术、优柔寡断的人,认为我们是野蛮不知礼仪,交际上无信义的人……这些是事实,不仅是我自己的经验,在日多年的传教士及其他可信之人所言也是如此。

最后圣卡塔利那告诫道:"为了宗教和国家,国王陛下要禁止西班牙人到日本,同时禁止日本人来西班牙。"[①]可惜这份报告是两年以后的事,日本使节还是去了罗马。

---

① [日] 松田毅一:《庆长遣欧使节》,朝文社 1992 年版,第 251—252 页。

五、在罗马

1615 年 8 月 22 日，支仓使节一行离开西班牙首都马德里赴罗马。他们经卡拉塔尤(Calatayud)、达罗卡(Daroca)、萨拉戈萨(Zaragoza)、莱里达(Lerida)、蒙塞拉(Monserrat)，到达巴塞罗那(Barcelona)，在这里乘船，渡地中海。不过中途遇到逆风，在法国南部的圣特罗佩(Saint Tropez)停靠两天。他们到意大利的第一站是萨沃纳(Savona)。

10 月 11 日他们到达第二站热那亚，次日拜见该共和国大总统。12 日开船，沿蒂勒尼安海(Tyrihenian sea)南下，到达第三站契维塔韦基亚(Civitavicchia)港登陆。这里是教皇领地，涉外员兼翻译阿马契和弗莱芬·沙狄罗(路易斯·沙狄罗之弟)携带伊达政宗给教皇和枢密卿鲍尔格赛(Borghese)的书信先赴罗马，使节一行随后赶到。

元和元年九月三日(1615 年 10 月 2 日)支仓常长和沙狄罗等遣欧使节一行终于进入罗马。他们先赴圣玛利亚修道院住宿，然后 10 月 25 日教皇作非正式接见。

10 月 29 日举行入市仪式。是日早晨，枢密卿鲍尔格赛用马车将使节一行送到梵蒂冈的安琪利卡(Anglica)门外集合。队伍以轻骑兵为先导，其后是枢密卿和各国大使的家人，罗马、法国和西班牙的贵族绅士。接着是罗马各区长的大鼓手 14 名、骑马的喇叭手五名一边奏乐一边前进，其后是日本使节团成员 15 名(从略)。最后是支仓常长，他身穿白底以金银绣出花鸟兽类的衣服，戴着意大利风的襟饰和帽子。他的后面是瑞士卫兵，翻译阿马契等。队伍的末尾是枢密卿鲍尔格赛家的马车，载着沙狄罗及其他方济各会的神父，还有许多大小马车随尾而行。

队伍通过圣彼得广场时，瑞士人卫兵放礼炮；过圣安罗(Sant Angelo)城时乐队奏乐；过梯比列河(Tiberis)的圣安琪罗桥时又放礼炮。过桥之后，沿着教皇路前进。从蒙第·乔尔达诺(Monte Giordano)开始，面临街道，每户人家窗上挂着毛毡和装饰布以示欢迎。队伍经派斯基诺(Pasquino)广场、瓦列(S. Andrea della Valle)圣堂、起士(Gesu)圣堂等，到达康比独利奥(Campidolio)政厅的广场，广场上停满了绅士淑女的马车，乐队高奏乐曲，人们欢迎日本使节的来到。教皇的 10 名马夫连忙赶过来牵马，支仓一下马，教皇的住宿长就上前迎接。支仓向市民做简短的致词后，登上长长的石阶，进入阿拉奇利教会的圣玛利亚修道院。

11 月 3 日，使节团谒见教皇保罗五世(Paul Ⅴ)。30 年前天正遣欧使节团抵达罗马时教皇格列高利十三世因派遣使节的主君大友、有马和大村都是天主教徒，所以教皇正式接见。

但这次是非天主教徒的"国王"使节,枢密卿鲍尔格赛主张教皇保罗五世不能正式接见,只能在数名枢密卿列席上引见。虽然如此,这次非正式谒见场面也相当盛大。上次天正遣欧使节团,因其主君是天主教徒,在"帝王之间"谒见;此次主君不是天主教徒,故在梵蒂冈宫殿中的枢密卿会议室谒见。鲍尔格赛枢密卿用马车将使节团送入梵蒂冈教皇宫,支仓换上绣花礼服,进入谒见室。教皇坐在华盖下的红天鹅绒椅子上。支仓被引领行至教皇的足下,三度行礼之后屈身吻教皇之足,接着沙狄罗及随员相继行"吻足之礼"。礼毕,支仓呈伊达政宗的书信并致词,沙狄罗用拉丁语翻译。

谒见仪式结束后,使节团参拜了圣彼得圣堂,还在格列高利十三世的礼拜堂接受圣体领拜。

使节团在罗马期间(1615年10月20日—1616年1月7日)活动相当频繁,他们拜访了各位枢密卿和各国大使,参加贵族举行的宴会,参拜各个圣堂特别是罗马七大寺(实际上是古代罗马的裁判所和交易所)。11月23日,支仓常长从市政厅接受罗马公民证,被列为贵族。后来市政厅还发给贵族特权证,教皇宫廷授予伯爵称号,成为骑士。

六、归国

1616年1月4日使节一行向教皇告别,三天后离开罗马,赴契维塔韦基亚乘船。1月18日他们在佛罗伦斯停留五天,然后赴热那亚回西班牙。此时西班牙政府对庆长遣欧使节的实际情况已经了解,不再像来时那样欢迎他们,而是命令他们迅速离开西班牙。

沙狄罗在马德里多方奔走,筹到3300杜卡的旅费,而且是以塞维利亚、墨西哥和马尼拉分别支给为条件。因此使节团不得不分两批回国。6月22是第一批10人先回国,支仓,沙狄罗和五名随从留在塞维利亚,到处请求援助。最后西班牙国王给政宗的回信、礼物及追加的援助金600杜卡下达,支仓和沙狄罗两人带领五名随从1617年7月4日离开塞维利亚赴墨西哥。

他们经过约70天的航程横渡大西洋,9月中旬到达墨西哥的维拉克鲁斯。但他们不能立刻回国,因为今年的季节风已过,必须等到明年初夏,只好暂时留在墨西哥市。

前述日本人自己造的"圣芳菩提斯泰"号把遣欧使节团运到墨西哥之后,于

1615年4月载了墨西哥使节圣卡塔利那回日本。但此时日本正在镇压天主教,圣卡塔利那只得灰溜溜地原船回来。当支仓一行抵达墨西哥时,"圣芳菩提斯泰"号第二次到了墨西哥的阿卡普尔科,还带来了伊达政宗的使节横泽将监。支仓在墨西哥市获悉"圣芳菩提斯泰"号来迎接自己回国,便赶到阿卡普尔科与横泽将监会面。

1618年4月2日,支仓和沙狄罗等人搭乘"圣芳菩提斯泰"号和西班牙船团一起离开阿卡普尔科回日本。航行还算顺利,6月20日入马尼拉湾的甲米地港(Cavite),6月下旬抵达马尼拉。当时荷兰舰队正在袭击马尼拉,菲律宾总督决定借用"圣芳菩提斯泰"号,但日本人反对,结果廉价将此船卖给了菲律宾。日本人自己造的远洋船完成了两次往返太平洋的使命,意义重大。

1620年9月初,支仓和横泽将监乘便船从菲律宾到长崎。此时长崎大刮迫害天主教徒之风,9月4日伊达政宗在奥州领内发布天主教禁令,开始迫害教徒。9月22日,支仓只身偷偷回到仙台。关于支仓的结局,一说其回国后弃教,一说其保持信仰,1622年8月7日在绝望中病死。

沙狄罗1622年7月和日本人修道士笹田路易斯和仆从马场路易斯乘中国人的小船渡海,潜入萨摩。由于船长密告,沙狄罗被捕,押送到大村的特别监狱。1624年8月25日,沙狄罗和笹田、马场两日本人,以及多明我会的瓦斯奎兹(Petrus Vasquex)、耶稣会的卡尔瓦僚(Michael Carvalho)两神父一起,在大村放虎原被处以火刑。

庆长遣欧使节支仓常长(六右卫门)经历七载远涉重洋到达欧洲,在当时实在是一壮举,尽管他回国后在传教上通商上没有发挥任何作用而默默死去,但他在增进欧洲人对日本理解,打开日本人眼界和自觉吸收西方文化上作出了一定的贡献。墨西哥人民纪念这位日本人民的使节,1973年在阿卡普尔科海滨建立了一座支仓常长铜像。

5 岛原起义与锁国

一、起义的原因和性质

前述1612年德川幕府以冈本大八的受贿案为契机,全面开始镇压天主教,天主教大名有马晴信(镇贵)流放甲斐赐死,有马领在长崎奉行的管辖下大肆实行禁教。晴信之子直纯连忙弃教,娶家康的外曾孙女为后妻,总算赐予日向国延冈领,保全了性命。原晴信的家臣大部分是教徒,不愿跟从直纯的便留在有马归农,他们后来成为岛原起义的骨干力量。1616年幕府将有马领转封给松仓重政。重政一人天主教根据地日野江城,便严厉镇压教徒农民,扫荡天主教。他还大兴土木,建筑岛原森岳城。重政是年收入43000石的领主,但他为讨好幕府却承担了建造江户马场先门石墙的10万石劳役,使领民疲于奔命。1630年起丈量土地,把清理出来的耕地课以60%的年贡。总之,想方设法盘剥农民。同年重政死去,其子胜家继承领主之位。他不仅昏庸,而且生活奢侈,变本加厉剥削农民,运货、生炉子、安窗户、丧葬、生子等都要纳税。农民如果抗拒纳税便要处以酷刑,或拉走其妻子关在水牢里,或将妇女裸体逆吊。还用一种叫做"蓑衣舞"的刑罚,即把人用蓑衣捆起来,火烧蓑衣,使之乱蹦乱跳。总之岛原人民在松仓父子的暴政下无法生活下去。

天草岛也是日本天主教根据地,在岛原半岛的南面。这里本是天主教大名小西行长的领地,关原之战西军失败后,小西行长被处死,1603年领地归唐津(佐贺县西北)藩主寺泽广高领有。寺泽同样剥削农民,大规模丈量耕地,1614年以来严厉镇压天主教,迫害信徒。

上述领主的暴政固然是起义的原因,然而我们不能单纯将其看做农民起义,从起义的顽强性、团结性来看,它是一个信仰复兴运动,具有天主教徒起义的性质。

1634年以来天灾不断,民不聊生,农民靠吃树皮草根度日。在现实痛苦的生活中,天主教的末世思想得到应验,最后审判即将来到。"民要攻打民,国要攻打国,多处必有饥荒、地震……那些日子的灾难一过去,日头就变黑了,月亮也不放光,众星要从天上坠落,天势都要震动。那时人子的兆头要显在天上,地上的万族都要哀哭。他们要看见人子,有能力,有大荣耀,驾着天上的云降临。他要差遣使者,用号筒的大声,将他的选民,从四方,从天这边到那边,都招聚了来。"[1]《圣经》记载的这种末世思想不仅在农民信徒中流行,还驱使那些归农的天主教武士、策士,在异常的气候和社会现象中利用农民教徒所具有的末世思想,揭起反旗。那些被权力所逼弃教的人,在世界末日来到的信仰支援下重新回复天主教信仰。这种信仰复兴运动如燎原之火,在各地点燃。同时此次起义的领导阶层就是叫做"庄

---

[1]《新旧约全书》"马太福音"第24章第7—31节。

屋"、"乙名"等的上层农民,他们是因禁教解甲归田的武士、浪人,也是"组讲"这一地下反抗组织的组头,有着社会上宗教上的组织动员力量,村落共同体和宗教信仰共同体结合是这次起义的特点,也是起义运动能迅速广泛地展开和团结一致的一大原因。

因此,我们可以这样说,岛原、天草起义是"披着宗教外衣的农民革命,农民摒弃过去天主教宣扬的忍从、殉教等不抵抗思想,努力传播通过武装斗争建立'神国'的思想。这是对封建制度的一次巨大冲击,是有鲜明的反封建性质的革命斗争"[①]。

二、建立基督教王国的宣言

1637 年又是一个灾荒之年,农民家里连饭都没有吃,但官府还要向他们逼交年贡(租谷)。同年 10 月,岛原南端津村农民与三右卫门因不能交清租谷,松仓的家臣田中宗夫便将他怀孕的妻子拉走,关入水牢,泡在水里六昼夜,孩子一生下来就断了气,与三右卫门和周围群众对这种暴行义愤填膺,纠合数百人,火烧田中的家,田中逃进城堡,群众追到城堡外烧了市街。

同月 22 日,岛原藩的两名捕吏带兵到有马村逮捕两个教徒家属,该村官吏林兵右卫门得悉他们在礼拜天主像大怒,立即赶到他们家里烧掉画像,并将他们因拖欠年贡被拉去作抵押的女儿脱掉衣服,用火把拷问。在场的几个农民气极了,用农具打死了林兵右卫门。于是旧武士善右卫门宣布立刻杀掉各村官吏。岛原南部各乡纷纷响应,杀官吏烧寺庙,10 月 25 日开始武装暴动。

起义的实际领导人是大矢野岛的大庄屋(村长)渡边小左卫门,其他还有渡边九右卫门、内田与右卫门、会津次右卫门、内田清左卫门。他们推举 16 岁的天草时贞(四郎)为天童,号召农民武装起义。此时岛原南面天草岛也揭竿起义。10 月 26 日两股起义军汇合成 2000 人的大军,围攻岛原城。他们的行动是有组织有计划的,当起义大旗举起以后,首谋者之一的渡边小左卫门对高来郡有马村的马场又兵卫说:"目前松仓长门守、寺泽兵库守在江户,我们赶快图谋,联合高来郡、天草郡扩大声势,攻取岛原、富冈两城,乘势赴长崎。夺取大村、平户,与异贼盟誓,把九州弄到手,然后向中国、北国、关东逼进,让全日本都信天主教。"[②]

---

① 吴廷璆主编:《日本史》,南开大学出版社 1995 年版,第 240 页。

② [日]海老泽有道:《天主教的镇压和反抗》,雄山阁 1981 年版,第 199 页。

如前所述,由于此次起义是村落共同体(村政权)和信仰共同体(组讲等地下组织)结合,起义者无比团结,大部分地区是全体村民参加。100％参加的有布津、堂崎、有家、有马、口之津、加津佐、串山等地,80％参加的有中木场、深红、小浜,50％参加的有三会、岛原等地。①

正在江户的藩主松仓胜家接到警报便向邻藩求救,但各藩都观望不前。幕府闻讯,知道事情重大,立即调兵遣将前往镇压。11月中旬,起义军 37000 人正在富冈城的时候,幕府大军赶到,起义军被迫退入岛原南端的原城。

12月9日幕军开始围攻原城,发动数次总攻击,都被起义军击退,幕府专使板仓内膳正丧命。1638年初,幕府重臣松平信纲赶到岛原,一面从各藩调集 12 万多的兵力加紧围攻原城,一面采取怀柔政策进行招安,但遭到拒绝。1846 年岛原藩士川北喜右卫门编的《原城纪事》正月十五日条载着《草莽之臣时贞谨复元帅伊豆守松平阁下》一书:

世人周知,天主教一旦归依不可变更,而邦家之禁何以太严……方今,舆情动摇,物论訇訇,臣谓此乃天主持世之秋。臣闻,泰西之俗,美风淳,门户不闭,路不拾遗,此乃耶稣基督死生为一,明辨善恶,斥释氏轮回之虚诞,效儒家忠信之实理也。城内一心尊崇此法,复无他志,惟欲奉正教排邪说。生则浴耶稣之浩恩,死则享天堂之快乐,人间斧钺之诛本所甘心,此岂能与蟊贼蠹国偷生,图非分之荣同日而语。乃辱征讨之大命,远劳元帅之玉趾,焉知再三谴呵,谨在此陈述鄙衷,敢谢不辱之命,伏愿阖寨死亡之后,少弛禁令,使其民知天主之实义。草莽之臣时贞,不堪至屏营,顿首奉复。②

这封信明确表示了起义的宗旨和使命——排斥佛教虚妄的轮回学说,仿效儒家仁义礼智信的伦理而建立封建国家的社会伦理,才是救济现世人类的正教。这实在是地上建立基督王国的宣言书。

鉴于原城长期攻克不下,松平信纲只得求助平户的荷兰商馆长凯格巴克尔(N. Koekbaker),从海陆两方面炮击原城。1月11日开始炮击,后来由于重臣谏

---

① ［日］海老泽有道:《天主教的镇压和反抗》,雄山阁 1981 年版,第 199—200 页。
② ［日］海老泽有道:《天主教的镇压和反抗》,雄山阁 1981 年版,第 205 页。

言,1 月 28 日松平信纲才命荷兰船撤走。起义军长期困守孤城,粮食弹药告罄,他们意识到现世苦难即将结束,最后审判的日子就要到来。2 月 17 日幕军全面总攻击,随着战况恶化,起义军以身殉教的决心坚定不移。他们边祷告边抵抗,最后原城陷落,天草时贞等领导人全部战死,被俘的起义军(包括妇女儿童)全部惨遭残杀。而幕府动员 18 个藩十几万人的兵力,耗损 40 万两军费,死伤万余人,才把这次起义镇压下去。

三、锁国的完成

岛原、天草起义给幕府提供了天主教的反国家性的实证,以此为契机,成功地确立了幕藩体制。起义镇压后,松仓氏被改易,①接着被赐死。寺泽氏的天草领被没收,对诸大名下达取缔天主教的命令。接着又设立"改宗所",专门处理改宗事务;还实行"寺请制"②、"五人组制"③,彻底取缔天主教。

自 1616 年以来幕府不断发布禁教令,但是真正的锁国是由第三代将军德川家光于 1633 年(宽永十年)至 1639 年(宽永十六年)先后下达的五次锁国令开始的。这五次锁国令不但禁止天主教,连日本人出海航行(幕府特许的奉书船除外)和海外日本人回国也要处以极刑,后来海外通信和赠答物品也为非法。1639 年 7 月 5 日下达"欧洲贸易帆船渡海禁令",全面禁止外国船来日本,各藩加强检查航行船只,以高额奖金鼓励密告外船走私入境,并禁绝国外教会与日本教徒的一切联系和影响。特别禁止葡萄牙船、西班牙船来日本,违者处斩,并破坏商船。至此,日本和西、葡两国完全断绝往来,锁国体制确立,荷兰支配东方贸易的政策成功。幕府虽然与新教国荷兰通商,但也把它编入锁国体制之中,即将荷兰人从平户转移到长崎出岛,并规定出岛以外不能自由行动,不准雇用外国人,荷兰商馆长要每年更换,"丝割符"④同样适用于荷兰船。还规定荷兰船不准夹带天主教书籍,违者严惩。这样,连过去活跃于南洋一带的朱印船贸易也被禁止了,日本商人大部分破产。锁国体制绝不是全面禁止海外贸易,而是确立了由幕府进行的统制贸易,输入品中占重要地位的生丝贸易,则被持有"丝割符"的豪商集团垄断。外船入港只有长崎一

---

① 江户时代对诸侯、武士施行的刑罚,没收领地、房屋,改变身份,贬为平民。
② 每个日本人都必须固定一个寺庙作为他的"檀那寺",由寺院证明他是某一佛教宗派的信徒。
③ 以五人为一组的连坐制度。
④ 幕府发给垄断生丝贸易的许可证。

处,而且只限于荷兰船和中国船。而且为防止金银外流,1685 年后不断限制贸易额。1715 年(正德五年)幕府下达《正德新令》,规定中国船每年不超过 30 艘,贸易额不超过银 6000 贯(每贯重 3.75 公斤),荷兰船每年不超过两艘,贸易额不超过3000 贯。这一限额一直实施到元禄年间(1688—1703 年)。从此以后,西方文化只有直接通过荷兰船或者间接由中国船从长崎这一小视窗偷偷传入日本了。

四、锁国的历史影响

16 世纪初,葡萄牙势力东进,印度、印尼、马来西亚的部分地区先后沦为葡萄牙殖民地。与此同时,西班牙势力西进,墨西哥、秘鲁、菲律宾相继沦为西班牙殖民地。西、葡两国一东一西,首次瓜分世界成功,但是当时在东亚还有日本和中国两个主要国家还保持着独立。西、葡两国出于商业资本的需要和宗教热情,时刻都在设法打入这两个国家进行传教和贸易。当时日中两国社会已处于封建后期,国内商品经济开始发达,需要对外贸易。

当初沙勿略来日本传教的时候,日本处于战国时代,社会对外开放,天主教对统治阶级没有直接的利害关系。但当日本进入统一前夜的丰臣时代,天主教有碍于秀吉的全国统一事业,于是他便下达"神父驱逐令",禁止传教。

至德川时代,统治者为加强幕藩体制实行中央集权统治及防范国外反封建势力和国内反幕府势力勾结进行颠覆活动,严禁天主教,锁国势在必行。岛原起义加速了锁国的进程,经济上废除南蛮贸易,国家统制对外贸易;政治上加强中央集权,严防国外侵略;思想上禁绝天主教,巩固神国思想,全面完成了锁国体制。

关于锁国的历史影响如何?论者见解不一,弊害相当。如果从维持封建制度的立场上来看,正因为锁国才享有江户时代 200 多年的太平,保持日本国家的独立,避免像印度那样沦为殖民地。从侵略角度出发则锁国使日本成为"蠹虫",露出头来时世界大势已定,坐失瓜分殖民地的机会。我们若从人类社会发展来看,正像日本学者和辻哲郎的著作《锁国——日本的悲剧》那样,锁国使日本坐失早日转向近代化的机会,是日本历史上一大悲剧。封建社会必定要为资本主义取代(中国例外),如果不锁国,德川幕府早已灭亡,因为西方科学文化和先进技术的输入,国内生产力发展,出现资本主义,社会内部发生变革而实现近代化,并非不可能。即使不排除日本有沦为西方殖民地的危险,但从日本人的进取性和自强不息的民族性以及吸收外来文化的优良传统来看,成为殖民地的危险性较小。日本早日近代化就意味着人民不需要再忍受长达 200 多年的封建统治,思想文化从早期的封建桎梏中解放出来,出现一个繁荣富强的近代国家。

然而历史是不能假定的,锁国是历史必然性,不锁国便不能保持封建自然经济和幕藩封建体制。而锁国本身,必然阻碍工商业发展,堵塞西方科学文化和近代进步思想的输入,延缓了日本资本主义的发生。日本是亚洲中最早实现近代化的国家,但与西方资本主义国家相比落后了200多年。正因为日本是后进的资本主义国家,幕末的资产阶级十分软弱,还没有成为一支独立的革命力量,革命不得不由资产阶级化的下级武士领导,从而日本明治维新以后产生的近代国家不是资产阶级民主国家,而是天皇制专制主义国家,政权是资产阶级和地主的联合政权,在经济、政治、社会等方面保留着许多封建残余,并很快走上了军国主义道路,发动侵略战争,最后战败。这不得不归咎于200多年前的锁国,可见其历史影响之深远。

第六章　日欧文化的融合与冲突

1　沙勿略及其后继者的日欧文化融合论

任何一种宗教乃至文化,要想传入另一个国家或民族时,首先遇到的问题是如何对待固有的宗教或传统文化。如果要想使外来宗教或文化在所传入的国家或民族广泛流传和发生影响,首先要承认外来国家或民族的固有宗教或传统文化。关于这一点,人们都有共识:"外来宗教如果不与当地的土地制度及习俗时尚相结合,就不能进入这块土地。"①这从佛教在中国的发展事实中可以看到。当时(东汉末年)中国内部政治分裂,外部蛮族入侵,原来的儒教失去作用,道教又逃避现实政治,不能吸引民众。此时佛教从印度传入,正好填补人们的精神空虚。后来佛教从儒教、道教中吸取养分,创造了中国自己的宗教禅宗。至此,佛教才在中国扎根,长期作为中国文化。

"东方使徒"沙勿略大概从《圣经》上使徒保罗在东方传教的经验中得到了启示:"弟兄们,我从前对你们说话,不能把你们当作属灵的,只得把你们当作属肉体、在基督里为婴孩的。我是用奶喂你们,没有用饭喂你们。那时你们不能吃,就是如今还是不能。"②所以主张对日本传教不能生搬硬套,应当采用适应主义,即日欧文化融合论的传教政策。因为日本的天主教会尚属草创,没有牙齿,不能吃固体食物,必先给其奶吃。

从这个观点出发,形成了沙勿略的日本人观。他十分称赞日本民族,认为他们

---

① 〔日〕山本新等:《未来属于中国:汤因比论中国传统文化》中译本,陕西人民出版社 1989 年版,第 121 页。

② 《新旧约全书》"哥林多前书"第 3 章第 1—2 节。

是世界上已发现的民族中最优秀的,知识欲旺盛,富有理想,善于思考,对宗教天性爱好,因此他对日本人抱着很大希望。1549 年 6 月 22 日沙勿略离开马六甲的两天前,给欧洲的一位耶稣会士写信道:"根据葡萄牙人给我的信,日本人是非常好的,有思辨能力,顺从道理,知识欲旺盛,很适合我们的信仰弘布。我确信神会赐予我们,给相当数目的日本人甚至全体日本人带来巨大成果。"①

沙勿略一到日本后就采取传教方式日本化的方针。他写信给果阿的一位传教士说:"这个国家的人,在迄今发现的国民中是最高级的,比日本人更优秀的人,在异教徒中找不到吧。他们容易亲近,一般是善良的,没有恶意。名誉心强得惊人,比其他任何地方的人更重视名誉。"②因此不能强迫他们信教,让他们葡萄牙化,必须避免与日本传统文化发生冲突,传教方式尽量日本化。他的具体主张是:一,耶稣会要对日本文化和社会习俗进行长期深入的调查研究,写出著作,作为传教参考;二,传教士必须学习日语,懂日本思想文化等知识,沙勿略登陆日本 40 天后就能用日语朗读"摩西十诫"了;三,对佛教不可采取粗暴的态度,要派佛教造诣深的学僧到欧洲的基督教界,让欧洲人跟他们学习佛学,两者应加以融合,不要发生冲突;四,教会最终要交给日本人,积极培养日本传教士,将来逐步取代欧洲人;五,日本人对科学很感兴趣,但对地球一无所知。当传教士向他们讲解科学知识时他们都会殷切倾听,因此沙勿略主张来日本的传教士必须有渊博的科学知识。他第一个意识到科学对东方传教的重要性。

沙勿略讲道十分浅近易懂,下面是他与一佛僧的对话:

"神(Deus)是怎样的? 它用什么材料造成的? 有没有形和色?"

"神是无形无色的。神是宇宙本身的创造主,一切物质的元素都是由神创造的,所以神不能是由元素所造的物体。如果神是由元素所造的物体,那么神就不可能是创造主了。"

"若是无形无色的,那它就不是不存在了吗?"

"那你认为有空气和风吗?"

"有。"

"空气和风有色有形吗?"

---

① 〔日〕津山千惠:《方济各·沙勿略》,三一书房 1993 年版,第 59 页。
② 〔日〕津山千惠:《方济各·沙勿略》,三一书房 1993 年版,第 71—72 页。

"没有。"

"若是无形无色的空气这一物质存在,那么怎么可以说无形无色的神是不存在呢?"于是许多听道的人都接受了他的思想。[1]

沙勿略在日本实际的观察中明白,日本人的宗教、思想和道德等渊源于中国,为了更进一步了解日本,必须赴中国让皇帝信教。一旦中国皇帝改了宗,所有的中国人和日本人都要追随。因此他决定离开日本到中国传教。可惜他的理想没有实现就客死于广东台山县的上川岛。(见本书姊妹篇《西风东渐——中国改革开放史》第三章,人民出版社 2005 年版)

托尔勒斯、弗洛伊斯、奥尔冈契诺等沙勿略的后继者,继承他的日欧文化融合论,使天主教在日本取得长足的发展,特别是奥尔冈契诺深受日本人尊敬。他曾说:"日本人在全世界是属于最贤明的国民,他们很遵从理性,远比我们优秀。"[2]相反,日本布教长卡布拉尔出身贵族,高傲自大,看不起日本人。他认为日本政治野蛮,日本人虚伪,不让传教士学日语,也不让日本人学拉丁语。他重视封建君主,认为他们能使领民信教,也能使领民弃教。这种错误的日本人观,必然损害葡萄牙人与日本人的感情,影响教会发展。

② 范礼安的日欧文化融合论和日本人观

耶稣会东印度巡察使范礼安早年毕业于威尼斯的帕多瓦大学,取得法学博士的学位。他在学的 16 世纪,是帕多瓦大学的鼎盛时期,培养出一批文艺复兴思想家,故范礼安也具有作为文艺复兴思想家进步的一面。

1573 年范礼安被任命为东印度巡察使,次年率领 41 名耶稣会士从里斯本出发赴东方巡察。1577 年 10 月抵达澳门,在这里居住 10 个月,潜心制定东方传教政策。他认为,传教事业要在东方取得发展,必须采用和以前完全不同的传教方式,因为过去许多传教士普遍持有欧洲至上主义思想,这种思想必须消除,要尊重当地传统文化和风俗习惯,只能渐进,而不是强迫。

范礼安这种适应主义传教政策是从早期教会在希腊时代取得胜利的历史中得

---

① [日]津山千惠:《方济各·沙勿略》,三一书房 1993 年版,第 132—133 页。
② [日]松田毅一:《范礼安与天主教》,朝文社 1992 年版,第 46 页。

到启发的。那就是早期教会对当时的叙利亚、犹太以及希腊文化采取的既与其适应又徐徐渗透，进而不断扩张的方法，当初基督教传入希腊化世界的时候，面临着一个重大问题，即基督教导入非基督教国家时，应采取什么态度，是不管付出多大代价也要将完整的体系原封不动地搬去，还是允许渐进地渗透移植呢？早期教会在希腊化时代，承认希腊思想是真理的种子，并通过基督教来吸收融合它。由于确立了这条宗旨，使得希腊文化与基督教产生一种有机的联系。正是通过这种结合，基督教才得以渗入希腊化世界。① 正当范礼安到达澳门的时候，秘鲁和墨西哥的秘鲁教区长耶稣会士阿科斯塔（1540—1600年）将其论著《向印第安传布福者》一书献给耶稣会总长，书中论述了适应全世界各传教地区文化阶段的系统传教理论。后来范礼安读了此书，对实施自己的以高度评价和尊重东方文化为基础的传教适应政策，更加坚定了信念。②

1579年范礼安到达日本，对日本教会进行视察，发现不少问题：第一，欧洲人和日本人修道士之间思想上行动上都不一致，而且日本人对欧洲人有厌恶感。因为从日本人修道士必须放在下位的见解出发，他们感到待遇和欧洲人不同，与其说是同事，毋宁说是仆从，两者产生不和。第二，日本人修道士事实上在向异教徒讲道，使他们改宗，但他们没有加入耶稣会，也没有学问。他们所知道的只是《教理书》，将它背下来，像鹦鹉那样反复说教。第三，在欧洲人中间有着决不向日本人传授学问的见解，因为他们一有学问就不尊敬欧洲人了。第四，在耶稣会里有主君那样为所欲为的情况。

1580年范礼安还调查了原日本教区长卡布拉尔的传教态度，发现有许多错误：一是把自尊心很强的日本人当做低等人种，在日本人中间产生反感；二是让日本人遵守葡萄牙人的习惯，而不让葡萄牙人顺应日本人习惯；三是日本人修道士和葡萄牙人修道士待遇不同；四是非但不懂日本的风俗，还进行嘲笑，把自己的风俗看成优越的，日本人对此十分生气；五是不许让日本人建立神学校；七是不让欧洲传教士学日语。为了纠正这些错误，1580年10月范礼安在臼杵召开了耶稣会第一次协议会，树立了范礼安的传教方针，形成了他的日欧文化融合论和日本人观。

① ［日］山本新等：《未来属于中国：汤因比论中国传统文化》中译本，陕西人民出版社1989年版，第184页。

② ［日］山本新等：《未来属于中国：汤因比论中国传统文化》中译本，陕西人民出版社1989年版，第186页。

范礼安对日本人评价很高,归纳起来如下:

第一,日本人很有礼仪,有远见和理解能力,服从道理。

第二,在东方各民族中,日本人最懂道理,希望按自己的意志去拯救灵魂。日本人能接受我们的教义,具备短期内接受教义和秘迹的能力,改宗时完全知道崇拜偶像的错误,其他国家的人则相反。

第三,日本和东方其他国家不同,不仅身份低的人,连国主、领主、武士等统治阶级层也信教,所以日本的传教成果容易取得。

第四,日本人生来对宗教关心,对神父非常服从。

第五,日本人有接受能力,而且对我们的科学知识也能很快接受。他们还具备短期间成为圣职人员的条件和能力。

第六,日本人重道理,而且有同一种语言,所以成为教徒以后容易培养,能够收到效果,不像其他国家的人,即使一生辛苦也得不到真正的效果。

第七,在日本,将来可以以日本人自己的神父来完成耶稣会的任务,其他国家则不能想象。[①]

基于这样的日本人观,范礼安撰写《日本传教士心得》(即日本耶稣会士必须遵守的礼仪和风习的论文),谆谆告诫传教士一定要尊重日本人的风俗习惯,思想上文化上融为一体;还要学习日语,和日本人打成一片,不要产生一点隔阂。这样才能使日本人理解我们所说的十字架奥秘,完成我们的宗教使命及耶稣会的各项命令。[②] 范礼安这种日欧文化融合论和日本人观,对利玛窦影响很大,使他在中国的传教事业取得成功。

③　弗洛伊斯的日欧比较文化论

路易斯·弗洛伊斯是葡萄牙人,16 岁时加入耶稣会,渡海来到印度果阿,进入圣保罗学院学习。在这里,他遇见了斡旋沙勿略来日本传教的萨摩武士安琪罗(即弥次郎,前述),听到了许多关于日本的情况,燃起了前来日本传教的希望。永禄五

---

① ［日］津山千惠:《方济各·沙勿略》,三一书房 1993 年版,第 211—213 页。

② 1586 年 12 月 20 日范礼安从科钦发出的给耶稣会总长阿卡维瓦的信,引自［日］松田毅一:《范礼安与天主教》,朝文社 1992 年版,第 229 页。

年(1562 年)他作为神父来到日本,先在北九州地方传教。永禄七年(1564 年)奉命赴京都,帮助在那里传教的维列拉。后来因三好、松永两氏叛变,室町幕府将军足利义辉被害,传教士被赶出京都,弗洛伊斯、维列拉等只好在堺避难。及至织田信长进京,恢复和平局面,他们才回到京都,在信长保护下传教,取得很大成果。天正四年(1576 年),弗洛伊斯到丰后,在大友家庇护下进行传教活动整整四年时间。1679 年范礼安来日本,弗洛伊斯作为他的翻译一起去京都谒见织田信长。天正十四年(1586 年),弗洛伊斯随同日本副教区长科埃留巡视各地,在大阪谒见丰臣秀吉,受到厚遇。不久丰臣秀吉下达"神父驱逐令",弗洛伊斯在加津佐、长崎等地进行秘密传教。1597 年他目击 26 圣人殉教后逝世,享年 65 岁。

弗洛伊斯是爱好写作的传教士,留下了大量长篇报告,撰有巨著《日本史》①,它是研究当时日本的政治、经济、文化、宗教、思想、生活和风俗的珍贵资料。他的另一部著作《日欧比较文化》②,是天正十三年(1585 年)在加津佐写成的,虽然它只是一本小册子,但却是阐明日本安土桃山时代社会、生活和风俗史的重要史料,也是东西文化比较研究的最早著作。它和《日本史》一样数世纪以来没有出版过,直到今天才出版。该书原稿现在还藏在西班牙马德里市历史科学院书库的书架上。该原稿共 40 页,写在日本纸上,装订成册,纸页长 22 厘米,宽 16 厘米,1946 年由休特(Joseph Fanz Schütte)在该书库发现,将它译成德语并加以注释。现在日文本是冈田章雄根据葡萄牙文译出的,1963 年由岩波书店出版。

弗洛伊斯的《日欧比较文化》一书问世,在学术上有以下三个意义:第一,展示了日本文化在受到西方文化冲击并与之融合之前的原貌,从而探讨日本如何成功地将西方文化与自身传统文化融为一体的原因。第二,有助于澄清日本"儒家文化"的实质,即日本的儒家思想的主要范畴是"忠",而非"仁",即使忠,其意义也和中国的大不相同——家臣必须为自己的主君奉献一切以至生命。第三,为东西方文化比较提供了可据资料。日本是东西文化的交汇点,要对东西方文化进行比较就不能不重视日本文化的融合过程,从中可以得到不少有益的启示。

《日欧比较文化》除了具有较高的学术价值外,还是一本很有趣味的书。书中涉猎范围很广,对 16 世纪的日本社会各个方面都有所记述,诸如人种体质特征、服

---

① 该书全 12 卷,已由松田毅一、川崎桃太译成日文,中央公论社 1981 年出版。
② 该书已由商务印书馆译成中文出版(1992 年)。

饰、住宅、饮食、兵器、文艺、宗教等。由于作者是西方人,看问题的角度与东方人不同,因而全书特别注重并强调日本文化与欧洲文化的倒置性(相反性)差异,读来给人印象很深。[①] 现将内容简略记述如下。

第一章　男性的风貌和服饰

(1)欧洲人认为大眼睛美丽,而日本人则认为大眼睛可怕,而眯缝的眼睛美丽。

(2)欧洲人若被剃成光头认为是一种侮辱,日本人则自己用镊子将头发拔掉,只在头后部留下一绺头发。

(3)欧洲人认为指甲长了不洁净,是没有修养的表现。日本的贵族男女中却有人留鹰隼爪子似的长指甲。

(4)欧洲人认为脸上有刀痕丑陋。日本人则夸耀脸上的刀痕。

(5)欧洲人认为穿花衣服是一种轻率可笑的行为。在日本除了和尚和剃发的老人,普遍都穿彩色衣服。

(6)欧洲人以脱帽表示礼貌。日本人则以脱鞋表示礼貌。

(7)欧洲人治丧用黑色。日本人治丧用白色。

(8)欧洲人是穿着鞋进屋。日本人认为进屋不脱鞋进不礼貌,必须在门口把鞋脱下来。

(9)欧洲人以单膝着地表示礼貌。日本人则是五体投地(脚、手、头触地)表示礼貌。

(10)欧洲人在室内洗澡中,避开别人。在日本,男男女女,连和尚都在公共浴场洗澡。

第二章　女性的风貌和风习

(1)欧洲未婚女性的最高荣誉和珍贵的是贞操。日本女性根本不重视,即使失去处女的贞洁也不会丧失名誉,并能结婚。

(2)欧洲女性很少使用假发。日本女性长用假发。

(3)欧洲女性大量使用头饰。日本女性通常不在头发上装饰任何东西,只把头发往后一拢,用一条小纸带捆扎起来,或者用一条纸带把头发卷在头顶中央。

(4)欧洲高贵的女性拖着很长的长裙走路。宫廷、武家的日本妇女把接成四五束长达198厘米的长发串拖在地上走路。

---

① [葡]路易斯·弗洛伊斯:《日欧比较文化》,《日本丛书》,商务印书馆1992年版。

（5）欧洲女性注意美丽而整齐的眉毛。日本女性把眉毛一根不剩地用镊子全部拔光。

（6）欧洲女性千方百计使牙齿洁白。日本女性却尽力用铁和醋把牙染黑。

（7）欧洲女性如果光脚走路会被认为是疯子或不知羞耻。日本女性不论贵贱，一年有大半年时间都是光脚走路。

（8）欧洲人走路，丈夫在前妻子在后。日本人走路，妻子在前丈夫在后。

（9）在欧洲，离弃妻子是最不名誉的事。在日本却可以随便休妻，妻子也不会因此毁损名誉，还可以再嫁。

（10）欧洲堕胎的现象不多见。在日本，堕胎极为普遍。

其他风俗习惯

（1）欧洲人不管吃什么都用手抓着吃（在饭桌上用刀叉的习惯是 17 世纪以后才开始的）。日本人从小就用筷子吃东西。

（2）欧洲人吃饭时坐在椅子上，把腿伸开。日本人吃饭时盘起腿来，坐在席子上或席地而坐。

（3）欧洲人通常和妻子一起吃饭。在日本这种事极少，因为夫妻的食案是分开的。

（4）欧洲人一开始吃饭就先饮酒。日本人是饭吃完了才开始饮酒。

（5）欧洲人中，喝醉是件大耻辱。在日本却以烂醉为夸耀。

（6）欧洲人喜欢吃乳制品、乳酪、奶油及骨髓。日本人嫌恶这些东西，对他们来说，这些东西恶臭难闻。

（7）在欧洲，钓鱼被认为是贵人的一种修养。日本人则认为钓鱼是下贱人干的卑贱勾当，是一种工作。

（8）欧洲人的甲胄全用钢铁做成的。日本人的铠甲是用铁或皮革的小片垒成鳞状，用皮绳或绢绳缀合起来。

（9）欧洲人是骑着马战斗。日本人在非战不可时却从马上下来。

（10）在欧洲，自杀被认为是一种最大的罪行。在日本，在战争中精疲力竭时切腹自杀却是勇敢的壮举。

（11）在欧洲，很少有背叛行为，背叛要受到极大的非难。日本当时还是下克上的时代，背叛主君并不稀奇。

（12）在欧洲，贵人家在居室欢迎嘉宾。在日本，最初的接待是在厩舍进行的。

（13）欧洲人写字横着从左往右书写。日本人坚着从右往左书写。

（14）欧洲房子有好多层，用石头和石灰建造，屋顶用瓦。日本房子很矮，大部分是一层，用木材、竹子、稻草及泥土建造，屋顶用木板、稻草或竹子。

（15）欧洲人总是将被褥铺在床上。日本人总是白天把被褥叠起来，放在看不见的地方。

（16）欧洲的船大多只用帆。日本的船都用桨划。

（17）在欧洲，握有执法权和司法权的人是不能杀人的。在日本，不能谁都可以在家里杀人，他们一看见宰杀动物就大吃一惊，对杀人却认为司空见惯。

（18）在欧洲，拜访别人时一般不拿东西。在日本，拜访别人时手上总是要拿点什么礼物。

（19）在欧洲，别人送来的礼物是不能用来款待送来的人的。在日本，作为亲密友爱的表示，送礼的人和接受的人必须马上当场品尝所送的礼品。

（20）欧洲人站着说话时身子笔挺，两只脚一前一后站着。在日本，两人谈话身份低的人两脚并拢，手交叉在腰带处，身体前屈，随着对方的话必须像欧洲妇女那样低头鞠躬。

《日欧比较文化》共 14 章，列举日欧文化反差 609 条，为日欧文化融合论开辟了道路。

4　南蛮文化的定义

所谓南蛮，原来是从中国传来的名词。汉民族自古就认为自己所住的地方是世界的中心，所以叫做中国、中夏或中华，而中国周围的民族都认为是野蛮民族。东方的野蛮民族叫做"夷"（包括日本），西方的叫做"戎"，南方的叫做"蛮"，北方的叫做"狄"，即所谓东夷、西戎、南蛮、北狄。日本文献上最早出现南蛮这个词是 10 世纪的《日本记略》，这里记着南蛮人扰乱九州大宰府管内的各个地方，这种南蛮人显然是指日本奄美大岛的人。15 世纪沿日本海的若狭国曾有南蛮人漂来，这种南蛮人是指东南亚的爪哇人。

所谓南蛮人，一般是指战国末期（16 世纪中期）起到日本来的南欧人特别是葡萄牙人、西班牙人。在此以前，日本就有南蛮人和南蛮船漂流的记录，这是因为从菲律宾和台湾之间的巴士海峡一带开始，日本海流（或叫黑潮）向北方急流，直到日本近海。南蛮船往往由这条海流漂到日本,日本人把这些南方漂来的不常见的外国人叫做南蛮人。前述 1543 年第一次漂到萨南群岛种子岛南端门仓岬东北海上的葡萄牙人也称为南蛮人。

总之,日本人所谓的南蛮的范围近从奄美大岛,远至印尼甚至印度、欧洲。换言之,随着日本人的世界地理概念的扩大,南蛮的地域也扩大。由此看来,南蛮的概念相当含混,所以当幕府的儒官新井白石审讯潜入日本的西多契(Giovanni Sidotti)神父时说,南蛮是指什么地方? 西多契只能含糊地回答,我们被叫做南蛮人是因为葡、西、意三国在荷兰以南,或者是葡萄牙、西班牙管辖的澳门、菲律宾在日本南方的缘故吧。如南蛮人、南蛮船、南蛮寺、南蛮狗、南蛮糕点、南蛮铁、南蛮酒等冠以南蛮的各种名称那样,凡是从日本南方来的都叫南蛮,相当于中国的所谓"洋"。日本人把欧洲人不是当做特别优秀的人种,而是当做从南方来的稀奇的异国人对待,和欧洲人的自豪意识相距很大。

沙勿略把天主教传到日本之后,随着天主教传入日本的西方文化及受其影响产生的异质文化,日本人把它称作"南蛮文化"。可见南蛮文化就是一种日本传统文化和西方文化融合的日欧混合文化,其核心当然是基督教及其文化。耶稣会传教士出于传教的需要,带来了西方的天文学、历学、地理学、绘画、音乐、建筑、印刷术、测量术,等等。南蛮文化的范围很广,从思想、学艺、教育、科技到风俗习惯、趣味爱好,无所不包,下面分门别类加以概述。

5 南蛮文化的内容

一、社会思想

(1) 异教信仰。由方济各·沙勿略开始传到日本的基督教,即葡萄牙语的 Christao,英语的 Christian。当初传入日本的时候译成"几利紫旦"、"贵理使旦"等,后来改为"吉利支丹"或"切支丹",一般是指宗教改革以前的旧教即天主教。宗教改革以后的新教称为基督教或耶稣教。

天主教传入日本的时候正当战国时代,也是日本封建割据的中世社会解体而进入近世统一国家的转折期。它的影响是多方面的,特别是通过天主教带来了欧洲中世纪的宗教信仰、社会思想和伦理观念,与日本固有的东西发生摩擦与冲突。

天主教是一神教,只信仰创造天地万物的神(上帝),反对崇拜偶像和祖先,神权高于君权。这种信仰与日本的信仰迥然不同。日本人信仰佛教、儒教和神道,崇拜偶像和祖先。因此日本人把天主教看作异端或异教,两者不可调和。

（2）道德伦理。天主教的伦理观念也是与日本封建伦理格格不入的。如天主教主张男女平等、一夫一妻,重视贞节,反对淫乱,严重破坏了日本男尊女卑、一夫多妻的封建秩序。五岛有数名武士为受洗而放弃纳妾。女信徒十分重视贞节,遵守禁止淫乱的戒律。当时丰臣秀吉派人到有马的领地物色美女,当地的少女因信教都躲藏起来,没有一人从命。秀吉大怒,对教会产生反感,据说此事成了禁教的导火线。又如,天主教强调尊重个人人格和家庭神圣,这与日本的抹杀人格、家庭服从国家的封建准则相对立。天主教还主张兄弟之间平等友爱,这与日本封建的长子继承制度相违背。

耶稣会尽力适应日本社会情况,也教导信徒孝敬父母,但其前提是不悖逆神,若父母违背神则可以不服从。此外教会进行各种慈善事业,如济贫、救灾、治癫（麻风病）、施药、保护孤儿寡妇等。这些事业在战国时代动荡不安的社会里,受到下层人民的欢迎。耶稣会为矫正弃儿和溺婴等不良恶习,设立育婴堂,收容被遗弃的婴儿。与此同时,还考虑到妇女的婚姻自主和解放。如堺市富豪日比屋了珪的女儿摩尼卡被许配佛教徒叔父,摩尼卡违抗父命不愿结婚,后经传教士说服,日比屋了珪同意女儿解除婚约。[①]

从尊重人格出发,教会救援奴隶、朝侵战俘和孤儿 2000 人。[②] 为防止葡萄牙人贩卖奴隶,耶稣会曾运动葡萄牙王及有关方面,在世界社会史上展开了有组织的奴隶解放运动。[③]

一般说来,町人（商工业者）信仰天主教较少,他们较多地追求不正当的利益,如商品劣质,斤两不足,金银掺假,借钱不还等。教会对他们进行种种说教,要讲商业道德,将追求不正当利益的心理认定为不正当行为。这对还在尚未确立商业道德的当时来讲,倒是商业道德教育。

（3）主从关系。日本封建社会的一大支柱——主从即主君对臣下拥有绝对权威,家臣绝对服从领主（大名或诸侯）。当家臣对领主不忠或叛逆时,对叛臣的处罚

---

① [日] 冈田章雄:《天主教风俗和南蛮文化》,第 131 页。
② [日] 海老泽有道:《天主教的传来》,《日本思想大系》第 25 卷,岩波书店 1980 年版,第 541 页。
③ [日] 平凡社编:《世界大百科事典》第 8 卷,天主教文化条,平凡社 1972 年版。

方法是赐予切腹,叛臣则必须履行这种义务。切腹是武士的最高名誉死法,死者不受叛逆之讥,继承人仍可享受俸禄。但是天主教认为生命是神的恩赐,自杀是对神亵渎的犯罪行为。因此信仰天主教的武士公开拒绝切腹,破坏了严格的主从关系,动摇了封建支柱。关原之战失败的大名小西行长因拒绝切腹被斩首,他说:"我不是想活,如果基督教不禁止,我可以轻易切腹。"①

又如 1605 年毛利辉元的重臣熊谷丰前守元直,因信教被赐切腹,他坚决拒绝,跪在圣像前祷告,伸长颈等候斩首。② 基督教徒武士不但拒绝主君所赐的切腹,当战场上陷于重围时也不会自杀,曾在战场上陷入重围的大村纯忠没有自杀,而是冲出重围。丰臣秀吉去世时,他生前的侍童都决心殉死,但有一个叫做顿·米盖罗的少年信徒,遵守天主教戒律拒绝殉死。

日本还有以切小指代替殉死的习惯,即把切下的小指和主人的尸体一起焚烧。这也是天主教道德所不容许的,和殉死一样在信徒之间遭到拒绝。大村纯忠的夫人死亡时,纯忠坚决禁止家臣切小指。如上所述,对主君胆敢公然反对的新的社会思想动摇了日本封建社会的支柱——忠君、主从、身份、等级等封建道德伦理思想。

(4)哲学思想。耶稣会为给传教提供理论根据,在教会办的学校里讲授哲学、伦理学、法律学、神学等所谓"精神科学"。不用说,当时这些精神科学是作为构成教会的神学体系而被介绍过来的,日本人接受到何种程度尚不明确。现存天主教版书籍中最早的是《圣人传》(1591 年加津佐版),其中使用了哲学、哲学家等名词,平易地说明了哲学的意义。

现存的《妙贞问答》最早介绍了西方哲学的梗概。此书是 1605 年耶稣会日本人传教士不干巴鼻庵(Fucan Fabiao,1565—1611 年)以妙秀、幽贞两尼僧问答形式撰写的著作,从护教立场对神、儒、佛三教进行合理的尖锐的批判。其世界观属于欧洲中世纪经院哲学范畴,使用了第一物质、形相、植物灵魂、感性的动物灵魂、理想的人类灵魂等术语。从欧洲文艺复兴的近代哲学水准来看,绝非进步的思想,但与理气、阴阳、五行这种东方哲学范畴比较,则把存在与思维、物质与精神、自然与人清楚加以区别,可以说是比较科学的哲学思想。此书在东西方思想交流史或日本思想史上应有较高的评价。书中所表现出来的合理、批判的精神,特别对传统宗

---

① 《1600 年耶稣会年报》第 38 章,[日]冈田章雄:《天主教信仰与习俗》,思文阁 1983 年版,第 63 页。
② 《1600 年耶稣会年报》第 38 章,[日]冈田章雄:《天主教信仰与习俗》,思文阁 1983 年版,第 64 页。

教的否定,实为近世思想的先驱。[①]

二、文化教育

(1)兴办学校。首先是创办初等学校,当初沙勿略来日本传教时就计划在山口建立学校,但因资金短缺没有办成,这个愿望后来由沙勿略传教事业承者托尔勒斯(前述)实现了。1510年起,在托尔勒斯领导下各地教会设立学校,不久成为全日制初等学校(小学)。至1580年前后,仅全日本就有这样的学校200所。[②] 这种初等学校附设在教堂里,这点与原有的小学"寺子屋"(设在佛寺内的小学)相似,深受农民欢迎。

学校里除讲教理以外,主要进行读书、识字、写字等视听教育。有时编成合唱队唱赞美诗,或组织戏剧组演出宗教剧。根据弗洛伊斯的《日本史》,1564年他在岛度时,儿童每天来教堂做弥撒,中午来学教义,多者50人。较大的儿童白天放牛,傍晚回家路过教堂时必定进去做祷告。晚上专心听道,直到很晚才回家。[③] 教堂在农村中起了托儿所的作用。学习的儿童一般八个月以内都弄清了教义,学校从中选出儿童向异教徒传道。值得注意的是传教士用拉丁语和日语讲道,参加的儿童给予炒米及其他东西以资奖励,提高其父兄对教会的信任。

其次是创办神学校(Seminario),根据耶稣会东印度巡察使范礼安的建议,为培养日本神职人员和教育上流阶层子弟设立神学校。它是中等教育程度的神学预备学校,除学习神学、哲学以外还传授其他基础课程。

1580年先在长崎地区的有马,次年又在京都地区的安土设立。同年制定《神学校规则》,学生一律剃发,饮食起居、服装式样则采用日本式。教育方向是陶冶人格,以重视古典的基督教人文主义和东西方文化融合为目标。约10岁以前修完预备课程之后,学两年拉丁语文法、文学和一年日语、文学。优秀的毕业生再读神学(包括佛法和神道),还学器乐、歌唱,如格列高利圣歌和风琴、长笛等乐器。有时增加一些技术课,如油画、水彩画、雕刻、钟表等。学生一律住宿。教科书采用《拉丁文典》、《太平记》、《神学纲要》等。

神学校的教学非常严格,我们从下面的学生作息时间表可以清楚看出来(此作息时间表由范礼安制定)。

---

① [日]海老泽有道:《日本思想大系》第25卷,岩波书店1980年版,第164页。
② [日]海老泽有道:《天主教的传来》,《日本思想大系》第25卷,岩波书店1980年版,第521页。
③ [日]冈田章雄:《天主教信仰与习俗》,思文阁1983年版,第53页。

夏季 4 点半起床,和神父一起祷告,5 点结束。冬季(10 月中旬至次年 2 月中旬)同样,但推迟一小时。祷告后立即做弥撒,接着朗读主祷文,到 6 点为止。剩余时间做清洁工作。

6 点至 7 点半学习,年幼的按老师指导学拉丁语单词。

7 点至 9 点,和拉丁语教师一起做练习题和背课文。

9 点至 11 点,中餐和休息。

11 点至下午 2 点,日语读写。

2 点至 3 点,练习唱歌和演奏乐器,剩余时间休息。

3 点至 4 点半,学习拉丁语,主要是写读文章。接着自由活动半小时。

5 点至 7 点晚餐。

7 点至 8 点学拉丁语的学生进行复习,年幼的学日文和罗马字。

8 点反省、晚祷和就寝。

星期三下午为自由活动时间,但必须练习唱歌弹琴。

星期六下午为自由活动时间,进行洗澡、理发和祷告,晚餐后休息,剩余时间讨论教义。

星期日和节日,中餐后到野外远足,下雨或寒天在屋内休息,但要唱歌、弹琴。

夏季特别热的天气休假,具体时间由校长决定。

有马神学校由佛寺改建,1587 年"神父驱逐令"发布后转移到浦上,学生最多时有 100 余人。安土神学校因 1582 年本能寺事变迁到高槻、大阪,后与有马神学校合并,学生约 70 人。后来因禁教严厉,安土神学校辗转各地,一直存在到 1614 年。山口神学校于 1587 年设立,同年因禁教停办。大村神学校于 1582 年为来日的耶稣会士学日语而设,后迁到阪口、长崎,存在到 1614 年。长崎神学校是 1601 年设立的,学生是修完神学校课程的有经验的传教士,教科书有《神学纲要》、《良心问题提要》、《教会神迹执行提要》、《圣教精华》等。它存在到 1614 年,13 年间培养了七名日本传教士。

再者为创办神学院,神学院(Collegio)相当于大学程度的教育机关,为培养神父而设。课程有哲学、神学两大部门。府内神学院于 1580 年由丰后的天主教大名大友宗麟援助设立。最初有外国神学学生八名,学习日语、文学及其他课程。1582

年招收日本神学学生,除主课哲学、神学外还学拉丁语和西方文化知识。后因禁教,学校移到山口、西九州各地。1598 年学生疏散,留在河内浦口的日本神学生学习《神学纲要》(包括天球论)——自然科学和《灵魂论》——哲学,以及《基督教教理纲要》。1598 年府内神学院与长崎神学院合并,直至 1614 年禁教令公布后解散。其间曾开设哲学(经院哲学)、神学(伦理神学、教会法和典礼仪式)、自然科学、古典拉丁文学、日本文学、佛法(佛教、神道的教义)等课程。这是日本史上最早的西方思想和学问的移植,给后来的兰学有一定影响。1580 年在大村为新来的外国传教士设立语言神学院,后迁至阪口、长崎,至 1614 年解散。此外还在丰后的臼杵设立修道院。

日本神学院的学问水准很高,神学院出身的翻译传教士和秀吉、家康都有往来。编纂《日本文典》和《日本教会史》的罗德里格兹(前述)等是府内神学院出身。日本教会消亡后,在东南亚传教的日本人中有许多是府内神院毕业的。

(2)出版书籍。耶稣会为培养外国传教士编纂文典、辞典和教科书(包括日本文学、拉丁文学、哲学和神学),同时为广泛传教写作宗教书(包括教理书和修养书)。这些书籍的编写,大体上都在府内神学院进行。

1582 年天正遣欧节团出发的时候,范礼安就嘱托他们带回印刷机及其他设备,特别派遣擅长金细工的日本人都拉德随使节团到欧洲学习印刷术,还指示下属研究在威尼斯和阿姆斯特丹制造日本活字的可能性。1590 年使节团从欧洲回来,不仅带回一台印刷机,而且技术人员伯西修道士也随机而来,传授印刷、活字和铜版制作技术。这台印刷机安装在加津佐的神学院,1591 年出版了最早的天主教版《圣人传》。1597 年,印刷机随着神学院的迁移,安置在天草的河内浦,后又搬到长崎。

从欧洲带来的活字只有罗马字,所以《圣人传》等大部分宗教书都用罗马字印刷。后来研究日本活字成功,1591 年在加津佐出版用片假名体的木活字印刷的样本。接着又出版了用平假名体的木活字印刷的《教理问答书》等数种小册子。在天草也出版了数种木活字书。后来金属活字试制成功,骏河版问世。

仅 24 年时间内,教会出版的书籍超过 100 种,但现存的只有 23 种。

(3)学术研究。如前所述,耶稣会为取得传教效果,采取适应日本文化、习俗的传教政策,对日本各方面进行深入的调查研究,带来了西方近代学术研究方法。

三次来日本的范礼安于 1580 年编成《日本传教长规章》,强调接受日本耶稣士,通过日常生活和日本人打成一片。接着作成《神学校章程》,通过教育机构移植西方文化。同时他编写了《日本的教理问答书》和《日本传教士规则》。1583年他完成了《关于日本的习俗和气质的注意和警告》、《东印度耶稣会史》和《日本管区情况摘要》等有关传教方针的书。范礼安还让弗洛伊斯编写《日本史》和《日欧比较文化》，①让罗德里格兹编写《日本教会史》，对日本的各个领域进行有系统的研究。特别是弗洛伊斯的《日本史》是划时代的巨著，记述1549年至1593年40多年的日本历史，为日本史研究不可缺少的原典史料。全书分三大部338章，数百万字，花费14年时间写成。②

语言学方面，耶稣会对日语、葡萄牙语、拉丁语三个部门进行科学的研究，调动人力物力编纂文典（文法书）和辞典。这种时间长达数十年之久，由耶稣会士进行的语言学研究是前所未有的。其代表性业绩是1598年长崎出版的汉语辞典《落叶集》，1604年的《日葡辞典》和1608年的《日本大文典》，在明治以前的日语研究史上品质都达到最高峰。特别是《日葡辞典》有800多页，收录词语三万个，网罗了当时的口语；词语的意义用葡萄牙语译出，相当清楚，还有丰富的例句。《日本大文典》是一本完善的文法书，为罗德里格兹所著，约近500页，体裁仿照欧洲流行的拉丁语文法书。罗德里格兹晚年离开日本去澳门，在那里为初学者编成《日本小文典》（1620年）。它量虽少，但形式和内容都比《日本大文典》出色。传教士所编写的语言学书都是口语，使用当时的标准语，大致以京都语为规范。规范意识极其严格这一点，远远胜过当时的日本学术水准。

除耶稣会的学术研究外，多明我会（Convento de Domingo）的学术研究也值得注意。该会1630年在马尼拉出版了《日西葡辞典》，由该会会士科略德（Colledo）编写。

三、文学艺术和语言

（1）文学。这里所说的语言学是指天主教文学。一般天主教文学也叫切丹学或南蛮文学，是1549年起约一个世纪在日本流行的西方宗教文学。它主要是传教士从传道及语言学研究出发的翻译和著作，还包括"排耶书"（排斥基督教的书籍）。

在动荡不安的战国时代，日本文学衰落，而天主教文学独放异彩。虽然不能说

---

① 《日本丛书》第一辑，中译本，商务印书馆1992年版。

② ［日］弗洛伊斯：《日本史》，日译本全12卷，松田毅一、川崎桃太译，中央公论社1992年版。

天主教文学对日本文学有什么影响,但它在东西方文学交流史上所起的作用不可忽视。

第一,准备期,即从沙勿略来日传教到范礼安带来印刷机的约 40 年时间。当初沙勿略就计划翻译和写作教理入门书,后来先后出现了有关神创造天地、耶稣降生、传道、钉死和复活,以及最后审判等宗教文学,但一册也没有遗存下来,只从传教士的报告和书信中略知一二。

第二,繁荣期,即从西式印刷机传入(1588 年)到岛原起义(1637 年)约半个世纪。这个时期因禁教日益强化,不能公开集会和传教,便依靠出版宗教文学书来传播教义,促进了文学活动的发展。

过去日本出版的书籍主要是儒佛的内外典,真正的语言学停滞不前,现在产生了内容丰富和风格特异的天主教文学,是沙勿略以来日语研究的成果。过去日本文学界专事汉文的训点,不需要翻译技术,而现在从事翻译和创作了。佛教文学兴盛需要数百年时间,天主教文学仅用二三十年时间就进入繁荣期,主要原因是其通俗化,一般民众能够理解。

天主教文学的特色,一是对话形式。如《教理问答书》、《妙真问答》,连《平家物语》也采取对话形式。二是口语体,而且以平假名为主,文章通俗易懂。如 1568 年在五岛编写的《贵理师端往来》采取《庭训往来》的形式,《倭汉朗咏集》及其附编《九相诗》、《无常》等被后来的江户时代采用为寺子屋(小学)教科书,可见其大众化。三是译语方面创造了日欧混合语,像今天的翻译文学那样原文用假名拼音。四是使用佛教语言,语调佛教化。这个时期出现了养方轩保罗、养方轩比才德和不干巴鼻庵三大天主教文学家。著名的有西方文学的日译本《伊索寓言》和日本文学的罗马字本《平家物语》。西班牙的路易斯·特·格拉纳达(Luis de Granada)的《劝善抄》上下四卷也被译成日文在长崎出版。

第三,潜伏期,即锁国令(1638 年)之后至幕府末年。这个时期出版的语言学主要是宣扬殉教精神。1591 年加津佐版的《圣人传》和元和年间(1615—1619 年)作的《殉教者之路》广为流传,目的是使信徒增强信心,做好殉教准备。18 世纪以后,肥前海外地区的农民信徒为求得信仰自由,移居五岛,忍受半农半渔的艰苦生活,与这些书的鼓舞是分不开的。

(2)绘画。1549 年沙勿略来日本开教时曾携带圣母玛利亚画像,但随着教会的发展,宗教画的需求量增大,光靠输入已是不可能了。为此,1583 年意大利人乔凡尼・尼古拉（Giovani Nicolao）来日本教授西洋画，在天草志岐的神学院里开设绘画课程，培养了一批日本最早的西洋画家。如狩野良庵、土佐道味、耶科保丹羽等，特别是丹羽曾去澳门圣保禄大教堂画《圣母升天图》，又随利玛窦赴北京作画。1593年至1594年在八良男的神学校里有八名学生学蛋彩画，八名学生学油画，五名学生学版画，还临摹天正遣欧使节带回来的肖像画，据说酷似原作。

这样，油画、壁画、铜版画等技法正式传入日本，产生了日本初期洋画。从现存作品来看，它们大致是用日本颜料画的，画风还没有摆脱对16世纪意大利绘画的模仿，题材也是欧洲的，部分背景使用日本画技法。日本画家制作的宗教画遗品，有《玛利亚十五玄义图》（京都大学东氏藏）、《三圣人像》（东京国立博物馆藏）、《方济各・沙勿略》（神户市立南蛮美术馆藏）、被称为天草四郎起义旗的《圣体赞仰天使图》（末永一行藏）、《圣彼得像》（大阪南蛮文化馆藏）。输入的西洋画有《三圣人像》、《基督诞生图》、《圣母子像》（以上东京国立博物馆藏）、《悲哀的圣母像》（大阪南蛮文化馆藏）、《支仓常长像》、《教皇保罗五世像》（以上仙台市立博物馆藏）等。

不久日本洋画家开始画世俗画，特别是画了许多有日本传统装饰形式的屏风画。如《泰西王侯骑马图》（神户市立南蛮美术馆藏）、《西洋风俗图》、《花下群舞图》、《南蛮人队伍》（以上神户市立南蛮美术馆藏）、《洋人奏乐图》（热海美术馆藏）等欧洲题材的杰作。还有著名的《南蛮屏风》、《世界屏风》（大阪南蛮文化馆藏），被认为出于狩野、土佐派的天主教画家之手。过去日本画大多取材于花鸟风月，现在开始面向世界，描写南蛮人（葡人、黑人）和日本人的风貌，南蛮船带来的珍品，外国动物，耶稣会士和方济各会士等，完全是写实的。

（3）工艺。由于南蛮趣味的流行，耶稣会还制作了西洋构思的漆器、陶器和金属工艺品。特别是漆画被称为"南蛮漆艺"，西洋风味浓厚。如《葡萄泥金画圣饼罐》（东庆寺藏）、《洋人泥金画椅子》（瑞光寺藏）、《洋人泥金画马鞍》（东京国立美术馆藏）、《泥金画双层短刀匣》（本间美术馆藏）。

陶器方面，有"志野烧"的《南蛮人烛台》、"御深井烧"的《十字纹碗》（以上大阪南蛮文化馆藏）等。

金属工艺方面，有刻着"1577年"和"HIS"（耶稣会徽章）的铃钟（京都妙心寺春光院藏），以及各种金属雕刻的十字架、殉教者遗骨瓶（长崎26圣人纪念馆藏）、各种徽章、南蛮铠甲等。

木雕方面，遗存着许多"踏画"制作。

（4）建筑。天主教建筑主要是教堂，即所谓南蛮寺。当初南蛮寺大部分由佛寺或私宅改建，即使新建的也是佛寺风的日本式，除了屋顶竖着一个大十字架以外，和佛寺没有多大区别。京都的南蛮寺最为著名，在京都四条坊门。此寺始建于1575年，由奥尔艮契诺（前述）、清水里安设计，1578年竣工，命名为"升天圣母堂"。建筑物呈正方形，有三层。底层为聚会厅，二层为传教士居室，三层供观景用，屋顶安置一个十字架。建筑式样基本上是日本式，其中细节方面添加一些西洋技法。内部装饰豪华，为京都一大名胜。

关于圣母堂落成时的情况，弗洛伊斯写道："为建造教会而付出巨大辛劳的奥尔艮契诺神父在此做了第一次弥撒。那天京都及其附近各国的天主教徒都来瞻仰，达利奥（高山飞驒守厨书）恐怕失去这样积功德的机会，和妻子、亲戚等200人一起来京都参加落成典礼。市内的异教徒，尤其是许多群众争先恐后地骑马坐轿来到我们的教会参观。大家像复活节那样穿着礼服，一见教堂就赞叹不已。达利奥和家属一起在此做弥撒，许多人拜领圣体。入夜，教会举行盛大庆祝会，直到翌日人们方始回家。教会落成后，无数人从各地来参观，往往乘此机会向他们传道，结果总是取得成果和收获。这是因为某些人成了天主教徒以后回国向其他人宣传见闻，所以我们的神之名及神圣的天主教信仰远弘日本各地。"①

1587年丰臣秀吉发布"神父驱逐令"之后，圣母堂被破坏，现在只留下狩野元秀的写生画《京都南蛮寺》。

织田信长的安土城也新建了教堂，具体不详。1600年建成的长崎教堂也是日本式的，长200巴尔摩②，宽100巴尔摩，周围有走廊。

豪族和大名在自己的城馆中建立私人小礼拜堂，建筑小而精美。如大和宇陀郡泽城的礼拜堂长18米，宽6米，完全用杉木建造，内部有许多房间，供京都来的传教士使用。

西式建筑有肥前、有马和近江等的神学校，以及丰后府内的神学院，但实物没有保存下来，只有意大利画家的想象画。

教堂的庭园是日本式，不过园内安置大十字架，显示了西洋风味。十字架不仅存在于庭园，信徒的墓地也有。各港口的山上安置十字架，作为航行的目标。横濑

---

① ［葡］路易斯·弗洛伊斯：《日本史》第4卷，中央公论社1992年版，第341页。

② 一巴尔摩约22厘米。

浦的十字架高达六米。

（5）音乐。和其他艺术一样，西洋音乐也随着天主教传入日本。当然教会里进行的是仪式用的宗教音乐，而主要是声乐。当时欧洲流行多声乐，但日本教会仍采用传统的格列高利圣歌①。这种东方式的单音和短音阶圣歌，很适合日本人的口味。

教会组织儿童合唱队（唱诗班），在做弥撒或其他仪式时用拉丁语和日语唱赞美歌。一般对信经、主祷文、圣母颂等用拉丁语唱对天主的十诫、教会的制令。重大的罪恶和德行，以及慈善事业则用日语唱。合唱队不但在教堂里唱，葬礼时还跟传教士去墓地唱。赞美歌在少年信徒中间流行，异教徒有时也边走边唱，对驱逐卑俗歌曲起了很大作用。②

当时有马神学校百余名学生每天做完弥撒以后，唱三遍主祷文和圣母颂，以及诗篇一篇。神学校的音乐教育主要是声乐。

器乐方面，主要的教堂都有风琴，还有各种携带乐器。当时使用的西洋乐器有中提琴（Viola）、琉特琴（Liuto）、竖琴（Harp）、羽管键琴（Gravicembalo）、雷贝克琴（Ribeca）。设立神学校之后，器乐和声乐同样为一个学科。当时有马神学校有武将子弟 26 名，他们以风琴伴奏唱歌，还学克拉保琴（Crabua）。据说日本人最喜爱风琴、克拉保琴和中提琴。

1591 年 3 月天正遣欧使节谒见丰臣秀吉时，演奏羽管键琴、竖琴、琉特琴及雷贝克琴，秀吉听得很高兴，反复演奏三次。奏毕，秀吉还拿着乐器问长问短。

乐器不仅由葡萄牙船运来，日本还能制造，但遗物全无。当时使用的乐谱是欧洲中世纪教会一般使用的圣歌乐谱，用四角音符记载。

教会的节日，特别是圣诞之夜，演出各种宗教音乐剧，内容是新旧约圣经中的故事。如亚当与夏娃、亚伯拉罕的胜利、诺亚方舟、所罗门的裁判、基徒降生等，一般由信徒演出。有时用日语边唱边演，唱的歌都是背诵。

（6）语言。日本古来就吸引外来语以丰富自己的语言，古代吸收汉语，近世初期起则吸收西方语。特别是十六七世纪，因与葡萄牙人往来吸收了大量葡语，现代日语的外来语中许多是葡语，现收集如下。

---

① 罗马天主教会流行的一种单旋律的典礼歌。

② ［日］冈田章雄：《天主教信仰与习俗》，思文阁 1983 年版，第 24 页。

日　文	葡　文	中　文
アメンド（寿星桃）	Amendoa	巴旦杏
アンジョ	Anjo	天使
アニマ	Anima	灵魂
インヘルノ	Inferno	地狱
イグレジヤ	Igreja	教会（堂）
ウンソン・ンヵルタ	Um sumo de cartas	纸牌
オルガン	Orgão	风琴
カステラ	Bolo de castela	蛋糕
カッパ（合羽）	Capa	雨衣
カナキン（金巾）	Canequim	细棉布
カルサン（轻衫）	Calção	筒状狭口裤
カルタ（歌留多）	Carta	扑克牌
カルメル（浮石糖）	Caramelo	泡泡糖
カンテラ	Candeia	灯台
クルス	Cruz	十字架
キリシタン（切支丹）	Cristão	天主教
コンペイト（金米糖）	Confeito	金米糖（一种糖果）
ザボン（朱栾、香栾）	Zamboa	朱栾、香栾（一种植物）
サバド（土曜日）	Sabbado	星期六、安息日
サラサ（更纱）	Saraca	印花布
サントメ（栈留）	São Tomé	印度鞣皮
ジバン（襦袢）	Gibão	衬衫
ジヨロ（如雨露）	Jorro	喷壶
タバコ（烟草）	Tabaco	香烟
チヤルメラ（唢呐）	Charamela	长唢呐
チンタ酒（珍陀酒）	Vinho　tinto	葡萄酒

续 表

日 文	葡 文	中 文
チリンダアデ	Trindade	三位一体
ヂヤボ	Diabo	魔鬼
テンプラ（天麸罗）	Temperar	炸鱼
ドメンゴ（日曜日）	Domingo	星期日、主日
バウチズモ	Bautismo	洗礼
パライゾ	Paraiso	天堂、乐园
バッテラ（端艇）	Batera	舢板
パデレン（伴天连）	Padre	神父
パッパ	Papa	教皇
パン	Pāo	面包
ビードロ（玻璃）	Vidro	玻璃
ヒリョウズ（豆腐料理）	Filhós	油豆腐
ビロード（天鹅绒）	Veludo	天鹅绒
フラスコ	Frasco	烧瓶
ヒロザウヒヤ	Philosophia	哲学
ベンガラ（弁柄缟）	Bengala	孟加拉轻薄纱
ボタン（钮）	Botão	纽扣
ボーブラ（南瓜）	Bbóhora	南瓜
ボーロ	Bolo	圆松糕
ポント（先斗）	Ponta，Ponte，Ponto	点（扑克牌用语）
マルメロ（木瓜）	Marmelo	木瓜
マント	Manto	斗篷、披肩
メイサ	Missa	弥撒圣祭
メリヤス（莫大小）	Meias	针织品
モール（莫卧儿）	Mogor	绣花缎子
ラシヤ（罗纱）	Raxa	厚呢绒

续　表

日　文	葡　文	中　文
ラセイタ（罗背板）	Raxete	薄呢绒
ランビ（兰引）	Alambique	蒸馏器
ロザリオ	Rosário	念珠
ワカ（牛肉）	Vaca	牛肉

四、科学技术

（1）天文历学。传教士为证明天地创造主——神的存在，采取以天文学为中心的自然神学的方法，对民众灌输科学知识和合理精神，争取他们信教。按沙勿略所说："日本人不知地球是圆的，也不知何谓太阳轨道，他们对流星、闪电、雨雪等自然现象提出种种疑问。由于我们作出令人满意的说明，得到了他们的信任。因而我们的宗教也使他们深受感动。"①

另一方面，在实际信仰生活中，为参加以复活节为中心的节日活动，也需要阳历知识，于是传教士颁布教会历。普通历是从1月1日开始的，教会历则从待降节的第一个星期日，即最靠近圣安得烈节日（11月30日）的星期日开始，分圣诞、复活两大圣节，各有准备、节日、节日后三个时期。另外圣母玛利亚一生中的重要事迹和圣人逝世日也作为纪念日。最早的教会历是1550年沙勿略发给鹿儿岛信徒的。从印刷机带来的1590年至1621年，每年都会颁布教会历。

同时通过对一般信徒讲解天体运行及地球论，日本人首次接触到欧洲天文学体系。尽管耶稣会从宗教上的偏见出发，不承认16世纪中叶以来哥白尼和伽利略所宣导的地动说，其宇宙观仍未脱离欧洲中世纪托勒密的地球天动说的范围，但比儒教的阴阳五行说和佛教的须弥山说②那样的东方天文学优越得多。当时日本人听了这种新鲜学说十分满意，如1560年贺茂在昌及其一族（该族专司天文历法）听了在京都开教的维列拉（前述）所讲的天文学说而信教。当法华宗光净院住持等30名僧侣来访维列拉挑起宗论时，贺茂在昌代替维列拉说："听了你们的虚妄和不

---

① ［日］村上阳一郎：《日本近代科学的步伐》，三省堂1977年版，第51页。

② 须弥山说是佛教的宇宙观，相传须弥山是世界中心的高山，顶上为帝释天所居，中间为四天王所居。

合理的论说,我觉得很遗憾,因为用这样的话来说明月亮,连小孩也要嗤笑了。"这里可以看出天主教教理教育的效果。其他因受传教士的合理解释感动而信教的人也不少。

特别是 1580 年以来设立的神学校、神学院里都开设天文学课程,培养了不少优秀的天文学家。如少年时来到日本,1594 年毕业于神学院的罗德里格兹著有《日本教会史》,其中关于东方天文学的研究非常出色,学术水准很高。又如根据1581 年协定会决议,丰后传教长高迈斯(P. Gomes)要在府内神学院讲《哲学纲要》,他在 1593 年完成该课的讲义(教科书),其第一部《天球论》表示了当时天主教科学的水准。

虽然此书还是属于哥白尼以前的"地心说"体系,而且其目的是为了证明神是宇宙运行的"第一推动力",但认为天体是一个圆的运动,地球也是一个球体这一点上是基于自然哲学的合理思辨的解释,在当时的日本有其重大意义。

传教士不仅在神学院讲授天文学,那时各主要教堂都备有浑天仪及其他天文仪器,以供讲道时应用。1605 年意大利人耶稣会士斯比诺拉(C. Spinola)在京都开设天文数学学院,讲授天文历数,据说学生有数百人。翌年,年轻的林罗山(日本著名儒家)在京都访问日本传教士不干巴鼻庵,看到地球仪、天球仪、三棱镜、凸面镜等天文仪器,骂这些是欺骗庸人的东西,并进一步就物理、教理进行对话,争论天圆地方说和地球球形说的优劣。林罗山从朱子学的观念出发,当然不理解地圆说。但由于传教士的说教,进步的世界观终于在天主教徒中间扎了根。

1612 年斯比诺拉还与澳门的耶稣会士相呼应,进行了月食观测,留下日本最早的学术记录。

日本天文历学过去一直是朝廷的秘学,而且堕落到阴阳占卜。此时欧洲天文学传来,打破了儒教的天圆地方说和佛教的须弥山天界说,为日本近代天文学奠定了理论基础。

至禁教时代,"南蛮天文学"一面通过池田好运的《元和航海书》等作为天文航海术和测量术流传下来,另一面通过"改宗神父"泽野宗庵即费列拉(C. Ferreira)→林吉左卫门→小林谦贞这一系统传承下来,不久作为长崎天文学而重放光彩。

(2)地理学。安土桃山时代以来,随着对外关系的展开和日本人向海外发展,关于世界地理的知识也逐渐丰富起来。如弗洛伊斯和维列拉等初期的传教士所说,过去日本人对航海不习惯,只是沿海航行,每天太阳落下进港,没有经得起大风大浪的船舶,也未掌握对付台风的航海技术。他们对世界的认识大致只有日本、中国和印度,地球上所有的陆地也只有这三个地方。而那时候的欧洲,用奥尔提留斯(A. Ortelius)的椭圆形图法和梅尔卡托(C. Mercator)的投影法制作的科学的地图技术相当发达,逐步绘制出正确的海图。

丰臣秀吉、德川家康关心对外贸易,进口这种海图,丰富了世界地理知识。家康的外交顾问三浦按针还向家康提供海外形势和有关世界地理的情报,而且耶稣会士利玛窦在中国出版的《山海舆地图》(1584年)和《坤舆万国全图》(1602年)不久也被带到日本,对日本人获得世界地理知识起了很大作用,整个江户时代制作的世界地图和世界地理书无不直接间接受其影响。

1590年天正遣欧使节团回国时,葡萄牙人地图制作者蒙泰罗(I. Monteiro)随使节团来日本。他在日本逗留两年,使用仪器测定西日本的纬度,大大改订了行基图①以来的日本地图。② 它和前述斯比诺拉根据月食来实测纬度,都具有世界性划时期的意义。还有安吉利斯(G. Angelis)于1615年和1618年两次测量暇夷地(北海道),确认北海道是个岛屿。

流传至今的十多种观赏用的《南蛮地图屏风》,系临摹庆长至宽永年间的上述世界图、航海图、日本图等。由此可知,日本人的世界地理知识随着时代的推移在不断丰富,它和天文学知识一起对日本人世界观的扩大和更新起了重大作用。

(3)医学。耶稣会最早进行的科学活动是创办医疗事业。最初在山口开设救贫院,后因陶晴贤叛乱被烧毁。1556年由阿尔美达(前述)捐献基金和大友氏的援助,在丰后府内设立孤儿院,得到社会好评。翌年又将耶稣会的两幢住宅改为施疗院,一幢为治疗一般疾病,收容被社会遗弃的麻风病人,阿尔美达为主治医生。他出身里斯本,1548年医科大学毕业并取得外科医生开业证书,有较高的医疗水准。

不久府内医院的声誉传到京畿、关东,病人激增,阿尔美达深感医生不够,需要培养助手,于是便亲自进行临床教授。天正年间教会大发展,有钱有势的信徒增

---

① 行基图是以行基为代表的游方僧所绘制的日本地图。

② 天主教文化研究会编:《天主教研究》第20辑,吉川弘文馆1980年版,第81页。

多,有条件在各地设立医院,进行医疗救济事业(如医院兼简易旅馆、慈悲当铺等)。16 世纪末,西班牙的多明我会来日传教。该会继承"麻风病人之友"的传统,大力推进治疗麻风病事业。

耶稣会在日本创办的医疗卫生事业,后来很快形成了有特异传统的南蛮医学,特别是南蛮外科,出现了粟崎道喜、中条带刀、阪本养安等著名西医。现在最古的南蛮派医书是 1619 年山本玄仙的《方外集要》。前述"改宗神父"泽野忠庵奠定了南蛮医学传统的基础,他的著作后来作为《南蛮流外科秘传书》出版,1696 年又改名为《阿兰陀外科指南》出版。泽野忠庵的弟子有半田顺庵、杉本忠惠、西玄甫等,他们各自创立一派。

但他们的治疗术只是对疮伤、创伤等贴膏药之类的简单手术,其病理还没有摆脱古希腊名医希波克拉底(Hippocrates)以来的"四元液说"①的范围。而当时欧洲医学水准已由维萨留斯(A. Vesalius)的《人体构造》(1543 年)确立了近代解剖学,由哈维(W. Harvey)的《心脏及血液的运动》从观念生理学转到实证生理学,故不能把南蛮医学看成科学的近代医学。尽管如此,南蛮医学成为其后荷兰医学甚至近代医学的源流,其意义重大。

(4) 军事技术。1543 年葡萄牙步枪传入日本以后,种子岛时尧就命家臣莜川小四郎学习步枪和火药的制造法。传入种子岛的这两支步枪,一支传到纪伊国根来寺,由该寺的杉坊明算、堺的桔屋又三郎等研究,并由堺的锻冶师试制成功。另一支通过将军足利义晴和管领细川氏传给近江国国友村的锻冶师,成为织田、丰臣、德川诸氏的兵工厂"国友铁炮"的起源。其后制造技术迅速扩散,不出 10 年,萨摩的坊津,肥前的平户、丰后,以及泉州堺等地都能制造了。诸大名纷纷采用新式武器用于实战,织田信长就是获得步枪产地堺和近江而编成步枪队,一跃成为当代霸主。根据前述平托的《周游故事》,步枪传入日本仅 13 年的 1556 年,全国有枪 30 万支,这个数字恐怕有些夸大。

步枪的使用给军事学带来了变化,从过去一骑单打战术变为以步枪为主要武器的步兵集团战术。步枪队的出现,促进了对铁制铠甲和装甲舰等防御武器的需要,同时为防备炮火的攻击,产生了平山城(利用平地丘陵建造的城堡)建筑法。

---

① 人体有四种元液即血液、黄胆汁、黏液和黑胆汁的学说。

由葡萄牙人传到日本的步枪是15世纪中叶发明的带有火绳式发火装置的缪斯凯特枪,比较古拙,后经日本人改良变得轻便,野战时能够自由使用。

大炮比步枪稍后,也由葡萄牙人传入。欧洲当初是木制、青铜制的,15世纪发明铸铁炮。16世纪从欧洲由葡萄牙人传入中国的大炮叫"佛郎机",日本则由丰后的大友宗麟(义镇)最先使用于实战。"大阪之阵"[①]和岛原起义等战争中曾使用过大炮,被称为佛郎机、大筒、国崩、石火夫等。1611等由堺的步枪制造师芝辻道逸制造的是日本最早的国产大炮。随着枪炮的使用,日本人也学会了火药制造法。硝石是制造火药的主要原料,但日本不产硝石,必须从中国和东南亚进口。后来日本人也学会了硝石制造法,但品质不及天然硝石。

(5)造船航海术。随着海外交通的发展,造船技术也有显着进步。特别朱印船制度实行以后,要求建造能够远洋航行的大船。当时欧洲船特别是葡萄牙船的船身涂沥青,被叫做"黑船"。日本船一般涂红色,其式样与中国、暹罗的帆船差不多,只是一部分帆装置(如斜樯的使用)及帆布、帆绳、锚等部分是洋式的。从航行南洋的角仓、荒木、末吉、末次等船的图画来看,有掺入洋式帆船的迹象,但基本上是日本式的。

江户初期日本开始建造完全洋式的船。家康命英国人威廉·亚当斯(三浦按针)在伊豆的伊东建造80吨和120吨的洋式帆船两艘,式样似乎是双樯或四樯的斯库那型(Schooner),其中120吨的用于横渡太平洋的航海。当然大船建造工程中的主角是外国人,但也有日本船匠参加,在他们中间一定有人会洋式帆船建造法。仙台藩主伊达政宗为遣欧使节团(前述)在月浦建造500吨级的伽利安(Galeao)帆船,1613年、1618年两次横渡太平洋成功。

此外,长崎、平户方面有建造南欧型军舰的迹象,因两地还留下"夫斯塔"(Fusta)这一军舰称呼的浦名。[②] 1631年幕府命向井将监(造船奉行)建造1000吨的军舰"安宅丸"成功,它基本上是欧洲式的。由此可见,西方造船术在某种程度上确实对日本造船事业有一定影响。

航海技术方面受葡萄牙及欧洲各国的影响不小,因为日本人有机会向欧洲船员和领航员学习先进技术。驾驶洋式帆船需要有特殊技术,所以日本造的洋式船

---

① 即1615年德川家康攻打由丰臣氏占据的大阪之战。

② [日]杉本勋等:《日本科学史》,山川出版社1980年版,第132页。

由熟练的外国水手航行,而且日本朱印船雇佣外国领航员也不足为奇。当时日本的航海技术比以前大有进步,不用说海图,航海历也是使用欧洲的,同时还使用天文观测仪、象限仪、罗盘仪、测深锤等器械。1618 年池田好运编写的《元和航海书》,很好地传达了当时的航海实情。此书一面是根据从冈萨洛(M. Gonsalo)学来的"领航员之道",另一面是基于自己的吕宋航行经验而写成的。另据推定,《元和航海书》是从葡语翻译的,内容大部分是一种航海历,使用新阳历和洋式时间称呼法,对星辰、时间、风向、气候的观测法和器械加以解释,还记着从长崎到吕宋、澳门、暹罗的航线,列举航海中应注意的事项。①

锁国之后,造船技术停滞不前,但航海技术被用于天文、测量、采矿等方面。

(6)土木建筑术。安土桃山时代广泛进行大型土木工程,如造城、开河、修路和建港等,土木技术方面受欧洲影响可以想见。但缺乏具体资料,只有用于排灌的新技术(如龙骨车、龙尾车)受间接从中国传来的西方技术影响是确实的。从熊三拔(Sebbatino de Ursis,1575—1620 年)的《泰西水法》来看,其中一定有被中国采用后传到日本的西方技术。

建筑方面如前所述,教堂是佛寺风的木造建筑,没有石造的,只是建筑物细节方面添加一点欧洲风味。即使是建造在平户的英国商馆和荷兰商馆,也是日本工人造的,没有多大影响。至于建筑用的工具方面,因欧洲船经常往来,有机会接触洋式工具。但其影响也是有限的,只是个别工具的改良。如南蛮钻(一种螺旋形钻)代替了原有的三棱钻,突刨(类似中国刨)代替了过去的枪刨;还有一种南蛮矩使用于测量,它是铁制 L 形尺,相当于曲尺,是工匠不可少的工具。

与土木建筑有密切关系的测量技术,间接或直接受西方影响。十五六世纪的日本测量术是作为和算(日本算术)的一部分而发达起来的,后来作为"规矩术"、"町见术"(测量术)独立。其间起初是学习中国古来的测量法,后来又通过葡萄牙人学习欧洲技术。英国人威廉·亚当斯曾对关东海岸进行测量,把日本的 52 里 28 町 6 反记做一度。他还给德川家康传授初步的几何学和数学。

西式测量术一般叫做"南蛮流",它实际上就是西方技术之中被中国采用、吸收的东西。17 世纪中叶写的测量书《规矩元法》未必是荷兰人传授的。当时测量术本身被当做"惑世"的东西受到压制,从欧洲介绍到中国的《泰西水法》、《几何原本》

---

① 〔日〕杉本勋等:《日本科学史》,山川出版社 1980 年版,第 132 页。

和《测量法义》等技术书禁止输入,所以《规矩元法》被伪装成荷兰传来的技术书是可以想象的。[①]

（7）采矿冶金术。十五六世纪战国诸大名竞相开发领内矿山,采矿冶金业发达起来。至 17 世纪,江户幕府又大规模开采金银矿山,采矿冶金技术取得显著进步,其中受欧洲的影响很大。

当时使用"南蛮吹"和"汞剂法"两种新式冶金术。所谓南蛮吹就是把铅加入含银的粗铜,利用铜和铅的熔解度和比重不同,分离含银的铅,再用吹灰法[②]取银。据说这种南蛮吹是 1591 年住友家的祖先苏我理右卫门从南蛮人那里学来的。所谓汞剂法就是使用进口水银的混汞法,据说是庆长年间向西班牙人学来的。但因水银不足和价格昂贵,不久停止使用此法。混汞法当时在墨西哥和秘鲁已被广泛使用,银产量激增。1600 年和 1610 年德川家康曾先后两次希望菲律宾派遣西班牙技师来日本指导开采银矿,结果没有实现。

（8）活字印刷术。14 世纪末中国发明活字印刷术,至 16 世纪末才从朝鲜传入日本。在欧洲,1450 年后谷登堡(J. Gutenberg,1399—1468 年)发明活字印刷术,16 世纪末传入日本,所以日本活字印刷术有朝鲜和欧洲两个系统。前述天正遣欧使节团经印度果阿、澳门回国时带来活字印刷机一台,这是日本最早的印刷机,由从欧洲学习印刷术回来的日本人都拉德(使节团随员)指导技术。这台印刷机最早印出了遣欧使节原马罗奇诺在果阿演讲的小册子,其上还印着日本印刷技师康士坦丁·都拉德(教徒)的名字。使节一行途经澳门时,巡察使范礼安还出版了《天主教青年训》和《日本使节对话录》。这台印刷机最初安装在加津佐,出版了日本最早的天主教版《圣人传》。此机后来因禁教转移到天草下岛,丰臣秀吉死后又搬到长崎,一直使用到 1610 年,先后出版了教理、文学、语言学等书及辞典 100 种。最初出版罗马字本,后来出版汉字和平假名的日本字本。活字最早是木刻,后来用铜铸造。活字铸造技术当然是从欧洲学来的,作为印刷技术人员还留下长崎的后藤明宗印、京都的原田安东尼等名字。印刷用的纸张,大体上罗马字本使用淡黄色的日本纸,日本字本使用美浓纸(美浓产的原纸)罗马字本的装帧是西式,可见日本人早就学会了西式装帧技术。

---

① ［日］冈田章雄:《天主教风俗与南蛮文化》,第 328 页。
② 把含银的铅放入内壁涂骨灰的反射炉,吹入空气熔炼,铅酸化被骨灰吸收,留下银。

五、风俗习惯

（1）信仰风俗。守星期日的习惯被移植过来，信徒放弃劳动生产到教堂做礼拜。耶稣会为既不妨碍工作又养成守星期日的习惯，利用星期日中午休息时间举行集会。当时基督教排斥论者攻击说，一年有 80 天不奉公事，士农工商男女都不做本职工作。

过圣诞节的习惯也被移植过来，圣诞夜演剧，唱赞美诗，朗诵《圣经》，非常热闹。许多异教徒挤在教堂门口看热闹，他们由信徒介绍方可入内参加仪式。

忏悔是信徒应尽的义务，武士信徒上阵作战前，先要到教学忏悔，即使在战场上也要抽空去教堂。每星期五有进行鞭打的习惯，参加鞭打的多者百人，大家在基督像前熄灭蜡烛用鞭子痛打自己，一直到敲钟结束，打得浑身鲜血直流。

受洗礼是教堂里进行的重要仪式之一，非常庄严隆重。受洗后赐教名。教名不仅用于日常生活，还用于档署名等，一般使用的教名如下：Andre（安手礼）、Antonio（安东尼奥）、Bartolomeo（波留登路铭）、Diego（了悟、泥伍）、Domingo（多明我）、Francisco（府兰、普兰师司恬）、Jeronimo（是良仁母）、Joachin（常陈、上陈、常珍）、João（如庵）、Lean（理安）、Luis（类子）、Mathias（侍安）、Miguel（见化留）、Paulo（伴宇路）、Pedro（平土路）、Simon（志门）、Thomas（登明）。欧洲风的教名不一定是信徒，还使用于一般人。

信教的武士在战场上使用的军旗、铠甲、插在铠甲上的小旗、刀枪鞘等上面都画着十字架和记着耶稣的名字，或绣着《圣经》上的句子以求神的保护。农民在田边地头竖起十字架，牛马颈上挂十字架，保佑丰收和家畜平安。一般信徒随身携带十字架、念珠、圣宝等，作为护身符使用。在信徒中间还盛行圣水治病的风俗，所谓圣水就是用作洗礼的水，据说有治病的功能。

武家社会在族内或大名之间，往往在神佛面前立约宣誓表示互相忠诚。宣誓的方法是在偶像前以手写血书，将它焚烧后吞食纸灰以表示对主君的忠诚。这种宣誓方法是天主教所禁止的。一般天主教武士和农民之间流行一种饮净水的习俗，即从十字架脚下削取一小片放入水中，大家同饮此水，上帝按圣十字架的功德显示无罪或有罪，有罪的人饮了净水便腹痛或腹肿。

信徒的婚姻要服从教会，符合以下三个条件不能结婚：一是异教徒，二是近亲，三是本人不愿意。结婚仪式在教堂举行，神父训诫新婚夫妇不可离别，要承担抚养子女的义务等。据统计，1566 年在平户，40 天内有 50 人在教堂门口迎亲。这种集团式结婚在当时的日本是新鲜的,与封建社会的习惯和道德观念直接发生摩擦。

信徒的葬仪是欧洲风的,相当盛大,借此对异教徒起示威作用。遗体用白布包扎放入棺内,再盖以黑布。棺安置在有脚的棺架上,由四人运送。棺架上竖着金色十字架,四隅有银烛台,点着金色蜡烛。送葬队伍最前面,由高举画着十字架、荆冠及其他受难等图案的旗帜开道,其后是手持蜡烛的信徒随从。接着是教会的十字架、烛台、传教士、神父等。最后是信徒的儿童队伍。送葬时打钟,本地信徒都来参加会葬。墓碑有两种,一种是石碑形的日本式墓碑,另一种是西式的蒲鉾形墓碑。日期一般使用日本历,也有使用西历的。

过去民间盛行符契信仰,为被除灾厄和增进福利,家家户户门口张贴符契。现在则由画着十字架的纸条代替符契,保佑家庭平安。

过去渔民和水手出海,船上安置佛像祷求保护。现在则船上挂起十字架旗,祈求神加护。不仅一般渔船,大友宗麟和小西行长两天主教大名的兵船也是如此。海上遇险时船员祷告,划十字架或念神名;或者将圣水、圣物之类抛入海中。

基督教信仰习俗中希望得到现实利益的色彩浓厚,不过由于基督教与欧洲先进的科学文化密切结合,对先进科学文化的信念仍然体现于信仰习俗之中。

(2)生活习俗。天主教传入日本的时代,武家社会流行蓄妾。这是由于镰仓末期随着大名领地制的确立,一面产生重视长子继承的倾向一面几乎不承认女性的社会地位,从而无视妻子的人格,丈夫任意纳妾,离婚也容易。而天主教教义不许离婚,休妻视为犯罪,严守一夫一妻制,父母有负担育儿的义务,信徒必须放弃多妻的风俗。

一夫一妻制和禁止离婚就是否定武家社会流行的蓄妾,即一夫多妻制。因此有的武士为了受洗,辞退以前所纳之妾,但也因强调戒律而不敢信教的。如织田信长的长子信忠打算信教,但因禁止蓄妾这一戒律太严妨碍信教。他曾对传教士表示,这条规则不应太严,若免除此规则,许多大人物一定信教。1586年4月1日丰臣秀吉来教会看望科埃留(前述)说:"我知道神父胜过大阪的僧侣。神父生活很清苦,自己和僧侣都在做不净的事,这些确实可以认为你们做得很出色。我对你们所述的教义相当的满意。关于成为教徒,除了不许有众多妻子的戒规外都不感到困难。这一点若能放松，我也可以成为基督徒吧。"①

教会坚持一夫一妻制的事例很多，有马晴信因有妾，范礼安不同意他受洗，后来晴信与妾分开，范礼安方始给他受洗。当时武家社会尚武风气很浓，蔑视女色，结果产生男色（同性恋）。佛教寺院内部也流行此种风气。教会认为这是违背神意的罪恶行为，坚决反对，并以此作为攻击寺院的武器。此外堕胎和溺婴等恶习也为教会所反对，教会起了矫正日本风习的作用。

当时葡萄牙商船每年到九州诸大名领内的港口贸易，全国各地的商人云集，中国、南洋、印度的商品堆积如山。特别是欧洲的各种毛纺织品及衣服、家具、武器、工艺美术品等被带到日本。与此同时，搭乘商船而来的传教士和商人的异国容貌、服饰及其带来的欧洲生活方式、风俗习惯等给日本文化产生很大影响，南蛮风俗在日本人中间流行起来。正如长崎儒医向井元升在《知耻篇》（1655 年）中所说的那样："岁月时节之风俗，冠婚祭葬之仪式，宾客朋友之交际，道德节仪之心操，饮食衣服之腔调，皆取南蛮风。"②

舞台上的女歌伎挂十字架；丰臣秀吉的非教徒部将穿南蛮服装，挂念珠和十字架，佩戴收纳圣画的垂饰；呢绒或毡制的帽子被称为"南蛮笠"，受到战国武将的珍重，作为礼品互相赠送，如织田信长曾将一顶红色南蛮笠送给武田信玄。欧洲的铠甲被叫做"南蛮甲"，也受到武士的珍重，其护身的信仰色彩浓厚。

诸大名喜欢穿戴雨衣（Capa）、裙裤（Calcao）、衬衫（Gibāo）、无边帽（Chapeau）等。丰臣秀吉从肥前名古屋出征回京都时，诸大名及家臣模仿欧风随行。长崎的裁缝即使很忙，也要跟到京都。武将之间流行衣服上系琥珀球、金锁和纽扣，现在熊本的本妙寺还遗存着加藤正清穿着的系纽扣的南蛮衬衣。使用手帕的西方风习也传到日本，诸大名把绣花高级手帕作为一种礼物互相赠送。钟表、眼镜、玻璃器皿、蜂蜜等西方物品受到武将的喜爱。在京都，没有葡萄牙衣服及其他东西的人被轻视，可见南蛮风俗在上流阶层流行到何种程度。

战国武将使用的家具和室内装饰品也采用西式。如西式镀金床上铺着天鹅绒枕、毛毯、绸被子，床边还有圆靠背椅、折凳、座钟，座内照明使用教会用的烛台和蜡

① 1586 年 10 月 7 日下关发，弗洛伊斯的报告。［日］冈田章雄：《天主教信仰与习俗》，思文阁1983 年版，第 84 页。

② ［日］海老泽有道：《天主教的传来》，《日本思想大系》第 25 卷，岩波书店 1980 年版，第 543 页。

烛。大阪城丰臣秀吉的卧室内就有镀金床两只。这种镀金床不仅大名,豪商也使用。

日本房子的室内采光一般使用纸糊的拉门、拉窗,还不知道使用玻璃。而欧洲十二三世纪就普及玻璃和玻璃镜了。千千石弥开罗在《天正遣欧使节记》中关于玻璃说:"玻璃不单制造杂器,还可以制作其他东西,如寺院、宫殿及其他建筑物都使用玻璃窗,既可透光又可防风雨。"14世纪葡萄牙船后部船室的窗已经使用玻璃了,长崎一带最先采用玻璃窗,显然是从葡人学的。当时玻璃板和玻璃镜是葡萄牙船运来的,很贵重,沙勿略献给山口领主大内义隆的礼物中就有玻璃镜。1565年维列拉和弗洛伊斯给将军足利义辉贺年时,把玻璃镜和帽子、琥珀一起作为礼物带去,当时只知铜镜的日本人对玻璃镜很珍重。1613年英国的船长约翰·赛里斯在日本出卖的商品单中就有"镀金的大镜"。[①]

除宫殿、寺院外,日本人一般在草垫(榻榻米)上坐卧,没有使用靠背椅的习惯。而用惯椅子的葡萄牙人住在日本当然使用椅子,并且往往把椅子作为礼物送给大名,这样的椅子便流行起来。千千石弥开罗在《天正遣欧使节记》中关于椅子说:"欧洲人不直接坐在地板上,往往坐椅子,所以那边人家的客厅和卧室内摆着漂亮的镶嵌象牙的椅子。这种椅子为尽量使其柔软,一般铺着绘有美丽图案的软皮、丝绸或天鹅绒。我们经常看到过,来日本的船主使用那种椅子。前几年巡察使范礼安神父献给信长殿下的也是那种椅子。"[②]1581年范礼安在京都谒见织田信长时献上施以黄金装饰的天鹅绒椅子,信长非常喜欢。为了显示自己的威势,四名武士将椅子抬到驯马场,可见那是一只大型扶手靠背椅。

日本人没有床,一般睡在草垫上,葡萄牙人把睡床的习惯带到了日本。有的大名、豪商使用镀金的床,室内装饰西式化。

日本人受佛教影响,一般只吃猪肉和鹿、兔等野兽内,不杀牛、马等家畜食用,这是当时日本的特异风俗。随着葡萄牙商人和传教士接踵而至,欧洲人的肉食习惯传到日本,一般日本人也吃牛肉了,把牛肉叫做"瓦加"(Vaca)。根据弗洛伊斯的《日本史》,丰臣秀吉爱吃牛肉:"我们的食物深得他们(日本人)的胃口,过去日本人很讨厌的鸡蛋和牛肉等成了食品。太阁(秀吉)本人很喜欢吃这些东西。"[③]

---

① 〔日〕冈田章雄:《南蛮随想》,思文阁1984年版,第117页。
② 〔日〕冈田章雄:《南蛮随想》,思文阁1984年版,第120页。
③ 〔日〕冈田章雄:《天主教信仰与习俗》,思文阁1983年版,第177页。

过去日本人把牛奶看成与血一样不食用,现在却普及了饮牛奶的习惯,其中教会所起的作用很大。如1555年丰后府内育婴堂饲养三头奶牛,供给婴孩食用。饮牛奶的习惯和教会所主张的育儿义务和拯救弃儿结合起来,所以很快推广到民间。

食物中还有南蛮糕点(面包、饼干)和南蛮酒(葡萄酒)被普遍作为礼物赠送,长崎等地早已能制作面包和葡萄酒了。1584年来日本的马尼拉奥古斯丁会长老方济各·曼利格(Francisco Manrique)给西班牙国王的报告中说:"日本物价便宜,面包雪白,每个重半斤。"①前述漂流到日本的菲律宾前临时总督维威罗著有《日本见闻录》,其中提到面包品质好价钱便宜。② 不过日本人不常吃面包,作为糕点偶尔食用。

葡萄酒是教会礼仪中不可缺少的东西,最初从葡萄牙运来,后来在日本制造。日本人很喜欢喝葡萄酒,并作为礼物互相赠送。关于葡萄酒有这样一个故事:

1587年丰臣秀吉在博多湾海上参观葡萄牙船时,看见葡萄酒很中意,后来耶稣会副管区长科埃留就把酒送到军营。有一天秀吉和部下开设宴会喝葡萄酒。酒过三巡,部下对有几分醉意的秀吉挑唆说:"天主教实在不像话,不早日禁止便会出意外的事。"秀吉听了很生气,立即下令办理发布"神父驱逐令"的手续。③

烟草原产地是南美的古巴。日本的烟草不是由葡萄牙人传入的,而是从菲律宾由西班牙人作为一种药品传入的。后来吸烟的风气很快遍及全日本。1615年江户幕府虽然发布禁烟令,但仍然无效。与此同时,纸牌也传入日本,并且很快日本化。使用日本风图案的纸牌流行于町人和武士之间,早在庆长年间就有禁止玩扑克的命令了。

6 南蛮文化的历史意义

南蛮文化狭义上是南欧葡萄牙、西班牙两个封建专制主义国家的文化,而借以传入日本的基督教又是以耶稣会为中心、保守倾向强烈的罗马天主教,所以不可否认传入日本的南蛮文化不是当代欧洲受过文艺复兴洗礼的第一流近代文

---

① 〔日〕冈田章雄:《南蛮随想》,思文阁1984年版,第103—104页。
② 〔日〕冈田章雄:《南蛮随想》,思文阁1984年版,第103—104页。
③ 〔日〕冈田章雄:《南蛮随想》,思文阁1984年版,第94页。

化,而是坚持南欧封建文化传统的、还拖着西方中世纪文化的尾巴。然而这是与欧洲文艺复兴和宗教改革的进步思潮相比较而言,对当时并未发生过文艺复兴和宗教改革之类的社会思想运动的封建落后的日本来说,南蛮文化具有重大的历史意义。

第一,充满博爱平等的人文主义的基督教精神和基于希腊、罗马以来的科学、合理、实证的精神传入日本,对日本的思想文化和社会政治带来的刺激和影响是无法估量的。而且此时日本正处于以生产力和商品经济划时期发展为基础的封建统一体制确立的变革期,南蛮文化所起的作用不能评价过小,或者它只是昙花一现,很快便消失了。

事实上耶稣会的所谓反动是相对而言的,耶稣会所带来的科学文化是近代实证科学的先驱。如按照耶稣会最早开办的美西那学院院长、原巴黎大学教授拿达尔(J. Nadal)的经验制定的学事规则,"数学只教纯正数学,决不教占星术"。又如制定格列高利历的罗马大学教授、耶稣会士克拉伏斯(C. Clavius)对伽利略事件抱同情态度,到中国的利玛窦和三次到日本的范礼安、殉教的数学家斯比诺拉是他的学生。而这种实证的、科学的精神正是日本近代化所缺少的。

当时传入的步枪及各种实用学术被织田信长、丰臣秀吉、德川家康等统一日本的霸主所利用,加速了统一过程。同时这些学术渗透到以正在成长的新兴町人(市民)阶层为首的民间知识分子中间,直接提高了他们开始觉醒的现实主义、客观主义和合理主义智力,为其后接受西方近代科学文化创造先决条件。

第二,由于耶稣会对基督教人文主义——确认全人类同是由神创造,有着应该得救的价值和特权,而且一个人的灵魂、人格珍贵,胜过世界上的一切自然价值、一切权力的掌握——重新认识,使其传教本质上具有世界性和人性,展开了初期教会以来最大的世界布教,带来了近代成立的因素——人性的确立、世界视野的扩大和世界历史的统一。从而使东西方思想文化发生接触,开始世界史上最大的文化交流。从此日本被纳入世界史的范畴,成为世界历史不可分割的一部分。同时日本人的世界观一举扩大,展开了东西方思想文化的直接交流。

第三,南蛮贸易刺激了日本商工业的发展,加速了商业资本的积累,加强了商工业者——町人的独立意识。特别是町人对自由的追求和现实的思考,导致批判精神的产生,从科学上、伦理上批判和否定过去的旧思想,使传统的封建伦理观念发生动摇,产生了"下克上"的局面,日本社会在一片混乱中统一。

第四,当时日本民众苦于战乱,成为上层武士的牺牲品。他们不仅经济地位低下,生活贫穷,而且人格全无,思想受到压制,妇女尤甚。然而和教会的社会活动一起,妇女开始被赋予人格,掌握了自律的伦理,对现实社会感到无限希望。同时教会通过自然神学的教理教育,把过去一直为贵族、僧侣所垄断的思想文化带给民众,提高了作为一个平等的、真正的人的思想觉悟。

第五,这个时期传入的南蛮科学文化,特别是天文历学、地理学、航海术等对民生有利的科学技术在锁国体制下虽几经扼杀和摧残,还是顽强地生存下来,给元禄前后勃兴的实学提供有力的素材,成为实学兴盛的外部条件,并且为西方近代化——兰学的产生做好了准备。

第七章　耶稣教及其文化的传入

1 耶稣教初传日本

日本自锁国以来一直把基督教拒之门外,直至 1854 年(安政元年)《日美亲善条约》签订后,日本向海外开放,引起欧美基督教界的传道热情。1859 年(安政六年)日本与美、英、荷、俄、法诸国缔结通商条约,开放神奈川、长崎、箱馆三港以后,美国圣公会便派在华的传教士威廉(Channing M. Williams)和雷根(L. Liggins)两人来日本传教。同年 5 月雷根先到长崎,6 月威廉也到长崎,但是当时社会上攘夷风潮高涨,排外思想严重,传教非常困难。

同年末,美国各派教会纷纷派传教士来日本,即长老派的黑本(J. C. Hepburn)、改革派的布朗(S. B. Bwown)和西门(D. B. Simmons)到神奈川,维尔倍克(G. F. Verbeck)到长崎。1860 年(万延元年)浸礼派的高布林(J. Goble)夫妇到神奈川。1861 年(文久元年)改革派的巴拉(Dv. James Ballagh)夫妇到神奈川。1863 年(文久三年)长老派的汤姆逊(Thompson)到神奈川。这些传教士接近日本人的方法是,一面学日语一面教英语或当医生治病。如黑本在神奈川开诊所(后迁横滨),其夫人开设洋学塾(筑地大学的前身)。汤姆逊和维尔倍克当长崎英语学校的教师,后被明治政府聘为开成学校的教师。西门开业行医,后被明治政府任命为横滨十全医院院长。

巴拉 1871 年在横滨高岛英语学校当教师。他们虽然不准公开传教,但通过教英语和行医接触日本人,私下感化信教。日本第一个受洗的是巴拉的日语教师矢野元隆,1864 年(元治元年)在黑本主持下由巴拉给他受洗。后来矢野元隆在巴拉指导下将《马可福音》《约翰福音》从中文译成日文。

当初明治政府沿袭幕府的政策禁止基督教,因此岩仓使团在欧美因日本禁教而受到责难。最后政府不得不于 1873 年 2 月以太政官第 68 号公布撤销禁止基督教的告示①,停止 260 年以来对基督教的镇压。但这只是默许信教,正式承认基督教迟至宪法公布的 1889 年。

② 教会兴隆

由于明治政府对基督教逐渐采取宽容政策,1872 年元旦传教士及在日本的外国信徒在横滨举行新年祷告会。以此为契机,3 月 10 日成立日本最早的教会——日本基督教横滨公会,同时押川方义、安藤刘太郎等九人受洗。教会以巴拉为临时牧师,已受洗的小川义绥为长老。不久,本多庸一、杉山孙六、奥野昌纲、井深木尾之助、植村正久等加入教会,他们后来都成为日本教会的领导人。日本基督教横滨公会的特色是超教派主义,不受任何教会的约束。

1873 年(明治六年)9 月,以小川义绥为中心在东京组织公教会,临时牧师为长老派的汤姆逊,长老为小川。1874 年(明治七年)4 月在神户成立摄津第一基督教公会,5 月大阪公会成立。同年 10 月上述四个教会在横滨举行第一次协议会。但是由于政府撤销禁教,美国各教派传教士来日本,打破了横滨公会的超教派主义,形成了各派独立传教并取得美国本教派支援的局面。首先,会众派的诸教会不与基督教公会合作,1878 年(明治十一年)成立自己的日本传教会社,1886 年(明治十九年)又成立组合基督教会。其后长老派、改革派和监督派也纷纷成立自己的教会,扩大自己的传教地盘。组织上、经济上各自受美国本教派的控制。

1878 年(明治十一年)在东京新荣教会召开第一届日本全国基督教徒亲睦大会,盛况空前。1883 年(明治十六年)至 1891 年(明治二十四年)是日本基督教的黄金时代。据统计,1886 年全国有教会 193 所,信徒 13000 人。此时基督教文化也得到发展,教会开设各种学校和医院,还翻译了《新旧约圣经》(1888 年)和《新撰赞美诗》(1890 年)。

然而 1885 年前后保守的国粹主义兴起,欧化主义遭到排斥。不仅如此,由于进化论等反基督教思想流行以及井上哲次郎著《宗教与教育的冲突》强调国民教育与基督对立等,基督教遭到排斥,势力逐渐衰微,特别是中日甲午战争后,朝野一致

---

① 此告示即 1863 年 3 月 14 日发布的《五道告示牌》中的第三道。

鼓吹排外,基督教也难免日本化和国家主义倾向,试图独立传教,教会由日本人掌握。1894 年(明治二十七年)召开日本基督教会第九次大会,日本教会从美国传道团体独立,拒绝美国经济援助。同时教会内部也出现国粹论,产生了田村直臣的《日本新娘》事件。①

中日甲午战争时,东京基督教各派组织"同志会",进行慰问伤患、鼓励军队、祈祷战争胜利等活动。还随军到台湾,向海外传教。后来又开始了中国东北及北方的传教活动,完全被政府利用。

3　基督教和日本文化

明治初年社会上仍有男尊女卑的封建思想,女子读书无用的风气不改,美国传教士对此大为吃惊。面对日本女子社会地位低和受束缚、压制的实情,来日本的传教士认为女子教育是当前最首要的事业。最先从事女子教育的是基达(Miss Merry E. Kidder),她于 1870 年(明治三年)暂借黑本的诊所之一室开始教学。至 1872 年(明治五年)有学生 23 名。1871 年(明治四年)布拉因(Miss Prugn)、皮耶逊(Miss Piason)、克洛斯比(Miss Crosby)三女士在横滨开设教会学校,着手女子教育。1873 年(明治六年)美国人马列(David Murray)被聘为文部省学监,在他推动下,1874 年(明治七年)开设日本最早的女子师范学校"御茶水"。其后女子学校如雨后春笋,发展很快。不过官立的只有十五六所,其他都是私立的,而且大部分是教会学校。如共立女学校(横滨,1871 年)、青山学院(东京,1874 年)、神户女学院(神户,1875 年)、平安女学院(京都,1875 年)、立教女学院(东京,1878 年)、活水女学校(长崎,1890 年)、遗爱女学校(箱馆,1882 年)、福冈女学院(福冈,1885 年)、明治女学校(东京,1885 年)、香兰女学校(东京,1888 年)、金城女学校(名古屋,1889 年)、女子圣学院(东京,1905 年)等。教会除开设女子学校外,还开设星期日学校。这种学校以 1873 年美国传教士沙比(Soper)在东京筑地开设的为最早,当初称为安息日学校。至 1888 年(明治二十一年)全国有星期日学校 272 所,学生12500 名。

---

① 日本基督教寄数屋桥教会牧师田村直臣因 1892 年(明治二十五年)在美国发表《日本新娘》一书,揭露日本封建家族制度的缺点,被指摘为暴露国耻,在日本基督教第九次大会上被开除教职。

　　基督教对日本文艺有很大影响,首先是《圣经》的日语翻译。1872 年(明治五年)在横滨召开在日传教士会议,决定翻译《圣经》。1874 年(明治七年)春,布朗(Brown)为委员长,黑本(Hepburn)、格林(D. C. Green)为委员,松山高吉、奥野昌纲、高桥五郎辅佐。他们以希腊语的原典为基础,参照各国语译本,采用汉文直译体的平易文体,苦心经营,终于完成了这项至难事业。1875 年(明治八年)出版《路加福音》,1876 年出版《罗马书》,1877 年出版《希伯来书》,至 1879 年(明治十二年)11 月泽完《新约圣经》,费时 5 年零 7 个月。接着 1878 至 1888 年(明治十一至二十一年)译完《旧约圣经》。圣经在日本文学上有其一定的价值,在基督教和明治文艺的关系上起了一定的作用。19 世纪末至 20 世纪初兴起的浪漫主义、理想主义和人道主义,一方面来自卢梭等人的思想,另一方面不少地方受基督教影响。如宫崎湖处子的《归省》、《空屋》和《幻》等贯穿着高雅的理想主义和牧歌式的浪漫主义,这种作风由来于她的基督教精神。又如森鸥外、幸田露伴的理想主义、浪漫主义虽没有直接受基督教影响,但不能无视其间接的影响。[①]

　　武者小路实笃的白桦派作品中洋溢着基督教人道主义。中岛湘烟、田边花圃、木村曙、若松贱子等闺秀作家也受基督教影响。特别木村曙的《妇女鉴》(1889年),其女主人公吉川秀子献身社会事业的精神是基于基督教的博爱精神。以北村透谷为核心的《文学界》同仁也能看到基督教世界观人生观的影响。[②] 此外基督教思想界中影响力最大的是植村正久和内村鉴三,他们给明治大正文艺影响很大。植村正久的《直理一斑》受到当时文学家推崇,给青年以广泛影响。内村鉴三不但在基督教界,还在一般思想界留下不可磨灭的足迹。他的《基督教的安慰》(1893年)、《求安录》(1893 年)和《我怎样成为基督徒》(1894 年)等给世人以深刻启示。

　　基督教赞美诗在日本是洋乐的先驱,因为当初文部省招聘美国人麦松来日担任音乐调查课教师(前述),让他编写小学音乐教科书。麦松是基督徒,音乐教科书原封不动地采用赞美诗曲谱。

　　此外传教士黑本刻苦学习日语,用罗马字拼音表示日语发音。这种用罗马字拼日语的方法始于黑本,故称为黑本式罗马字,被日本长期使用。黑本还编纂了《和英语林集成》,被称为黑本辞典。

---

① 郑彭年:《日本西方文化摄取史》,杭州大学出版社 1996 年版,第 299 页。

② 郑彭年:《日本西方文化摄取史》,杭州大学出版社 1996 年版,第 299 页。

日本社会主义运动的展开与基督教社会主义有关。当初《六合杂志》、《女学杂志》、《基督教新闻》和《国民之友》等基督教系统的报刊,刊登了许多基于平等思想、同情弱者的社会主义立场的论文,宣传博爱平等思想。1897 年(明治三十年)前后出现的许多社会主义研究团体中有不少基督徒,如社会主义问题研究会(1899 年)中有岩本善治、片山潜、高桥五郎、松村介石等基督徒,社会主义研究会(1898 年)中有村井知至(会长)、片山潜、河上清、岸本能武太、安部几雄、木下尚江等基督徒。1897 年 5 月成立的社会民主党是日本最早的社会主义政党,其创始人安部几雄、片山潜、河上清、幸德秋水、木下尚江、西川光次郎六人都是基督徒,可见日本早基社会主义思想有一部分来自基督教。

基督教还从事各项社会慈善事业,如开设白痴学校、聋哑和盲人学校、孤儿院、医院、救济院等。此外基督教提倡的一夫一妻制、禁酒、废娼、监狱改良等思想,为日本道德教育作出了一定贡献。

后编

西方文化初传中国

第八章　打破千年冰封

1　开教鼻祖之死

1639 年 7 月 4 日，日本德川幕府下达"欧洲贸易帆船渡海禁令"，禁止外国航船来日本，彻底完成了锁国，由沙勿略开创的日本天主教销声匿迹，盛行近一个世纪的南蛮文化也随之消失。就在这一年的冬天，一条葡萄牙船从澳门驶到珠江口外的一个荒岛——上川岛。沧海桑田，谁知道这个荒岛百年前曾是一个中外贸易的繁荣港口，后因澳门的兴起而被废弃。

这条葡萄牙船靠岸后，船上下来几名神父和一些教徒。他们引领十多名抬着一块大石碑的中国苦力，走到一座小山，在山麓停了下来。苦力用锄、镐奋力在一荒草丛生的墓前挖了一大坑，将从船上运来的大石碑竖起，其上用中葡两种文字刻着几行字："大明耶稣会士泰西圣人范济各沙米尔（即方济各·沙勿略）于嘉靖三十一年（1552 年）壬子之冬升天真迹。崇祯十二年（1639 年）己卯众会人之碑。"

日本天主教创始人沙勿略怎么会死在上川岛呢？原来 1551 年 11 月 15 日，沙勿略乘伽马船长的商船离开日本，先到中国换船，然后去印度。那时葡萄牙人还没有入居澳门，广东台山县的上川岛是中葡走私贸易基地，因此伽马的船在上川岛停靠，沙勿略在此换船去印度，沙勿略一上岸，就听到许多葡萄牙人因走私贸易罪被中国逮捕的消息。沙勿略为救出这些葡人，打算在中国传教。他对中国早已感兴趣，因为日本僧侣读中国文字，吸收中国文化，要教化日本人必先教化被日本人尊敬的中国僧侣。日本人虽富有接受真理的资质，但目前日本国家战乱，无法传教，便改变了再回日本的计划。

沙勿略在上川岛换乘友人比列拉（Diogo Perira）的"圣科尔斯"号赴马六甲，打算向葡印总督佩雷拉建议，把比列拉作为葡王使节派到中国，自己作为随员入国。

　　1552 年 2 月,沙勿略到达印度果阿,总督佩雷拉决定采纳沙勿略的建议,派使节到中国。同年 4 月 17 日,耶稣会印度教区长沙勿略和葡王的中国使节比列拉一起,携带总督给中国皇帝的书信和礼物,以及给丰后领主大友氏的返书答礼,登上由五艘“夫斯塔”舰护航的“圣科尔斯”号。随行的有赴日本的使节阿尔加沙瓦和赴中国的伽果神父,以及翻译、仆从等。

　　“圣科尔斯”号 5 月末到达马六甲,受到市民们的欢迎。因丰后领主身边需要一名神父,沙勿略把原来打算去中国的伽果派到日本。伽果和两名修道士于同年 6 月 6 日离开马六甲去日本。打算去中国的沙勿略,按比列拉的计划,从爪哇岛购入胡椒带到中国,进行各种准备工作。但沙勿略的计划遭到新上任的马六甲长官阿泰德(Alvaro de Ataide)的破坏。阿泰德妒忌比列拉作为葡王使节去中国,因为此举可以得到莫大利益。阿泰德设法没收了“圣科尔斯”号的舵,企图阻止它开往中国。沙勿略便以教皇使节的身份向阿泰德交涉,提出若妨碍实行神的工作要受教皇的破门制裁,因为去中国的季节快要过去了,沙勿略很着急。但是阿泰德没有被吓倒,反而加紧对沙勿略进行迫害。同时预定乘比列拉的船的人,因投资贸易害怕破产,对沙勿略提出控诉。在这种情况下,沙勿略只好屈服,接受阿泰德的条件:比列拉的“圣科尔斯”号装载阿泰德的商品,由阿泰德部下的船长及水手驾驶“圣科尔斯”号。这样不仅取消了原定派遣葡王使节和救援被囚葡人这两大任务,而且去中国的人必定以走私贸易罪被中国官方逮捕。于是沙勿略便放弃了以使节身份进入中国的合法途径,只好以走私方式偷渡中国,注定了沙勿略中国传教计划的失败。

　　1552 年 8 月末,“圣科尔斯”号抵达了上川岛。这里停泊着几艘葡萄牙商船,在和广州商人做走私贸易。葡萄牙人以胡椒、香料换取中国的瓷器、漆器和丝绸。出于贸易需要,葡萄牙人在海边搭了一些草屋竹棚,作为临时住所和存放货物,贸易一结束就将它拆掉或烧毁。

　　沙勿略在上川岛遇见了旧友乔治·阿尔瓦列斯,在他的帮助下在山上建立了一个临时教会,9 月 4 日在这里做了一个临时弥撒。

　　11 月下旬开始刮起季节风,海边的棚户被一一烧掉,一艘艘葡萄牙船离开上川岛向马六甲驶去,热闹的上川岛顿时冷清起来。沙勿略立在海边思考如何进中国传福音,如何将本国商人特别是在平户结友谊受恩义的米兰达从狱中救出来。如果没有人带他去广东,就渡海到暹罗,混入暹罗王派遣的使节团到中国。正在此时,一个从广西桂林越狱的葡萄牙人查维斯送来了一个情报,一个帮助脱狱的中国人需要大量胡椒。沙勿略决定利用这个机会冒险,可以用小船把胡椒运到他家藏起来,然后偷偷进城,广东官方不会发觉。查维斯约定11月19日派船来迎接沙勿略。于是沙勿略写了四封绝笔信让葡船带走,最后连看顾沙勿略的总督佩雷拉的代理人埃斯康得尔也结束了商务迎着季节风乘船走了。现在上川岛上只剩下"圣科尔斯"号和其他几艘船了。

11月19日,沙勿略终日在海边等候那条来接自己的小船,结果船没有来。次日沙勿略又去海边,船又没有来。21日星期一,沙勿略照例早起,准备去海边候船,但觉得身体发热,向仆人安东尼奥要水喝。安东尼奥见主人脸面通红,知道他生病了,一面让他躺下一面奔出小屋向"圣科尔斯"号求救。次日沙勿略的病情严重起来,高烧不退,在没有医药的情况下毫无办法,最后决定刺络(一种放血治疗法),由友人阿拉冈扎针。沙勿略两次昏迷过去,最后他苏醒过来,脸上露出微笑,默默祷告:"大卫之子耶稣呀!怜悯我吧。"1552年12月3日黎明前,沙勿略谢世,享年46岁,遗体暂时安葬在上川岛山上。1553年2月中旬"圣科尔斯"号回马六甲时,将他的遗体运回马六甲,被穿上打算谒见中国皇帝的礼服,改葬在马六甲山上的圣母堂。1614年教皇保罗五世将沙勿略和罗耀拉一起列为圣人。1904年被教皇庇护十世誉为"世界传道事业的保护者"。

② 沙勿略的后继者们

沙勿略虽然出师未捷身先死,但他的后继者们却以令人钦佩的毅力和不屈不挠的精神试图打开中国自我封闭的大门。

"你们往普天下去,传福音给万民听。"①《圣经》上的这一句话,鼓舞着西方传教士,特别是那些耶稣会士。他们从沿海各地(包括澳门)进入广东,但都未做出可喜的成果。16世纪中国的明王朝,是个政治稳定的封建国家,自我封闭的围墙高筑,不像印度和日本,战乱不断,社会开放,葡萄牙人和耶稣会士能在那里立足,甚至可以用欧洲形式弘传基督教。当时到中国去的外国人就等于去受死或坐牢,但他们的宗教热情未能使他们裹足不前。据研究,沙勿略死后的31年内,有25名传

---

① 《新旧约全书·马可福音》第16章第15节。

教士进入中国,但都未获长期居留。[①] 他们的事迹是这样的:

1555 年 7 月 20 日,印度耶稣会葡人大主教梅施尔·努内斯·巴莱多 (Melchior Nunes Barreto,1519—1571 年)在去日本途中访问上川岛,并在那里主持弥撒。他由卡斯巴尔·维雷拉(Caspar Villela,1526—1572 年)神父和四名耶稣会教友陪同,8 月 3 日,巴莱多到达澳门以西 28 里的兰浦高岛(译音)。同年 8 月和 11 月之间,他两度到广州,每次停留一个月,试图营救狱中的三名葡国人和三名本地基督徒。1556 年的四旬斋期间,他第三次到广州。接着他于 6 月 5 日继续前往日本,留下戈斯(Gois,1526—1588 年)教友在中国学习语言。巴莱多后因病于 1557 年从日本返回果阿。

1556 年末,卡斯帕·达·克罗斯(Gaspar da Crus)到达广州,在那里停留一个月。1560 年 11 月 21 日,巴尔塔萨·伽果(Baltasar Gago,1515—1583 年)从日本归来途中,由于天气恶劣,被迫在海南岛躲避,直至 1561 年 5 月离开。经过 30 天旅程到达澳门,停留至 1562 年 1 月 1 日离开。

1562 年 8 月 24 日,意大利耶稣会士哥瓦尼·巴帝斯特·蒙特(Giovanni Battista de Monte,1528—1587 年)和他的葡人同伴弗来斯在澳门停留至 1563 年才离开。

1563 年 7 月 29 日,耶稣会士弗朗西斯科·佩雷斯(Francisco Peréz,1514—1583 年)、马努埃尔·特舍拉(Manuel Teixeira,1536—1590 年)和安德烈·平托 (André Pinto,1583—1588 年)随葡国使节比列拉到澳门,但这次出使没有成功。

1565 年 11 月 15 日,西班牙耶稣会士胡安·伊斯哥巴(Juan de Escobar)和弗朗西斯科·佩雷斯到广州,11 月 23 日请求当局准许他在中国居住,但被拒绝。

1565 年,特舍拉和佩雷斯在澳门建立耶稣会会所。

1567 年 8 月 15 日,西班牙耶稣会士胡安·波提斯特·雷贝拉(Juan Bautista de Ribera,1525—1594 年)和两位同伴到澳门,然后于 1568 年 9 月到达广州。他计划前往南京,但不久被迫返回澳门。

1568 年 10 月前,佩德罗·勃纳文杜拉·烈拉(Pedro Bonaventura Riera,1526—1537 年)与一些葡商一起前往广州。

---

① 西比斯:《利玛窦的前辈》,《圣保禄学院四百周年论文特辑》,澳门《文化杂志》1994 年,第 57 页。

1569 年,耶稣会士梅施尔·卡内路(Melchior Carneire,1519—1583 年)在广州逗留了一段时间。

1574 年 2 月 7 日至 3 月 20 日,安东尼奥·瓦斯(Antonio Vas,1523—1574 年)在广州停留。

1575 年,克利斯多旺·达·高士德(Cristóvêo da Costa,1529—1582 年)曾两次陪同葡商往广州,分别停留两个月和一个月,但未准许居留。同年,卡内路试图在广州立足,但未能成功。同年,两名奥古斯丁会士及西班牙人马丁·德·拉达(Martin de Rada)和墨西哥人热罗尼莫·马林(Jerónimo Marin)从菲律宾到达福建省,于 9 月 14 日回菲律宾。

1579 年 2 月,一些耶稣会士前往广州。同年 6 月 23 日,四名圣方济各会士、三名第三会会士到达广州,被当局投入监狱,囚禁 50 天后被迫离开中国。这四名圣方济各会士是意大利人巴沙路(G. B. L. Pesaro,1540—1604 年)、西班牙人阿尔弗罗(Pedro de Llfaro,？—1580 年)和特尔德西拉斯(Augustino de Tordesillas,1528—1629 年)、巴埃萨(Sebastiano de Baeza,？—1579 年)。三名第三会会士是西班牙士兵杜内斯(Francisco de Duenas)和帕多(Juan Diaz Pardo)以及墨西哥人维拉罗尔(Perdro de Villaroel)。

1580 年复活节(4 月 3 日)罗明坚(Michele Ruggieri,1543—1607 年)前往广州,在河边一间房屋居住。1581 年他又两次到广州,第一次由教友贝雷斯陪同,逗留三个月。第二次由安德烈·严托神父陪同,逗留两个月。这两次都住在暹罗使馆内。1582 年 4 月至 5 月,罗明坚第四次到广州,逗留了一个半月。罗明坚曾两次从广州到肇庆(两广总督所在地),第一次是同年 6 月,由一位法庭稽查员番纳拉(Matias Panela)陪同。而 12 月 27 日第二次去肇庆则由巴休(Francisco Pasio,1554—1612 年)陪同。他们曾两次返回澳门,第一次回澳门是 6 至 12 月,第二次是 1583 年 3 月。

1582 年 6 月,隐居修士布林戈(Jeronimo de Burgos,？—1593 年)、特尔德西拉斯(前述)、阿奇拉尔(Girólamo de Agular,？—1591 年)和威兰奴瓦(António de Villanueva)四人,本想到澳门,却在福建泉州登陆。同行的是两位在俗修士即戈尔多瓦(Francisco de Córdova)和戈麦斯(Cristóforo Gómez)及三位士兵。他们被当做间谍带往广州,后来被释放并送往澳门。

1583 年,另一组隐居修道士,即奥罗佩萨(Siego de Oropesa)、诺伊斯

（Bartolomé Ruiz）、蒙蒂亚（Francisco de Montilla）和卡贝萨斯（Pedro Oritz Cabezas）以及陪同数名圣方济各会在俗修士，从安南国到菲律宾途中，遇台风漂到海南岛。他们被当做间谍带往广州，由葡人送礼后始获释。

如上所述，如果不包括澳门耶稣会的人，进入中国的人次（包括重复进入），共计 33 名耶稣会士（24 名神父、九名见习教士或俗家修士）、24 名圣方济各会士（13 名神父、11 名俗家修士或第三会会士）、二名奥古斯丁会士和一名多明我会士。[①]

3 中国传教的决策人范礼安

尽管怀着满腔宗教热情的西方传教士前仆后继地进入中国，但都未取得多大成绩，或被关押，或被驱逐，或中途被迫退出；即使有人进入中国，也未获得居留而匆匆离开。西方传教士呕尽心血，一无所得，中国的大门仍然关着。

然而，传教士试图进入中国的热情并未减退，而且得到欧洲社会上的全力支援。在欧洲，这种热情受到一个意外消息的鼓舞而变得更加高涨。在沙勿略谢世前一年即 1551 年，杰出的西班牙贵族甘地亚公爵弗郎西斯·波吉亚（Francis Borgia，1510—1572 年），放弃他所有的财产和头衔，成为一名耶稣会士。他从前的地位及其与众不同的个性，使他说每一句话和做每一件事都特别有权威。1559 年他访问葡萄牙，公开表示在中国展开传教工作很有希望，引起很大反响，各区教士纷纷向上司递交请愿书，请求参加这项工作。

1565 年波吉亚被选为耶稣会总长，大力推进东方传教工作。他所做的最有作用的事情，就是接纳范礼安（前述）进入耶稣会，成为东方第二大耶稣会传教士。[②]

范礼安是教皇保罗四世的一个亲密朋友的儿子，毕业于帕多瓦大学。1557 年获该大学法学博士学位，后获罗马学院哲学博士学位，学问渊博，具有文艺复兴时期的开放思想。不久他被委任为神父。五年后他出任罗马克里那尔的圣安多尼区见习修士总管助理。1571 年见习总管不在职，给了他极好机会去接受另一位有前途的法律学生成为见习修士。那个见习修士就是利玛窦，时年 20 岁。他们的相识

---

① 西比斯：《利玛窦的前辈》，《澳门圣保禄学院四百周年论文特辑》，澳门文化司署出版，1994 年，第 59 页。

② 西比斯：《利玛窦的前辈》，《澳门圣保禄学院四百周年论文特辑》，澳门文化司署出版，1994 年，第 59 页。

很有意义,因为他们今后的生命将连在一起,并对中国的传教产生决定性影响。[①]
在中国近代史上,利玛窦堪称天主教在中国的奠基人,也是中西文化交流的高层开拓者。但是倘若没有范礼安的话,利玛窦也许不会前往中国,不会进入北京并取得巨大成就。[②]

1573 年范礼安被神父主管默丘里安任命为东印度巡察使。1574 年 3 月 21 日范礼安与 40 名耶稣会士乘船离开里斯本,1574 年 9 月 6 日到达果阿。1575 年至 1577 年在印度视察。他在印度一接触到中国人以后,便对中国产生一种独特的见解:中国是一个伟大和有价值的民族,未能使他们认识和接受基督教的原因是他们已经接受了一套思想方法。范礼安在给耶稣会总长波吉亚的信中写道:"进入中国的方法,要与目前耶稣会在其他有宣道团的国家所采用的方法完全不同。我相信,中国人尊重学问,而且他们愿意以明智的方式聆听任何在他们面前提出的东西。这一点可以用做打开他们的心扉,使其接受基督教,但他们同样明白,他们会排斥每一样声称来自比他们优越的文明社会的东西。"[③]

1577 年 9 月 20 日,范礼安离果阿去马六甲。1578 年 9 月 6 日从马六甲抵达澳门,在这里进行为时 10 个月的视察,研究如何打开东方传教的局面。

如前所述,1553 年至 1557 年葡萄牙人入居澳门,但至 1573 年才筑城与中国大陆隔断。当时在澳门的欧洲人谈及赴华传教,都认为是"无望的任务"。但是范礼安初到澳门,便深知中国是个秩序井然的高贵而伟大的王国,相信这样一个聪明而勤劳的民族绝不会将懂得其言语和文化的、有教养的耶稣会士拒之于门外。[④]

范礼安 1579 年 7 月 7 日离开澳门去日本,视察日本传教情况,并做出大刀阔斧的改革,使日本传教事业得以发展(前述)。1582 年 3 月 9 日范礼安陪同天正遣欧使节团到欧洲,途经澳门,这是他第二次到澳门。这一次他把精力都放在到中国传教的事情上,他创立了耶稣兄弟会,并为之制定章程和指示。兄弟会吸收中国和

---

① 西比斯:《利玛窦的前辈》,《澳门圣保禄学院四百周年论文特辑》,澳门文化司署出版,1994
年,第 59 页。

② 马拉特斯塔:《范礼安——耶稣会赴华工作的决策人》,《澳门圣保禄学院四百周年论文特
辑》,澳门文化司署出版,1994 年,第 41 页。

③ 西比斯:《利玛窦的前辈》,《澳门圣保禄学院四百周年论文特辑》,澳门文化司署出版,1994
年,第 53 页。

④ 马拉特斯塔:《范礼安——耶稣赴华工作决策人》,《澳门圣保禄学院四百周年论文特辑》,澳
门文化司署出版,1994 年,第 42 页。

其他亚洲国家的会员,但不接收葡萄牙人,会长由愿为在中国传教事业献身的人担任。范礼安指定利玛窦为该会第一任会长。同年12月31日范礼安带领天正使节团离开澳门至印度,自己留在果阿,日本使节前往欧洲访问。

1587年4月,范礼安再次被任命为印度大教区巡察使;5月29日日本使节从欧洲回到果阿,由范礼安带领回日本。1588年7月28日范礼安从果阿抵达澳门,这是他第三次到澳门,直至1590年6月29日作为葡印度总督的使节离开澳门到日本。在这一年的时间内,他在澳门努力学习中文。1591年3月3日到日本谒见丰臣秀吉。

1592年10月24日,范礼安从日本到达澳门,这是他第四次到澳门。在这里,他批准了利玛窦的工作方法,并建议其前往北京。1594年11月15日范礼安离开澳门到果阿。

1595年3月4日,范礼安到果阿,免去印度大教区巡察使的职务,保留中日教区巡察员的职务。

1597年4月23日,范礼安最后一次离开果阿,经柯钦、马六甲,于7月20日第五次到达澳门。他任命利玛窦为中国传教团主管,热情推荐利玛窦去北京,还审定利玛窦所定中文《教义问答》的拉丁文本。

1598年7月14日,范礼安离开澳门,8月5日到日本,这是他第三次也是最后一次到达日本。

1603年1月15日,范礼安离开日本,2月10日第六次也是最后一次到达澳门。他使中国传教团从澳门教会独立出来,并决定建立中日大教区。他认为利玛窦的成就已超过自己的一切期望,十分满意。1606年1月20日,范礼安因患尿毒症在澳门逝世,享年67岁。后来利玛窦写信给耶稣会总长说:"中国传教事业之父,他的逝去使我们有孤儿之感,不知道大人将指派何人来领导我们的传教团?"

4 打破千年冰封

范礼安于1578年9月初来澳门时,发觉过去传教方式的错误,立即纠正过来,要求传教士熟悉中国文化和风俗习惯,还必须会读、会写和会讲中国语。然而澳门的传教士都不具备这样的条件,怎么办?范礼安只有向印度方面要人。他写信给果阿的耶稣会印度教区主教罗德里戈(Vicente Rodrigo)说:"中国的传教事业正在设法展开,但澳门缺乏能胜任这项工作的人,希望你将法拉里斯(Bernardino de Ferraris)派来。"但法拉里斯因教务不能分身,罗德里戈便派罗明坚(Michele Ruggieri)和巴范济(Francesco Passio 即巴休)来澳门。当罗明坚于 1579 年 7 月 20 日到达澳门时,范礼安刚去日本,给罗明坚留下一封信说:"你要在澳门好好学习中文,为今后艰苦的工作做好准备。我深信中西文化是可以融合的,只有这样圣教才能在中国立足。"

罗明坚立即满腔热忱地投入工作。他首先向一位中国画师学中文,而澳门主教加内罗则教他中国礼仪:"在谒见长官的时候要跪着,要磕极深而又经过功夫很长的头;在提到别人的时候,要用赞美的口吻;在说起自己的时候,却要用谦卑的词句。"①

罗明坚在澳门学了两年零两个月的中文,掌握了中文单字 12000 个,还熟习了中国的一般礼节。于是他便利用葡商每年到广州参加夏秋两季定期交易会的机会,了解中国内地的情况和接触中国官员,并请求批准在中国内地居留传教。那时他住在广州的暹罗使馆里。与此同时,罗明坚还编写了一本《教义问答集》(即《圣教实录》),简明地介绍了基督教教义。其后又在两名中国人帮助下译出了儒家的经典著作之一的《大学》。

1582 年 3 月,范礼安从日本回到澳门,见到罗明坚做出如此巨大的成绩,称赞不已。罗明坚要求将利玛窦从印度调来一起工作。范礼安立即写信到印度,让利玛窦来澳门工作。

利玛窦毕业于罗马大学法律系,后在罗马学院攻读数学和哲学,对科学很感兴趣,并显露出非凡才能,无论几何学、物理学、天体力学、地图绘制学和机械学都有所涉猎。此时利玛窦正在印度攻读神学第三学年,接到范礼安的调令,立刻动身,于 1582 年 8 月 7 日抵达澳门。

利玛窦来澳门之后,立即攻读中文,为进入内地传教做好准备,深得范礼安的器重。他在笔记中写道:

他是个很聪明的人,能明断是非,处事谨慎,受过良好教育,品格高尚,工作努

---

① 裴化行著、肖濬华译:《天主教 16 世纪在华传教志》,商务印书馆 1936 年版,第 188 页。

力,今我主重用他,对他的未来寄予希望。①

　　就在这 1582 年,福建人陈瑞(文峰)新任两广总督,给耶稣会带来了一个进入内地传教的良机。他为人胆小机智,嗜财如命,眼看澳门葡商腰缠万贯,不禁垂涎三尺,想要染指,便施展了一个花招。1582 年 12 月某日,澳门主教加内罗和大法官接到总督衙门的一道命令——即刻来肇庆候审。大家颇感惊异,不知所措。去则丧失葡萄牙人尊严,不去则有损总督权威,左右为难。当时范礼安正在澳门,闻讯后便想出一个折中办法,即委派两名代表前去。他指派罗明坚代表主教,澳门市政厅则派司法官彭瑞拉代表地方长官,两人同赴肇庆。为了不使贸易中断,澳门市民特别捐出了他们认为中国人最喜欢的礼物作为见面礼。其中有中国人还不能生产的丝绸、打褶外套和水晶镜,以及其他稀奇玩意儿,共值银 1000 两。

　　罗、彭两人到肇庆谒见两广总督陈瑞时,被陈瑞狠狠训斥一顿,质问他们为什么在澳门组织政府、私设法庭。两人无言可答,最后全靠带去的礼物方得解困。

　　关于此事,利玛窦在其《中国传教史》中记述道:"总督坚持不付钱不能要东西,问起每一件东西的价值,便在随侍面前以白银支付。他这样做,因为在这一省严禁任何政府官员收受这样的礼物。事后,总督又私下派人告诉两位代表,说那些银子是为买第二批货物用的,而且第二批货物要私下交给他本人。罗明坚并没有忘记乘机要求长久居留的事,因为他们就是为了这个目的而来的。接见结束的时候,总督交付了白银,又给他们很多不同的食物。最后以隆重的礼节,送他们上船,前有乐队开道,后有官员护送,浩浩荡荡经过市区,来到码头。贪心对人诱惑之大,可见一斑。"②

　　陈瑞的所作所为极其可耻,导致澳门的自治机构合法化。1586 年葡印总督梅内泽斯将市政厅的特许状颁给澳门,其等级和特权与印度的柯钦相同。从此以后澳门被称为"远东上帝圣名之城"。

　　此次罗明坚虽然没有在肇庆留下来,但为下次到肇庆铺平了道路。这一次利玛窦因刚从印度到澳门,身体不佳,没有跟罗明坚去肇庆。然而就在次年(1583年)9 月 10 日,罗明坚与利玛窦一起到肇庆"送礼",并提出请愿书。其中说:"我们

①《利玛窦文集》卷 1,商务印书馆 1936 年版,第 323 页。
② 转引自方言:《澳门问题始末》,文化艺术出版社 1997 年版,第 48—49 页。

被中国政府的名声所吸引,不远万里来到这里,只是为了能在一间小教堂或一间房子内敬拜天主。"①陈瑞见这个要求不高,便同意了,后由肇庆知府王泮正式批准,两人便在肇庆定居下来。他们住在天宁寺,展开传教活动,这是耶稣会士进入中国内地传教之滥觞。后来罗明坚奉命去罗马报告中国的传教情况而离开肇庆,而利玛窦则继续留在肇庆传教,直至1589年两广总督陈瑞去世。

5　利玛窦的成功

在肇庆,利玛窦剃须发,穿僧服,住寺庙,以中西文化融合论向上层士大夫说教。

1584年,在知府王泮的说明下,利玛窦在肇庆东城崇宁塔旁边建立教堂和寓所,耗银250两。这是耶稣会士在中国内地建立的第一座西式教堂,王泮送匾额,取名为"仙花寺"。利玛窦在肇庆的传教工作取得了一定的成绩,许多士大夫信了教。然而好景不长,1589年利玛窦的保护人陈瑞逝世,新任两广总督刘继文立即下"逐客令",勒令外国传教士返回澳门。同时,刘继文为把利玛窦的西式住宅攫为己有,要利氏作价出让。利氏不愿受价,提出在另一个城市建造住宅为条件。刘继文接受条件,免费拨韶州的土地给利氏建造寓所。1590年利氏在韶州建成寓所、教堂各一,传教工作也就从肇庆转移到韶州。

在韶州,利氏接受文士瞿太素的建议,易僧服为儒服。从1594年下半年开始,利氏蓄起胡须来。次年5月,利氏第一次穿儒服,以长须长发出场,并以"儒者"自称。在传教士之间也开始行文人礼。利氏认为,要使天主教在中国扎根发芽,必先从上层社会入手,然后普及到下层社会,而赢得人民的有效方法是先要赢得知识分子——儒家的信任。因此他写作《天主实义》,得出结论:"吾天主乃古经书所称上帝也。"基于这个概念,利氏把历来的传教政策作了调整,允许祭祖祭孔,维护中国的一切传统的风俗习惯。与此同时,确立了新的传教政策——知识传教。这个政策,除结识士大夫、朝臣、宫廷太监,自上而下地传教外,还以各种科学技术的理念和知识作为传教媒介,避免直接传教惹人注意和招致麻烦,同时还利用科学知识提

---

① 西比斯:《利玛窦的前辈》,《澳门圣保禄学院四百周年论文特辑》,澳门文化司署出版,1994年,第64页。

高自己的声望。正如当年沙勿略对日本人描写的那样:"日本人不知地球是圆的,也不知何为太阳轨道,他们对流星、闪电、雨雪等自然现象提出种种疑问。由于我们作出令人满意的说明,得到了他们的信任。因而我们的宗教也使他们深受感动。"①在肇庆时,他绘制了一幅世界地图,故意把大明国度放在全世界的中央,以迎合士大夫的"天朝"意识和自大心理,并解除了夷人入侵的顾虑,因为中国离番国是那么遥远。

1594年,利氏以给路过韶州的兵部侍郎石星之子看病为条件,随石星从韶州北上。途经南京时,因日本侵略朝鲜,南京笼罩着战云,外国人不受欢迎,只好返回韶州。1597年范礼安任命利氏为中国教区长,并命他往北京谒见神宗帝,请求在北京居留传教。

1600年,利氏经瞿太素介绍,由南京礼部给事中祝石林发给前往北京的通行证,与郭居静(Lazarus Cattaneo)一起乘刘太监运丝绸的船到北京。万历二十九年(1601年)1月24日,利氏携带天主像一幅、圣母像两幅、《天主经》一本、珍珠镶嵌十字架一座、自鸣钟两架、《万国图志》一幅、西洋琴两张来到北京,由太监马堂的帮助,献给了万历帝(神宗)。礼部对利玛窦的进贡全盘否定,说:"《会典》只有西洋琐里国,无大西洋国(指意大利),其真伪不可知。又寄居二十年方行进贡,则与远方慕义特来献琛(宝)者不同。且其所贡天主及天主圣母图,即属不经……不宜入宫禁者也。况此等方物,未经臣部译验,径行进献,则内臣混进之非与臣等溺职之罪,俱有不容辞者。……乞给赐冠带还国,勿令潜入两京,与中人交往,别生事端。"②

但是万历帝没有听礼部的话,而是让利玛窦住在四夷馆,以嘉宾对待,与朝臣往来。《明史》记载道:"帝嘉其远来,假馆授粲,给赐优厚。公卿以下重其人,咸与晋接。"③后经礼部赵邦靖从中活动,利氏获准搬出四夷馆,在宣武门东首居住。利氏在这里买了一座有40个房间的大宅院,作为"北京会院"(即后来的南堂),以供居住和传教之用。与此同时,郭居静在南京的传教也获得成功,并应徐光启、李之藻之请,先后到上海、杭州、嘉定等地开展传教活动。

据统计,从利氏在肇庆接收第一名教徒至1610年他逝世的18年间,在广州、

---

① 〔日〕村上阳一郎:《日本近代科学的步伐》,三省堂1977年版,第51页。
② 《明史》卷326《外国传七》。
③ 《明史》卷326《外国传七》。

肇庆、韶州、南京、南昌、杭州、上海、嘉定、北京等地入会信教的教徒已达 2500
人。[1] 利玛窦传教的成功,大大鼓舞了其后的传教士,他们继承利玛窦的传教政
策——中西文化融合论,争取到更多的信徒。

及至明末,基督教传入宫廷,崇祯帝的太监庞天寿由耶稣会士汤若望授洗入
教,教名亚基娄。1644 年李自成攻陷北京,明室逃至福建。庞天寿奉隆武帝之命,
与毕芳济(Francisco Sambiasi)出使澳门,求葡兵援助。隆武帝死后,庞天寿投奔
永历帝,为司礼太监。此时明室已败退到肇庆,永历帝、王太后、马太后和王皇后从
庞天寿略知基督教教义。永历二年(1648 年)太子慈炉诞生时,王太后请耶稣会士
瞿安德(Andreas Xavier Kasser)施洗,宫中有 50 人受洗入教。王太后教名烈纳,
马太后教名玛利亚,王皇后教名亚纳,太子慈炉教名当定。

王太后抱着依靠外国人恢复明室的幻想,遣使澳门,向天主谢恩求福。同年
10 月 17 日,使臣庞天寿、瞿安德抵达澳门,三巴炮台放礼炮致敬,教士列队迎接。
使臣至教堂礼拜,进献银香炉和镂花银瓶等礼物。21 日,使臣参加了在圣保禄教
堂举行的大弥撒。礼毕,由澳葡总督佩雷拉(Joao Pereira)设宴招待使臣。为表示
新入教者的敬意,上书罗马教皇和耶稣会总长,请他们代表天主,"保佑我国中兴太
平,并多遣耶稣会士来广传圣教"。此两信由传教士卜弥格(Michael Boym,1612—
1659 年)送至罗马,现藏梵蒂冈教廷图书馆。

6　圣保禄大教堂

本来赴罗马上书之事由庞天寿承担,王太后考虑到他年事已高,便由瞿安德的
助手卜弥格代替,嘱庞天寿留在澳门考察,庞天寿在主教陪同下到处参观,其总的
印象是澳门教堂林立,教士众多,充塞街头,大有"相逢十字街头客,尽是三巴寺里
人"的感觉。那些金碧辉煌,巍峨壮观的天主教堂使庞天寿深受感动,特别是那象
征澳门,驰名世界的圣保禄教堂给他留下了深刻的印象。

圣保禄教堂俗称"三巴寺",坐落在一个小山坡上,南临风景优美的南湾,面向
海舶往来必经之地的十字门航道。十字为基督信仰的标志,十字门又接近三巴寺,

---

① 黄启臣:《澳门是 16—18 世纪中西文化交汇的桥梁》,《澳门圣保禄学院四百周年论文特辑》,
澳门文化司署出版,1994 年,第 133 页。

故许多诗人把三巴寺和十字门联系起来,吟咏出一首首佳句:"海市远通十字门,蜃楼高耸寺三巴。""钟鸣月出三巴寺,风起潮生十字门。"

当澳门主教陪同庞天寿登上石阶,来到圣保禄教堂大门前壁时,庞天寿不禁瞠目结舌,他从来没有看到过如此式样的建筑,不用说庞天寿这样的太监,连主教也无法说出那种建筑式样的名称。后世的建筑史家把它称之为"意大利—哥特—中国式"风格,或者视为"欧洲风格和中国美学的可叹结合"。1684年清朝钦差、工部尚书杜臻巡视澳门时,把三巴寺作形象化描述:"堂高百尺尤突兀,丹青神像俨须眉。金碧荧煌五彩合,珠帘绣柱围蛟螭。"①有人把它概括为"绮窗朱槛,玉楼雕镂"八字。

正当庞天寿被教堂前壁吸引之际,安置在钟楼里的时钟自动打响了。那是法王路易十四送给法国耶稣会士的大钟,它以巨大的机械装置为全市报时。关于这座大自鸣钟,《澳门纪略》说:"有定时台,巨钟覆其下,立飞仙台隅,为击撞形,以机转之,按时发响。"②不少诗人为它作诗,其中印光任的《三巴晓钟》写得十分出色:"疏钟来远寺,籁静一声闲。带月清沉海,和云冷度山。五更昏晓际,万象有无间。试向番僧问,曾能识此关(奥秘)?"③

接着庞天寿又被寺内优雅洪亮的琴声吸引,那是为配合读经、讲道和唱赞美诗而安置的管风琴发出来的声音。其声"幽如剪刀裁绣阁,清如鹡鸰唳青冥;和如莺燕啼红树,哀如猿猱吟翠屏。或如江涛奔万马,或如龙吟水晶阙"④。

庞天寿循着琴声进入寺内,只见许多修士在诵经、上课。原来这里不仅是一座教堂,而且还是远东第一所西式大学——圣保禄学院。"从这所大学毕业的学生,被输送到中国内地传道。可惜1601年教堂毁于一场大火,不久由澳门市民、商人出资重建,1603年完工,这就是现在的教堂。它虽然建成,但其内部装饰和前壁仍在继续进行,一些日本画家曾做出了卓越的贡献。"主教说到这里,带着庞天寿到祭坛边,指着坛上那幅巨大的《圣母升天图》说:"这是日本画家尼瓦(Jacob Neva,即倪雅谷)画的,他还在教堂旁边的修女小教堂画了一幅《一万一千个修女殉教图》。尼瓦是意大利耶稣会画家乔凡尼·尼科洛(Giovanni Nicolo)在日本有马开设的绘

① 杜臻:《经纬堂诗集》卷,第1—2页。
② 印光任、张汝霖:《澳门纪略》,广东高等教育出版社1988年版,第33页。
③ 印光任、张汝霖:《澳门纪略》,广东高等教育出版社1988年版,第33页。
④ 梁迪:《茂山草堂》二集《西洋风琴》。

画学校的学生。尼瓦是 1606 年由利玛窦特地从北京派来为教堂作画的,他还画了一幅圣母怀抱耶稣的画献给皇帝。"

庞天寿仔细观看了使用明暗对照法的西洋画,赞叹不已。这些画,在东方绘画史上开创了西方油画之先河,为教堂锦上添花。

关于教堂内部装饰,在日本传教的耶稣会士罗德里格斯(Girão Rodrigues)1627 年给友人的一封信中赞道:"但愿阁下能看到,现在这个教堂富丽堂皇,数不尽的奇异饰物,待全部装饰结束后,它将成为东方最美的教堂。"[1]还有人认为,"它的美是无与伦比的,除了圣彼得教堂外,连罗马当代教堂都为之逊色。"[2]可惜它在 1835 年 9 月 23 日被一场大火焚毁,只留下现在的前壁和一组石阶。

庞天寿结束此次巡礼,即将离开圣保禄教堂时,不由向主教问道:"这座教堂如此华美,那么它的建筑师是谁呢?"

"他叫卡洛斯·斯比诺拉(Carlos Spinola),一个西班牙马德里生的意大利热那亚人。"

"这位很有才干的西班牙小伙子,1600 年 8 月下旬到澳门,准备去日本传教,但去日本的季风过去了,只有在澳门等候明年的季节风。不料此时圣保禄教堂失火,为重建教堂,他由澳门教区神父狄亚士(Manuel Diaz)推荐,担任教堂设计工作,但是他没有见到新教堂落成就到日本去了。他在日本热心传教,还将科学知识传授给日本人,不幸于 1618 年被日本幕府当局逮捕,投入长崎监狱。1622 年 9 月 8 日,以斯比诺拉为首的 55 名殉教者被押到长崎西阪,用火活活烧死。"

"他那义无反顾的殉教,是他在诺拉第一次感受到传教天职圣火的呼唤时起就形影不离地伴随着他的信念的必然结果。殉教是他从 19 岁时起就不断学习和锻炼的角色,为的是在他 58 岁时能在屹立在长崎海湾殉教烈士山上的露天舞台上演好这个活生生的角色。"[3]

---

① 科塞依罗:《澳门与耶稣会艺术在中国的发展》,《澳门圣保禄学院四百周年论文特辑》,澳门文化司署出版,1994 年,第 25 页。

② 科塞依罗:《澳门与耶稣会艺术在中国的发展》,《澳门圣保禄学院四百周年论文特辑》,澳门文化司署出版,1994 年,第 25 页。

③ 梅迪纳:《澳门大三巴教堂建筑师——一位马德里耶稣会士》,《澳门圣保禄学院四百周年论文特辑》,澳门文化司署出版,1994 年,第 37 页。

7 远东第一所西式大学的建立

如前所述,圣保禄大教堂具有双重功能,它既是一座供人们礼拜的教堂,又是培养传教士的学院,其创建年代相当早。

葡萄牙人入居澳门不久的 1563 年,葡王的代表吉尔·戈伊斯(Gil Góis)率领一个外交使团,于同年 6 月 29 日抵达澳门,一同前来的还有佩雷斯(Francisco Perez)神父、特舍拉(Manuel Teixeira)神父和平托(André Pinto)修士,他们是继承沙勿略未竟事业而来中国传教的。这个外交使团是由葡王决定,葡印总督科蒂尼奥(D. Francisco Coutinho)筹备的,但因马六甲总司令埃萨(D. Francisco de Eca)未曾提供礼品,他们的目的未能实现。

这个外交使团失败后不久,上述三位耶稣会士便在澳门留了下来,在这里建立了一所耶稣会会院(耶稣会澳门办事处),以作为耶稣会士前往日本或果阿的休息站,进入中国的等候室及澳门发展为东方商埠的道德拯救中心。其实所谓会院,只是两间土房,中间用木板隔开,另外还有一间茅草小礼拜堂。会院的第一任主管是佩雷斯。

1572 年至 1578 年耶稣会会院进行扩建,以便容纳大量来日本和大陆的过路客人。及至 1578 年 9 月范礼安到澳门时,会院已初具规模,被评价为印度省在远东最好的居所之一。1582 年房屋全部换成瓦屋顶。随着澳门贸易的发展,葡萄牙人越来越多,为了解决商人子女受教育问题,1572 年在耶稣会院旁边创办了一所不大的小学校,后来学生人数发展到 200 人左右。

1592 年 6 月,范礼安在长崎召开的第一次副主教大会上提出建议,有必要为日本和日本以外的耶稣会教士建立一所修道院,培养年轻一代的传教士,而澳门处于远东的中心,是实现这一目的的最理想的地方。会议一致通过范礼安的建议,决定立即着手建立这一新根据地,越快越好。同年 10 月 24 日范礼安到达澳门,一面向上级申请一面为建立新的修道院而积极活动,不久开始施工。1594 年修道院竣工,建筑物不乏雄伟的气势,这就是由小学升格的圣保禄学院。同年果阿耶稣会会长鲁德拉斯(Antonius de Luadras)也批准了范氏建校的申请。这所大学只有马尼拉的圣约瑟修道院和圣托马斯大学才能与它媲美。关于这所新建的大学,1594 年的耶稣会年报说:"重新建造了修道院和院子,修起一道围墙,有两间大房子伸出墙外,两间房子之间是一个漂亮的庭院;两间像城堡一样伸出去的房子都是木板地,围墙处有一条连着修道院卧室的走廊,它的地面比在同一层的两个房间的地板要高出很多。山脚下,通过两三段楼梯与山谷相连的地方是学校和它的院子及通往其他办公室的大门,走过山谷还有一些非常舒适的职员卧室。门卫室往前是另一个封闭的大院子。这样,这个修道院就可以从容地容纳40人的教士团;因为除了学校的房间以外,在山谷外还有19间卧室、2间厅、2个小礼拜堂和1间宽敞的病房;而在下面,还有另外7间卧室连同十分舒适的办公室,但是巡察使神父仍决定另建一间新食堂。如果需要,我们还有很大地方再做其他建筑。"①

1597年10月,范礼安为修道院制定教学规则:

学年于9月15日以在教堂隆重举行的教育行政长官、教师和候补人的信仰审誓拉开序幕。

在信仰宣誓、辩论、演讲及所有公开的语言活动中,座位都要按照批准的等级标示出来,当院长和教育行政官出席时,两者就要成为特殊尊崇的目标。

开始与结束上课,都要跪在置于校园内的崇拜圣像面前用简短的语句祈祷。

学生之间的问候,按照当时流行的礼节进行。

学生,即使是俗人,他的精神生活也要受到教师的特别关注。早晨7点钟敲钟上第一节课,9点半敲钟下课,其他各课时间一样。

禁止学生在校园内携带武器。

假期是从7月14日开始,9月14日结束。在没有圣日的时候,周休息日为星期三;如果遇到圣日,就改为星期四。

学校的作息时间,无论拉丁课和艺术课,还是伦理课和教义神学课都有详细规定。

当课堂上提问时,不要忘记师生之间的礼仪规矩。如果学生是耶稣会士,他们在被提问时都要脱帽起立,老师也要摘掉他们的无缘软帽并让学生坐下和戴上帽子回答问题。在俗学生也是如此。如果教师没有圣职,就用"你们"来称呼。

每星期四下午都要进行课堂辩论,每月进行一次。这种辩论非常郑重其事,两天前就要公布论点,而且院长、教育行政官、老师和学生都要参加。

---

① 山度士:《远东第一所西式大学》,《澳门圣保禄学院四百周年论文特辑》,澳门文化司署出版,1994年,第10页。

课程的期限为三年,结业时要面对三位考官,由其中一位主持公开考试。考试时气氛特别庄严,特地安排了三排高凳给院长、教育行政官、主考官和两位考官坐,在他们后面是教义神学与伦理学等学科的教师。宗教界人士和在俗文案也可以参加。①

圣保禄学院(即圣母修道院)最昌盛的时期是1597年至1645年,也就是明末清初的时候,学生有七八十人,开设了中文、拉丁文、神学、哲学、修辞学、音乐等课程,其中中文即学习中国文学和语言特别重要。从1594年至1779年的185年间,由葡萄牙来澳门传教的耶稣会士430人中,有200人在这里学习中文,然后被派到中国内地传教。②

8 传教基地澳门

澳门作为中国的领土、葡萄牙租居的中国最早的经济文化特区,不仅是东西方贸易的中转站,而且是东西方文化交流的桥梁,同时还是天主教在中国乃至东方的传教基地,天主教通过澳门,东传日本列岛,北传中国大陆。所以说,西方传教士在远东传教事业的发展乃至西方文化东渐,与澳门有莫大关系。

西方传教士是与葡萄牙商人几乎同步进入澳门的。1553年葡人以行贿手段入居澳门时,澳门天主教会的创始人公撒莱士(Gregorio Gonzalez)也来到澳门,在一座稻草盖的教堂里传教。当时虽然一度遭到中国官方的干涉,但至次年便能安静地做传教工作了。按公撒莱士自称:"从此我便在这里寄居,与中国人的关系渐渐进入和平的境地,然后我能很清楚地懂得中国人的心理,并开始为他们领洗。我常常用心照顾他们,周济他们;我自己待他们很公平,并设法让别人以公平待他们。"③

1555年,印度耶稣会葡人大主教巴莱多(Melchior Nunes Barreto)到澳门,他曾三次潜入广州传教和营救在广州狱中的葡人。1563年佩雷斯、特舍拉和平托三

---

① 山度士:《远东第一所西式大学》,《澳门圣保禄学院四百周年论文特辑》,澳门文化司署出版,1994年,第5—19页。

② 黄启臣:《澳门是16—18世纪中西文化交汇的桥梁》,《澳门圣保禄学院四百周年论文特辑》,澳门文化司署出版,1994年,第134页。

③ 章文钦:《澳门与中华历史文化》,澳门基金会,1994年,第110页。

名传教士随葡国外交使团来澳门。如前所述外交使团失败,他们就留在澳门传教,创建耶稣会会院。

1567年葡萄牙人耶稣会士加内罗(Melchior Carneiro)抵达澳门,他热心传教,劝化中国入教。不过当时的传教政策是,凡入教者必须葡萄牙化,学习葡国语言,取葡国姓名,过葡国生活,入教即成了葡萄牙人。加内罗在澳门开设一所医院,不分教内教外之人一律收容。并设立慈善机构仁慈堂,救济穷人。他想把教会办成为"饥者能得饱、哭者能止泪、伤者得敷药、渴者能得水、束缚者解放、衰弱贫乏者能得救助"的慈善机构,以吸引中国人入教。这对于当时穷苦的中国下层民众来说,具有极大的吸引力,即使入教要付出成为葡萄牙人的代价,中国教徒的人数仍在逐年增加。同年罗马教廷下令成立澳门教区,任命加内罗为第一任教区长,负责远东地区(包括日本)的传教工作。当时澳门有三所教堂,即望德圣母堂(疯王堂)、圣安多尼堂(花王堂)和圣老楞佐堂(风顺堂)。

1578年9月,耶稣会东印度巡察使范礼安到达澳门,根据实际情况重新制定传教政策。他彻底抛弃了把中国教徒"葡萄牙化"的传教方法,使传教事业中国化。他主张传教士必须学习中文,顺从中国的风俗习惯。要和中国人打成一片,而不是高高在上。他先后从印度调来了三名青年耶稣会士——罗明坚、巴范济和利玛窦(前述),使传教事业逐渐从澳门发展到中国内地。特别是利玛窦进入北京传教成功,大大鼓舞了耶稣会士,他们先在澳门圣保禄学院学习中文,然后进入内地传教。又因为葡萄牙享有东方护教权,不仅耶稣会士入华传教要经由澳门,其他教会如方济各会、多明我会、奥古斯丁会等的传教士入华传教也要经过澳门。"因此,康熙、乾隆皇帝索性作出了一个决定:凡入华传教必须赴广东澳门天主堂住两年余,学习中国语言。而入中国内地传教的一切经费也由澳门运入,散给各教堂。"[①]这样看来,澳门便成为西方传教士进入内地传教的门户和枢纽。

在澳门本地,一些葡萄牙籍的传教士仍然以把中国人葡萄牙化的方法进行传教。因此,在16世纪末17世纪初,澳门一方面存在着一批由范礼安宣导,罗明坚、利玛窦实行的,保留固有风俗习惯的中国教徒;另一方面还存在着一批穿欧洲服装的葡萄牙化了的中国教徒。而1602年澳门唐人寺(庙)的建立,标志着这种传统的

---

① 黄启臣:《澳门是16—18世纪中西文化交汇的桥梁》,《澳门圣保禄学院四百周年论文特辑》,澳门文化司署出版,1994年,第134页。

根基已经得到巩固。当时澳门的中国天主教徒,已经成了澳门天主教社会的一部分。澳门的通事(翻译)大部分来自这些中国天主教徒的家庭,有的还和葡萄牙人通婚。

18 世纪初,由"礼仪之争"发展到罗马教皇克雷芒十一世(Clement XI)与康熙帝直接冲突(后述),清廷下令禁止中国人信仰天主教。雍正帝把天主教看成和白莲教一样的邪教,传教士潜入内地传教及中国人信仰天主教都成为非法。但只有澳门和北京钦天监两个地方例外,仍然保护天主教信仰。因此,澳门对传教事业起到了以下三点作用:

第一,澳门是本地教徒的进教场所。由于清廷禁教,澳门的中国人入教时,均以葡名受洗入册,隐匿自己原来的姓名。同时入教后即进入城墙内居住,放弃中国的风俗习惯,进入葡人的生活圈子。这样,当时的传教政策已经从利玛窦时代的保持中国固有风俗习惯回得到最初的中国人葡萄牙化。关于此点,张汝霖在《清封唐人庙记》中讲得很清楚:"其在澳进教者,久居澳地,习染已深,语言习尚渐化为夷。但其中亦有数等,或变服而入其教,或入教而不变服,或娶鬼女而长子孙,或借资本而营贸易,或为工匠,或为兵役。又有来往夷人之家,但打鬼辫,亦欲自附于进教之列,以便与夷人交往者。"[1]清廷对澳门天主教的规定是西洋人信教不禁,但不许引诱中国人入教。乾隆十四年(1749 年)张汝霖等制定的《澳夷善后事宜条议》的第十二条规定:"禁设教入教。"葡人根本不把它放在眼里,据说这条规定的葡语译文中把这一条删掉了。清廷对澳门中国人信教,实际上是禁而不止。

第二,澳门是内地教徒的进教之地。由于清廷在内地禁教,许多中国人便赴澳门进教。关于这点,张汝霖在查封澳门唐人庙时张贴的广东督抚的布告《严禁愚民私习天主教以安民夷以肃法纪示》中说得很清楚:"近闻在澳番人,尚俱遵守法纪。转有一等内地奸民,窜入澳内,改效番名,私习其教。如林姓,自改其名曰'咕吠叽吵'……盘踞澳门之进教寺内,引诱内地愚民。如南海、番禺、顺德、东莞、新会、香山等附近之人,多有被其煽惑,诣寺入教,向其取经。并于每岁清明、冬至之期,聚集持斋,习其礼拜。"[2]可见澳门附近各县的人都来澳门进教,节日期间来澳门唐人庙做礼拜。至鸦片战争前夕的 1830 年,属澳门主教管辖的广东六个传教区有教徒

---

① 印光任、张汝霖:《澳门纪略》,广东高等教育出版社 1988 年版,第 29—30 页。
② 印光任、张汝霖:《澳门纪略》,广东高等教育出版社 1988 年版,第 29—30 页。

6090 人,其中顺德 1250 人,海南 855 人,韶州 750 人,肇庆 730 人,南海 1850 人,南雄 655 人。[1]

第三,澳门是接引和联络潜入内地的西方传教士的桥梁。由于清廷禁教,传教士进入内地传教被视为非法,一经发现,重则处死,轻则入狱、充军,或解回澳门,或勒令搭船回国。即使如此,传教士的热情未减,仍在内地教徒的接引下潜入内地传教,此种案件经常发生,屡见不鲜。其中最严重的一次是嘉庆十年(1805 年)广东人陈若望(北京法国传教会的学生)私带信件案。嘉庆九年(1804 年),陈若望从北京携带书信前往澳门途中,在江西被捕,在他身上搜出了一张从山东广平府至登州府的路线图,其上写着绘图者德天赐(Adéodat de st. Augustin)的名字。结果德天赐终身流放热河,陈若望发往伊犁为奴。不过此时离鸦片战争不远了,澳门作为天主教唯一策源地的地位即将消失。

9 培养中国人传教士与派遣留学生

耶稣会在欧洲培养修士的传统办法是从天主教徒家庭出身的,在耶稣会公学读书的少年中选拔优秀者,经过十多年的培养,方始成为修士。在澳门则以澳门的天主教教育和中国内地的传教实践相结合的办法来培养中国修士。前述巴莱多等三人于 1563 年到澳门建立第一所耶稣会会院以后,就在会院设立私塾,让教徒的子女入学,此为澳门公学之始。1579 年罗明坚应范礼安之请,来澳门之后,在耶稣会会院后面的小山上建立圣马丁经言学校,专门向中国青少年传授教理。1594 年范礼安在澳门公学的基础上建立了圣保禄学院。明朝后期被耶稣会选拔入会的中国修士,大部分出身于澳门公学和圣保禄学院。耶稣会最早的两名中国修士钟鸣仁和黄明沙,就是范礼安从澳门公学的学生中选拔出来的。

钟鸣仁教名伯相(Fernandez Sebastianus)生于 1562 年,其弟鸣礼生于 1581 年,广东新会人,父亲念山是澳门富商。鸣仁、鸣礼兄弟两人自幼入教,并入澳门公学读书。钟鸣仁因成绩优秀,1589 年与另一名公学学生黄明沙一起被送到韶州,跟随利玛窦传教。他们经利玛窦亲手培养,于 1591 年成为第一批中国籍耶稣会士。

---

[1] 章文钦:《澳门与中华历史文化》,澳门基金会,1994 年,第 126 页。

钟鸣仁入会之后,刻苦攻读拉丁文和中国文学,成绩优秀。他最初担任利玛窦的翻译,随利玛窦到北京住了七八年;后又到南京协助王丰肃(Alphonsus Valigoni)传教三年,到浙江协助郭居静(Lazarus Cattaneo)、金尼阁(Nicolas Trigault)传教一年。他是中国人,辅佐西洋人热心传教,不能不引起官府的注意和猜疑,屡次受刑入狱,但他为信仰受苦毫无怨言。天启二年(1622)死于杭州,享年60岁。

黄明沙教名芳济(Francisco Martines),生于澳门,据说有葡萄牙血统。他曾随利玛窦到过南雄、南昌、南京和北京,后又随郭居静、龙华民(Nicolas Longobardi)在韶州传教多年。黄明沙才智过人,擅长辩论,许多西方传教士都乐于和他在一起。可惜因冤案死在广州狱中,年仅33岁。

钟鸣礼教名约翰(João Fernandes),自幼与父兄同在澳门入教。1610年入耶稣会成为修士,随西方传教士到南京、南昌、杭州等地传教。万历四十四年(1616)南京教案(后述)发生时,鸣礼及其兄鸣仁都在南京帮助王丰肃传教,不幸被捕入狱。后被罚为奴三年,在南京附近拉纤。当他为教会同工赎出时,已成残废。

除以上三人外,明末华籍耶稣会修士还有以下九人:游文辉(教名 Pereira)、徐必登(教名 Leitāo)、丘良禀(教名 Domingos)、丘良厚(教名 Basca)、石宏基(教名 Francis Lagea)、倪雅谷(教名 Jacob Neva,父华人,母日本人)、庞类思(母澳门人,父葡人)、费藏裕(父葡人,母华人)、费藏玉(同上),他们均是澳门人。

以上明朝后期的十多名耶稣会修士,一名也没有晋升为司铎(神父)。这是因为范礼安在接受第一批修士时就作出了规定:不给他们授司铎的教职,因为他们新参加耶稣会,信仰还不够成熟。迟至1659年,教皇亚历山大七世(Alexander Ⅶ)才准许华人为司铎,此时中国已是清王朝了。中国第一位从修士晋升为司铎的是罗文藻,他是多明我会修士,所以晋升地点在马尼拉,时间在清顺治十一年(1654年)。罗文藻生于万历四十五年(1617年),教名罗伯斯(Ngo Lopez),明崇祯六年(1633年)在原籍福建福安县由多明我会士授洗入教。罗文藻晋升为司铎后,次年(1655年)回国传教。康熙三年(1664年)因"历案"清廷禁止中国人信教,将全国的西方传教士遣返广州和澳门,罗文藻不得不独立主持全国教务。康熙二十四年(1685年)罗文藻晋升为主教,他是利玛窦来华至民国十五年(1926年)唯一的中国人主教。

清朝前期,耶稣会也开始从修士升为司铎。第一位耶稣会华籍司铎是郑玛诺。

郑玛诺教名希奎拉（Manoel de Sequeira）生于崇祯六年（1633 年），祖籍澳门，其父安多尼，与澳门的法国传教士陆德（Alexander de Rhodes）交往甚密，郑玛诺自幼由陆德授洗。1645 年陆德征得耶稣会长和郑安多尼的同意，将郑玛诺带往罗马深造。那时他还不到 13 岁，至罗马已是快要 18 岁了。1653 年入罗马公学，攻读修辞学、物理学、哲学和逻辑学等。肄业后留罗马公学任教，教授拉丁、希腊文学。1660 年至威尼斯攻读神学。1662 年到里斯本候船回国，但至 1666 年始登船。在此期间他入科英布拉大学读书，并晋升为司铎。康熙七年（1668 年）郑玛诺回国，初在澳门圣保禄学院学华语，后清廷解除教禁，西方传教士返京供职，郑玛诺一同赴京，被清廷任用。康熙十二年（1673 年）死于北京，葬在阜成门外滕公栅栏，即利玛窦的墓地。

与郑玛诺同时期从修士升为司铎的，还有吴渔山。吴渔山，江苏常熟人，生于崇祯五年（1632 年），自幼受洗入教。康熙十九至二十二年（1680—1683 年）到澳门，就学于圣保禄学院，二十一年（1682 年）入耶稣会。学成后返回江南传教，二十七年（1688 年）在南京与刘蕴德、万其渊一同由罗文藻主教升为司铎。其后在上海一带主持教务 30 年，五十七年（1718 年）逝世，享年 87 岁。

清朝前期留学欧洲的，除郑玛诺外还有沈福宗。他的教名为弥额尔·阿丰索（Mikelh Alfonso），康熙二十一年（1682 年）随柏应理（Filipe Couplet）赴欧洲。1684 年柏应理携带沈福宗至巴黎，同年 9 月 15 日两人到凡尔赛宫谒见法王路易十四（Luis XIV）。次日法王赐宴，让沈福宗在餐桌上表演用一尺长的象牙筷吃饭。他的拉丁语说得相当好，受到某法文杂志的称赞。他先在里斯本初等学院读书，后到罗马进修。沈福宗学业完成后即升为司铎，随柏应理回国，途经果阿海上遇难，柏应理为一行李所伤去世，沈福宗生死不明。

此外赴欧洲留学的还有刘汉良（教名保禄），乾隆五年（1740 年）随法国耶稣会士吴君（Pierre Foureau）离开澳门，七年（1742 年）抵达巴黎。十二年（1747 年）入耶稣会。十五年（1750 年）随法国传教士钱德明（Joseph Amiot）回国，到北京附近传教。与刘汉良一起由吴君带到法国留学的，还有蓝方济、曹貌禄、陶某和唐某四人。他们除唐某回国途中死于孟加拉附近海上外，其他三人都平安回国，献身于传教事业。

当时留学生除赴欧洲外，还到暹罗首都大城（Ayuthia）留学，因为那里有巴黎外方传教会总修院。陕西城固人李安德，先由巴黎外方传教会士白日升（Basset）

带到澳门,后由罗马教廷使节多罗主教(Carto Tommaso Maillard de Tournon)送往暹罗大城,入巴黎外方传教会总修院。李安德在暹罗 15 年,雍正三年(1725 年)升为司铎。回国后先在福建兴化传教,后到四川主持全省教务。雍正以后,川、滇、黔等省的外方传教会的华籍修士,皆赴暹罗留学。

10 两名耶稣会士的东行记

在交通工具落后的帆船时代,西方传教士来中国传教实在是一件极不容易的事情。如果一切顺利,从里斯本乘船来印度果阿,在果阿等候下一批去中国的船只,再从果阿到澳门,整个航程共需要八个月左右。然而事情没有这样简单,传教团从欧洲任何一个城市集中到里斯本需要几个月时间;在途中为考虑到旅途安全而停泊,特别为等候顺风或被逆风所阻,也需要一定的时间。如果把这些时间算进去,就需要一两年时间了。所以从欧洲动身时根本无法预定何时到达中国,至于生命安全更没有保障了,随时随地有死亡的可能。据统计,在 1581 至 1712 年间有 249 名耶稣会士从欧洲到中国,但至少有 127 人死在路上。[①] 又如 1617 至 1618 年由金尼阁组织了一个传教团,共 22 人,但只有八人真正到了中国。[②] 在这些统计数字的后面,都有着一个个惊心动魄的故事。这里只记述其中一个故事,由哈佛大学博士、墨尔本拉脱贝大学历史教授、葡萄牙在亚洲的历史研究专家狄斯尼(Anthony Disney)撰写,[③]主人公是耶稣会士杜奥定和勒热纳霍姆。

1626 年,意大利人神父杜奥定从罗马出发,开始了他漫长的中国之行。他和两名意大利教友先到热那亚,同在那里的其他四名神父结伴而行。随后搭乘大帆船去马赛。但因风暴和逆风,这次航行竟耗时约一个月。在船上每天得付一个埃居,因此船到法国后他们的路费几乎花光了。在马赛,他们遇到一批法国教友,其中就有勒热纳霍姆。勒热纳霍姆第一次见到这些意大利教友时写道:"他们瑟瑟发

---

① 狄斯尼:《耶稣会士东行记》,《澳门圣保禄学院四百周年论文特辑》,澳门文化司署出版,1994年,第 216 页。

② 狄斯尼:《耶稣会士东行记》,《澳门圣保禄学院四百周年论文特辑》,澳门文化司署出版,1994年,第 216 页。

③ 狄斯尼:《耶稣会士东行记》,《澳门圣保禄学院四百周年论文特辑》,澳门文化司署出版,1994年,第 219—221 页。

抖,憔悴、消瘦,简直惨不忍睹。"这队人马原打算从马赛直接坐船到里斯本,他们两次起航,但每次都被逆风阻拦而返回港口,这样他们实际上在马赛停留了整整一个月。在第二次出发失败后不久,有七名也是到东方传教的意大利教士由热那亚到了马赛。这两支队伍随后合在一起了,很快决定步行到里斯本。这是根据勒热纳霍姆的意见,主要是为意大利人着想,因为他们的路费已经用光,无力再支付船费。于是他们开始步行,终于在 1627 年 1 月 31 日到达里斯本,在这里等候 3 月底赴印度的船队。然而同年 1 月份葡萄牙船只在大西洋强烈的风暴中损失惨重,只能提供一只去果阿的大商船和一只轻型帆船,虽然国王已经批准了 34 名教士的座位,但也无济于事,因为只有八个人能够上船,于是杜奥定和勒热纳霍姆只好到科英布拉耶稣会教会学校教书和从事研究。这样又整整等候一年,到 1628 年初,他们才登上多姆·佛朗西斯科的船队,于 4 月 20 日起航。可是四个月后又返回里斯本,因为船只无法在巴西的伯南布哥靠岸。杜奥定和勒热纳霍姆只好在埃武拉的教会学校度过 1628 年余下的时间,直至 1629 年初才登上开往印度的"圣地亚哥"号。

"圣地亚哥"号起航之后,他们立即投入了对船友进行心理上生活上的服务工作。船上 400 名乘客,不少人陷于痛苦和绝望之中,犯罪行径和暴力屡屡发生。这两名神父每天照例做弥撒和听忏悔,安慰病人和垂死者,以缓解他们的恐怖和痛苦,彻夜守候在他们的身旁。他们还设法提高整船乘客的道德风气,不遗余力地安抚那些咒骂者。对于那些惯犯,先是规劝,随后是惩罚,让老水手揍那些年轻罪犯。对待争吵,先制止后调停,使暴跳如雷者冷静,使绝望和恐惧者增加信心。

"圣地亚哥"号在穿越赤道无风带时受到坏血病袭击,初期只有五人患病,后来每况愈下,杜奥定和勒热纳霍姆日夜奔忙于船舱里和甲板上照料病人。他们要求自己不让一个病人未做忏悔就升天堂。

因为长时间只有微风或逆风,所以船走得很慢。然而两股风暴却在好望角附近相遇了,幸好没有出事,平安地绕过好望角北上,一路顺风地驶入莫桑比克海峡,莫桑比克的茅屋小舍已历历在目。但是好景不长,船队受到突然变向的大风袭击,被吹回九天前的航程。1629 年 9 月 7 日晚 10 时,天气异常平静,"圣地亚哥"号突然撞到水下暗礁,船裂声如雷鸣。这个可怕的时刻后来一直印在杜奥定的心上。

全船立即恐慌和混乱起来,人人只顾自己逃命,无人指挥。船长在事发后同大部分海军军官划着船上唯一的救生艇逃走了。杜奥定和勒热纳霍姆坚守在重创的船上维护秩序,他们轮番使用一切实用的和信仰方面的手段来拯救难民。杜奥定首先说服水手长和他的伙伴把折断的桅杆砍掉以减轻船的负担,然后将圣物挂在水面上,乞求大海拯救苍生。这两位传教士苦熬了紧张而悲哀的夜晚,黎明时他们发现快要到一个小岛了。其实这是若昂·迪诺瓦岛,人们开始用各种方法上岸。然而三天以来杜奥定自己仍留在船上,没吃没喝,筋疲力尽,直到最后他才身穿背心和内裤奋力向海岛游去。此次触礁事件夺去了 60 多人的生命,其余的人或游泳或乘木筏,登上了若昂·迪诺瓦岛。

脱险者幸运地在岛上找到了不少食物,那里有庞大的鸟群、鱼和无数蟹,还有一些巨龟,龟蛋比比皆是。有一个人为烤野鸭竟引起了一起大火,整整烧了 10 天。"圣地亚哥"号遭遇的消息由先期乘救生艇逃走的人传了出去,莫桑比克大陆的慈善机构派来了救生大舢板,把岛上的落难者接走了。

杜奥定和勒热纳霍姆受到当地教会的欢迎,让他们留下来工作,杜奥定在此停留半年后,终于乘船去了果阿。勒热纳堆姆被当地教会派到马达加斯加岛的萨达工作,但他念念不忘到远东传教,逃离萨达,搭船到印度的葡萄牙殖民地勃生,受到当地大主教的欢迎,让他在教会学校任教。勒热纳霍姆发现自己到中国的目标再次受阻时,感到非常失望。此时勃生地区瘟疫流行,勒热纳霍姆不幸染疾身亡。死期不明,但死在去中国的半路上是确实的。

且说杜奥定到了果阿,像在莫桑比克一样,果阿的教会要他在这里工作一年,杜奥定勉强答应了。后来他发现自己有干不完的神父工作,特别是日夜听取人的忏悔,到第七个月毅然提出辞职,要求放他到中国去传教。教长答应了,杜奥定立即乘船到澳门。1631 年 11 月杜奥定进入中国内地,先后在上海、长沙、西安和福州传教,成绩很大。他还给自己取了一个响亮的中国名字——杜奥定(原名奥古斯丁·图蒂斯基尼)。经过许多冒险和很有价值的传教活动后,死神终于在 1643 年45 岁时把他带走了。真是命中注定,当初"圣地亚哥"号触礁后他劫后余生,而现在仍被淹死。这场悲剧发生在福州到澳门距离相对较短的航线上,杜奥定所乘的船遭到海盗袭击,他跳船逃跑,因力竭淹死。中国教徒后来找到了杜奥定的遗体,把他埋葬在福州海滨。

第九章 基督教的接受与冲突

1 利玛窦的东西方文化融合论

利玛窦来华与中国知识分子广泛交往之后,这位"西儒"受到人们普遍尊重。徐光启说:"百千万言中,求一语不合忠孝大旨,求一语无益于人心世道者,竟不可得。"[①]王家植说:"所习为崇善、重伦、事天,语往往不诡于尧舜周孔大旨。"[②]李之藻说:"彼其梯航琛赆,自古不与中国相通,初不闻有所谓羲文周孔,故其为说,亦初不袭吾濂洛关闽之解,而特于知天事天大旨,乃与经传所纪如券斯合。"[③]由此可见,利玛窦受到中国知识分子普遍尊重是因为他的学问、人格、言行符合经传和尧舜周孔的大方向,也就是与中国传统的儒家文化一致。

有人问利玛窦成功的原因,他举出了六点:一是他作为外国人学会用汉语讲、读和写;二是他惊人的记忆力以及熟读《四书》;三是他的数学和其他科学知识;四是他带来古怪的礼物;五是他自称懂得学问和有炼金的经验;六是他的说教。[④] 但是人没有举出成功的最大原因,也就是上面徐、王、李三士大夫所说的"合忠孝大旨","不诡于尧舜周孔大旨"和"知天事天大旨乃与经传所纪如券斯合",即现在所谓的东西方文化融合论。

利玛窦的东西方文化融合论,近继沙勿略和范礼安,远承希腊化时代的使徒保罗,采取了"适应传教"的政策。从佛教在中国的发展和拉丁美洲接受基督教的事

---

① 徐光启:《二十五言跋》,《四库全书存目丛书》子类 93 册,齐鲁书社 1995 年版,第 376 页。
② 王家植:《畸人十篇小引》,《四库全书存目丛书》子类 93 册《畸人十篇》,齐鲁书社 1995 年版。
③ 李之藻:《天主实义序》,《四库全书存目丛书》子类 93 册《天主实义》,齐鲁书社 1995 年版。
④ 西比斯:《利玛窦的前辈》,《澳门圣保禄学院四百周年论文特辑》,澳门文化司署出版,1994 年,第 65 页。

实中可以明白,外来宗教如果不与当地的传统文化和习俗时尚相结合,就不能进入这块土地。而且利玛窦还明白,他所要传教的物件是历史悠久的中华民族和中国社会,已经具有高度的精神物质文明和复杂的社会关系;自己所带来的基督教思想体系能够破坏中国的传统思想,并动摇中国社会的生活方式和结构,如果和盘托出或原封不动照搬,必将引起具有中国传统思想的中国人士误会和猜忌。因此他先比附佛教,后来发现中国知识分子轻视佛教便比附儒教。事实上明朝时虽然儒佛道三教一致,但主宰中国思想界的是以孔子为开祖的儒教,在这点上利玛窦是做对了。他不仅一副儒生打扮,而且积极学中文,熟读儒家经典著作,并翻译了《四书》,取得了巨大的成绩。当初利玛窦尽力向中国人士解释,他们是为了本民族的理想而接受基督教的。他尽力使天主教的礼仪适应中国社会的习惯,"将自己扮成拯教者而不是破坏者,稳中求进,以柔克刚,以便使这个傲慢的民族减轻其心理优越感的枷锁"①。与此同时,他高度评价儒学及以儒学思想为指导的中国宗法社会。关于前者,他说:"向自西来,涉海八万里,修途所经,无虑数百国,若行积棘中。比至中华,获瞻仁义礼乐声明文物之盛,如复拨雾见青天焉。"②关于后者,他说:"在1500 年中,这一民族简直没有崇拜过偶像,而他们崇拜的那些偶像也不像我们的埃及人、希腊人和罗马人的偶像那样可憎。某些神灵甚至很有德性,并以他们的善行而享有盛名。事实上,在文人们最古老的、成为权威著作中也仅仅崇拜天地和这两者的共同主宰。当我们仔细研究一下所有这些著作时,我们就会发现其中很少有什么东西是与理性之光相反的,而大量的倒是与之相一致的。他们的自然哲学并不比任何人差。"③

利玛窦在上述认同中国传统文化即儒学文化的前提下进行写作,撰写了《二十五言》、《天主实义》、《畸人十篇》、《辩学遗牍》等著作,一面借此弘扬天主教教义,一面展开了他的东西文化融合论。按汤一介研究,利玛窦是从四个方面来展开这一融合论的,即所谓合儒、补儒、超儒和附儒。④

在合儒方面,利玛窦首先遇到的是天主教的神(或上帝,即 God)的译名问题。

---

① 转引自顾卫民:《基督教与近代中国社会》,上海人民出版社 1996 年版,第 41 页。
② 徐光启:《二十五言跋》,《四库全书存目丛书》子类 93 册,齐鲁书社 1995 年版,第 376 页。
③ 《利玛窦中国札记》中译本,中华书局 1983 年版,第 685 页。
④ 汤一介:《论利玛窦汇合东西文化的尝试》,《东西方文化交流》,澳门基金会,1994 年,第 267 页。

沙勿略在日本初译为"大日"（佛教的大日如来），后发觉错误，便干脆音译为"デウス"（Deus）。而利玛窦则意译为"上帝"和"天"，其出典是《书·召诰》中的"皇天上帝"一词。利玛窦在其《天主实义》中说："吾天主乃古经书所称上帝也。《中庸》引孔子曰：'郊社之礼，所以事上帝也。'《周颂》曰：'执竞武王，无竞维烈，不显成康，上帝是皇。'……《商颂》曰：'圣敬日跻，昭假迟迟，上帝是祗。'《雅》云：'维此文王，小心翼翼，昭事上帝。'《易》曰：'帝出乎震。'夫帝也者，非天之谓，苍天者抱八方，何能出于一乎？《礼》云：'五者备当，上帝其飨。'又云：'天子亲耕，粢盛秬鬯，以事上帝。'《汤誓》曰：'夏氏有罪，予畏上帝，不敢不正。'又曰：'惟皇上帝，降衷于下民，若有恒性，克绥厥猷，惟后金滕。'周公曰：'乃命于帝庭，敷佑四方。'上帝有廷，则不以苍天为上帝可知。历观古书，而知上帝与天主，特异以名也。"①利玛窦引用各种中国古典来证明西方的天主与中国的上帝就是一个，只是名称不同罢了。

在"补儒"方面，儒家提出"大德必得其位，必得其寿"，利玛窦认为对有德者的报应不在于"位"与"寿"，一个人行德并不要求得今生的善报，应想念终究可以进天堂。他说："为义被窘难者……若为利禄，为功名，为邪淫，又种种非义者，徒茫苦也。若为天主为义而受窘难此乃真福也，故谓已得天堂矣。"②利玛窦对儒家的"和善之家必有余庆，积不善之家必有余殃"的观念有所修补。他认为行善事，煞费苦心后可登天堂，免入地狱，但行善者并非仅仅为此，行善最终是顺应上帝的意旨。儒家善恶报应，其出发点是个人的道德修养，追求一种内在超越；天主教行善的最终目的是为了上帝，而上帝是一种外在超越力量。

在"补儒"方面，如上所述，中国传统的超越意识，不是超越客体从而在另一个世界与上帝结合，而是要超越个体或自我从而与社会或自然合一，其最后关注的是永远徘徊于此岸世界。孔子说过，"未知生，焉知死？"加上佛教的轮回观中国化，人死后投胎再生，无论变成畜生或贵人仍要回到这个世界。因此利玛窦在《天主实义》中说："吾窃贵邦儒者，症正在此：常言明德之修，而不知人意易疲，不能自勉而修；又不知瞻仰天主，以祈慈父之佑，成德者所以鲜见。"认为仅仅靠人自身的内在道德修养是很难达到完满境界的，必须要有一个外在超越的力量——上帝来推动。

---

① ［意］利玛窦：《天主实义》上卷第二篇，《四库全书存目丛书》子类93册，齐鲁书社1995年版。
② ［意］利玛窦：《畸人十篇》卷下《善恶之幸应在身后》，《四库全书存目丛书》子类93册，齐鲁书社1995年版。

因此中国人信仰天主教完全是必要的,可以弥补儒学之不足,反之也就是说天主教教义比儒家的学说更完美。

在"附儒"方面,为了适应中国国情和中国社会,以便传教,利玛窦采用了与中国传统妥协的办法,对天主教教义作了某些变通,其中最主要的是祭祖祭礼问题。这个问题几乎成为不可逾越的障碍,如果禁止祭祖祭孔,只能争取到少数信徒,允许则又违反教义——禁止崇拜偶像。最后利玛窦决定顺从中国传统,为儒家的祭祀孔子开脱:"在每月朔望以及一年四次,文人们都要向他(孔子的塑像)奉献一次祭祀,点燃香烛并供奉一只已宰杀的牲畜,尽管他们不承认他有任何神性,也丝毫无求于他。所以,这种礼节不能称之为真正的祭祀。"[①]事实上也是如此,人们叩拜孔子是向这位导师和典范致敬,丝毫不表示祝愿他获得荣华富贵和才能的意思。至于祭祀祖先,利玛窦研究了中国大量古典,中国道德体系的核心是奉献和服从于父母和合法的权力。这些孝心全部表现在对活着的父母的孝敬和已死祖先的崇敬,因此祭祀祖先与崇拜偶像要区别开来。

利玛窦在世时,他的东西方文化融合论得以付诸实践,并取得了成功。其后天主教在中国的失败,抛弃利玛窦的融合论是其中原因之一。

② 耶稣会的科学传教

耶稣会的科学传教或知识传教,始于沙勿略,继之于范礼安和罗明坚,成于利玛窦及其后继者。利玛窦自幼聪颖,后来在罗马学院读书的时候,在著名的历算家克里斯多夫·卡拉维亚斯(Christopher Clavius)指导下攻读哲学和数学。这位老师是开普勒和伽利略的同事,也是将恺撒历改良为格列高利历的领导者之一。与此同时,利玛窦还学习几何学、物理学、托勒密的天体力学、地图绘制学和机械学。关于这些学科的科学论著后来都由他或在他指导下译成中文。他还有实用的才能,从制造日晷、星盘到时钟,件件皆能。如前所述,利玛窦绘制的《坤舆万国全图》(即世界地图)打开了中国人的眼界,唤起了中国人对科学的兴趣,并借此作为传教的一种手段。当利玛窦看到中国历法混乱和预测天体现象谬误时,便写信到欧洲,要求派天文学家来中国。下面是 1605 年 5 月利玛窦写给同学、耶稣会葡萄牙教区

---

① [意]利玛窦:《利玛窦中国札记》中译本,中华书局 1983 年版,第 659 页。

负责人阿尔瓦烈兹的一封信：

> 无论是送父亲来或是送兄弟来，只要他是天文学家那就再好不过了……如果这位数学家（或天文学家）能够来的话，我们就可以将我们的乘法表译成中文。……然后我们就可以开始更改历法的工作了。这样将会增加我们的声望。可以使我们更加自由地出入中国，并且将保证我们更为安全和自由。我希望尊敬的你会认真对待它，因为这对中国极为重要，请即刻送一名或两名天文学家来，不管他是哪国人。[①]

关于耶稣会士的科学传教，《明史》也有记载："其国人东来者，大都聪明特达之士，意专行教，不求利禄。其所著书多华人所未道，故一时好异者咸尚之。而士大夫如徐光启、李之藻辈，首好其说，且为润色其文词，故其教骤兴。"[②]确实如此，利玛窦将欧几里得（Euclid）的《几何原本》前六册和克里斯多夫·卡拉维亚斯的《宇宙和地球》介绍到中国，在翻译过程中得到了徐光启和李之藻的大力协助，他们所掌握的天文数学知识比利玛窦丰富得多。《几何原本》由徐光启出版，《宇宙和地球》最后由李之藻完成，这些中西合作的成果为中国日后汲取欧洲的文化知识播下了种子，而这两位中国学者则为中国科学发展，特别是通过历法局，发挥了重要作用。不仅如此，徐光启还将精通天文历学的耶稣会士推荐给明廷。《明史》说："崇祯时，历法益疏舛，礼部尚书徐光启请令其徒罗雅谷、汤若望等，以其国新法相参较，开局纂修。报可。久之书成，即以崇祯元年戊辰为历元，名之曰'崇祯历'。"[③]

由徐光启引荐的来华耶稣会士除上述意大利人罗雅谷（Giacomo Rho，1590—1638年）和德国人汤若望（John Adam Schall Von Bell，1591—1666年）之外，还有西班牙人庞迪我（Diogo de Pantoja，1571—1618年）、意大利人龙华民（Nicolas Longobardi，1559—1654年）、瑞士人邓玉函（Jean Terrenz，1576—1630年）和意大利人熊三拔（Sebbatino de Ursis，1575—1620年），他们还以天文历法为晋身之阶，进入明廷工作，开明末西学东渐之先河。其中成绩最为卓越的是汤若望。他于崇

---

① 瑞尔（Ian Rae）：《寻找文化的契合点》，《澳门圣保禄学院四百周年论文特辑》，澳门文化司署出版，1994年，第119页。

② 《明史》列传，外国七《意大利亚》，第214页。

③ 《明史》列传，外国七《意大利亚》，第214页。

祯三年(1630年)与罗雅谷一起入京,供职修历局,制造仪器,观测天象,翻译西书。五年(1632年)呈历书30卷,七年(1633年)又呈61卷,八年(1634年)呈"七政行道历",九年(1635年)与李天经推定南北两极恒星出没及测得北极高度,还编辑崇祯《新法历书》100卷,十三年(1640年)命督造洋炮,十五年(1642年)奉命将铸炮术传授给兵仗局,并监制"无间大将军"500尊,授焦勖译《火攻挈要》,详述各种火器制造法和安装运用。

1644年李自成攻陷北京,清兵入关以后,耶稣会士不失时机,以治历和铸炮之长活跃于几个地方政权中。在四川传教的利类思(Lodovico Buglio)和安文思(Gabriel de Magalheans),在成都张献忠建立的大西政权中制作天文仪器,翻译历书,还获得"天学国师"的称号,修建一座大教堂。在福建传教的瞿安德(Andreas Xavier Kasser),向南明政权进献新历,取代明朝的大统历,还在庞天寿的协助下入宫传教。如前所述,永历年间南明朝廷宫中太后以下均受洗入教。瞿安德还作为使臣和庞天寿一同赴澳门借兵,企图复明。在北京的李自成政权中,钦天监工作的汤若望、龙华民等,受到李自成的优待,令他们仍在钦天监工作,为国效劳。1644年5月清兵入关,李自成的大顺军弃守北京,汤若望等旋即投诚清朝,得到顺治帝的宠用,为钦天监监正。顺治十年(1653年)汤若望被赐号为"通微教师"。

从此以后,汤若望的名声越来越高,不论在乡村还是在城市,或者与官吏的交往中,传教士只要提到他的名字都能获得青睐。而他则除了给其他传教士各方面照顾以外,和京城公卿名流交往,积极传教。据说他还以测景为名,派传教士四出传教。

康熙三年(1664年),汤若望因"历狱"(后述)被定为死罪,后赦免释放,次年病死。汤若望死后,比利时人南怀仁(Ferdinand Verbiest,1623—1687年)为其平反成功,并取得康熙帝的信任。于是清廷重新采用西洋历法,以南怀仁为钦天监监副。康熙十三年(1674年)南怀仁被升为监正,并奉命制造天文仪器,在北京东城上建立著名的观象台。他还奉命监制西洋大炮,十九年(1680年)制成"神武炮大小320尊,在卢沟桥试放成功,受到嘉奖。三十一年(1682年)四月,南怀仁晋升为右侍郎。同年8月南怀仁携带天文仪器随康熙帝赴盛京,测得该地的高度,制作了《盛京推算表》。因南怀仁供职清廷,而且以修历铸炮为挡箭牌,对天主教起到了保护作用。

康熙二十七年(1688年),南怀仁在北京逝世以后,法国人耶稣会士白晋(Joachim Bouvet)和张诚(Jean Francois Gerbillon)入京接南怀仁的职务。据朱谦之所说:"康熙早年与西士研究西学,曾从汤若望、南怀仁研究算学,从徐日升(Thomas Pereira)学代数及音乐,于是再从此两教士(指白晋、张诚)继续研究。为便利起见,先使两教士学习满洲语,以便进讲,而两教士乘机传教,故亦尽力侍讲,乘间谈及福音。他们先将欧几里得和阿基米德的《初等几何学》与《应用几何学》译成满文,每日进讲时间,自朝至暮,孜孜不已。康熙因醉心西学,故从两教士处得到许多学问,如测量学、静力学、天文学、数学、医学、解剖学,并在宫中设立实验室以研究化学、药学。康熙三十一年(1693年)康熙有一次正在研究解剖学的时候,忽患疟疾,张诚、白晋以所带金鸡纳霜进呈,使其健康恢复,康熙赞叹不已,因之对于传教士更怀好感,同时对基督教也渐取妥协的态度,以为基督教和儒教大致相同,不过他所研究的只是西洋的科学文化罢了。"[1]按照现在的话来说,康熙帝是以"中体西用"的态度来学习西方科学文化的。康熙三十六年(1697年),白晋奉命赴欧招聘博学教士,两年后携带十名耶稣会士来华,其中对传播科学文化有特殊成绩的有马约瑟(Joseph Maria Prémare,1666—1735年)、雷孝思(Jean Baptiste Régis,1663—1738年)和巴多明(Dominicus Parrenin,1665—1741年)三人,他们都是法国人。

及至雍正、乾隆年间,因禁教及耶稣会内部矛盾,天主教根本没有发展的余地,在清廷服务的只有郎世宁(Giuseppe Castiglione,1688—1766年)和蒋友仁(Michel Benoist,1715—1774年)两人,郎世宁任宫廷画师,把西洋画带到中国来,并开创了一种中西合璧的画风。蒋友仁在圆明园创修喷水池,还将《大清一统地图》及《疆域沿革图》刻成铜版,共104片,每片印刷100张,装潢成套。

耶稣会士的科学传教,其目的在于宗教,并非有意识地作为文化使者,将先进的科学文化带到中国来。说穿了,他们是以科学为诱饵,吸引中国人信教。这点利玛窦在《复虞铨部书》中讲得很明白:"窦西陬鄙人,弃家学道,泛海八万里而观上国,于兹有年矣。承大君子不鄙,进而与言者,非一二数也。然窦于象纬之学,特是少时偶所涉猎,献上方物,亦所携成器,以当羔雉,其以技巧见奖借者,果非知窦之深者也。若止尔尔,则此等事于敝国庠序中,见为微末器物,复是诸工人所造,八万里之外安知上国之无此,何用泛海三年,出万死而致之阙下哉?所以然者,为奉天主至道,欲相阐明,使不为肖子,即于大父有效涓埃之报,故弃家忘身不惜也。"[2]

---

[1] 朱谦之:《中国哲学对于欧洲的影响》,福建人民出版社1983年版,第87页。

[2] 《辩学遗牍·利先生复虞铨部书》,《四库全书存目丛书》子部93册,齐鲁书社1995年版。

3 中国人对天主教的认识与接受

当初佛教传入中国时是经过三个阶段的,即形式上依附中国思想文化(特别是老庄思想)的第一阶段,与中国思想文化发生激烈冲突的第二个阶段以及与中国思想文化相结合而最终成为中国思想文化之一部分的第三个阶段。日本佛教史家镰田茂雄说:"中国佛教所完成的历史遗产,实在是国家佛教的形成,也就是形成了为国家政权服务的佛教教团和教理。符合国家目的则允许佛教存在下去,有利用价值则让它复兴,否则如敝屣般将它掷掉。"①基督教传入中国也应如此,可惜它只经历了第一个阶段,到发生礼仪之争(后述)和由西方列强侵略中国所引起的反洋教斗争的第二个阶段便堵塞了基督教文化与中国传统文化相结合的道路,注定了基督教在中国夭折的命运。

基督教初传中国的第一个阶段正值明末清初即 16、17 世纪。从 16 世纪 80 年代起中国经济上资本主义开始萌芽,手工业、商业发展,城市经济发达,市民阶层扩大,尤其东南沿海地区的新兴商人资本与封建地主的矛盾日益尖锐起来,他们要求开放门户,打破封建地主的束缚。资本主义萌芽反映在思想上则出现了代表市民阶层的自由解放的思想家,如李贽、徐光启、李之藻及东林学派诸家,他们为先进的西方科学文化所倾倒,与外国传教士往来,对天主教抱着好感,具有容教的倾向。而代表官僚大地主利益的官僚知识分子,如明朝的徐如珂、沈㴶和晏文辉等,清初的李光地、汤斌和杨光先等,他们不仅拒绝天主教,还恣意进行攻击甚至制造冤案,陷害外国传教士。乾隆朝的澳门同知张汝霖在《请封唐人庙奏记》中说:"非圣人之书,即为名教所必斥;非王者之道,即为盛世所不容。况以天朝之人而奉外夷之教,则体统不尊。"这一派对天主教教义的态度是敌视的,把它看成邪教,具有反教倾向。至于广大中国老百姓则认为天主教是"夷俗",他们对天主教的态度暧昧,既不肯定又不否定,有的往往是为了经济上的利益而信教的。

明末清初时代,天主教尚属初传阶段,中国人对它的认识水准低下,往往把它看做佛教的一派,这点与当年沙勿略往日本开教时的情况大致相同。人们把教堂称做寺或庙,把主教称为法王或大和尚,把神父、修士和修女称做僧、沙弥和比丘

---

① 〔日〕镰田茂雄:《中国佛教史》第一卷序章,东京大学出版会 1982 年版。

尼,信仰天主教的葡萄牙被称为佛国,《圣经》被称为《心经》。某些诗人往往用类比的方法来介绍天主教,其中用得最多的是以中国固有的宗教和习俗特别以佛教做类比,如把神父的讲道说成"登坛高说经",把教徒用风琴伴奏的诵经、唱诗说成"鱼山闻梵呗",把做礼拜说成"开无遮法会"等。又如印光任的《三巴晓钟》(前述)里,充满着禅理和禅趣,以佛教的宗教感情来描写澳门三巴寺的(圣保禄教堂)钟声。再如把天主教徒诵经时用的念珠看做佛教的"百八牟尼珠";用梵名"忏摩"(悔过)来称呼天主教的忏悔;将澳门葡人供奉航海保护神老楞佐的教堂称为风信庙,把老楞佐与中国航海保护神妈祖联系起来;将澳门葡人举行结婚仪式的教堂叫做花王庙,这也是与中国传统习俗联系起来。当时人们这样类比不是没有原因的,原来至明清时代,佛教已成为中国传统文化的一部分,名僧与文人交往,佛语和禅理入诗的传统由来已久。同时中国人在宗教上崇拜多神教,对各种宗教采取相容并包的态度,提倡各种宗教调和说,所以当天教作为一种新的外来宗教传入时,中国人很自然地以固有的佛教传统来类比或附会天主教。[①] 这有力地说明了当时中国人对天主教认识水准的低下。

如上所述,中国人对天主教的认识和接受与否截然分成两派,但还有一些人包括朝廷在内采取了折中的态度,即接受科学知识而拒绝信教。耶稣会士的科学传教是符合当时新兴市民阶层的利益的,在资本主义萌芽时期需要科学知识和生产技术,并不需要宗教。中国一些朝野知识分子和外国传教士往来,当初只是想吸收科学技术,像徐光启、李之藻等后来受洗奉教是例外,一般知识分子只信科学不信教,如方以智、李贽等。梅文鼎醉心于西洋天文历学,他在《寄薛先生诗》中说:"窃观欧罗言,度数为专宗,思之废寝忘食,奥义心神通。"[②]但他也不信天主教。又如全谢山,一面称赞西方科学,一面警惕番邦侵略,他在《二西诗》中道出了这样可畏的心理:"五洲海外无稽语,奇技今为上国取;别抱心情图狡逞,妄将教术酿横流。天官浪诩庞熊历,地险深贻闽粤忧;倘有哲人陈曲突,诸公幸早杜阴谋。"[③]至于明清朝廷倒没有这样的警惕性,利用西洋先进的天文历算和武器枪炮为自己服务。清朝前期虽然奉行禁教政策,但没有像日本那样达到禁绝的地步。

---

① 章文钦:《澳门与中华历史文化》,澳门基金会,1995 年,第 192 页。

② 朱谦之:《关于 16、17 世纪来华耶稣会士的评价问题》,《新建设》1959 年第 11 期。

③ 朱谦之:《关于 16、17 世纪来华耶稣会士的评价问题》,《新建设》1959 年第 11 期。

4 　中国天主教三大柱石

明末天主教传华的初期,由于耶稣会士的主观努力和科学传教的客观手段,不少人信了教,其中最著名的是徐光启(1562—1633 年)、李之藻(1565—1630 年)和杨廷筠(1557—1627 年)三人,即所谓中国天主教三大柱石。这里分别谈一谈他们入教的机缘和受洗的经过。

徐光启,字子先,号玄扈,上海徐家汇人,父亲是个商人,母亲出身书香门第。《明史》记载:"万历二十五年(1597 年)举乡试(省试)第一,又七年成进士,从西洋人利玛窦学天文、历算、火器,尽其术。遂遍习兵机、屯田、盐策、水利诸书。"[①]但徐光启的仕途不是一帆风顺的,在中举人、进士以前有过一段碰壁的经历,它促成了徐光启走上信教的道路。

1581 年(20 岁)他中秀才后,接连四次省试失败,在绝望中南下广东,在韶州教书自食其力。有一天徐光启在韶州访问了一座新建的天主教堂,并看到了耶稣基督的画像。接待徐光启的是郭居静神父,给他留下了深刻的印象。第二年即 1597 年徐光启重新参加省试,名列第一,主考官是当时的名儒赵衡(1541—1620 年)。1598 年春,他入京会试,但名落孙山。京城会试落第,对他后来成为一名科学家却是好事。利玛窦写道:"数年后徐光启将其在进士考试中的首次失利归功于神的干扰,因为倘若他在 1598 年考试过关,他可能就不会有机会和神父共度时光,还可能如当时新晋进士们所惯常的那样娶个小妾,更可能不愿意与小妾分离,因为当时他仅有一个幼儿。因而'神的干扰'下的失败,使他免除了曾经困扰李之藻和杨廷筠的那种'障碍'。"[②]

1600 年徐光启从北京回沪时,在南京遇到了利玛窦,两人谈到了信仰。那时徐光启对天主教教义懂得很少,提出的问题也非常幼稚。1601 年徐光启第二次参加北京会试落第。1603 年冬他从上海到南京,此时利玛窦已经去了北京,由罗如望神父接待。罗带他参观了天主堂,还为他讲解教义,直到夜晚。徐光启便携带教义问答手册的手抄本返回宿舍,通宵苦读。当他第二次再来见罗如望时,他能将手

---

① 《明史》列传,《徐光启传》。

② 比得信(J. Peterson):《杨廷筠、李之藻、徐光启为何会成为基督徒》,《澳门圣保禄学院四百周年论文特辑》,澳门文化司署出版,1994 年,第 79 页。

册中的某些段落背诵下来。罗见了很高兴，对他鼓励一番。由于必须返回上海过年，他要求罗神父立即为他授洗。罗神父说不要操之过急，信仰要稳固，现在离过年还有八天，你每天来教堂受教诲吧。徐光启答应了，每天不止一次地来教堂向罗神父请教。如果罗神父没有空暇，他就听那里的中国学生讲道。到了第八天，徐光启终于由罗神父授洗礼，取教名"保禄"，当天乘船回故乡上海。

1604 年在北京会试及第，开始了他的官吏生涯，并由翰林院编修晋升到礼部尚书。与此同时，徐光启与利玛窦密切合作，翻译和出版了许多数学和天文学著作，成为中国古代接受西学的杰出科学家。不仅如此，他还在其后的 30 多年间利用其财富、才智和政治影响，推动了中国教会，成为天主教在中国的柱石。

李之藻，字振之，又字我存，浙江仁和（杭州）人。万历二十二年（1594 年）中举人，四年后中进士，任南京工部都水局郎中。1601 年他与利玛窦在北京结识，从此两人便建立起深厚的友谊。关于他们的初识，利玛窦曾做过这样的记述："李我存来自浙江省杭州城。当我首次抵京时，他是工部高官和天分极高的博士（利玛窦对当时进士的称呼）。他年轻时曾做过《全中华总绘》，将 15 个省非常细致地展示出来，他认为那即是整个世界。当他看到我们的《万国图志》，意识到小小的中国如何与整个世界相比。他的智慧使他轻而易举地领略到我们所认为有关地球的范围和形状及其两极、与地球同轴心旋转的十颗恒星、太阳和星星与地球相比体积之巨大等真理，以及另外一些其他人觉得非常难以置信的东西。从此我们之间结成了紧密的友谊，一旦他的职务许可，他很乐意学习更多的这种知识。"[①]

李之藻由利玛窦的《万国图志》指明了通往西方的道路，并得到利氏的高度信任，两人合作，于 1602 年在北京出版了一幅放大了的世界地图即《坤舆万国全图》。其后两人继续合作，致力于天文历算等的著述。

李之藻、利玛窦两人之间的友谊如此深厚，但李之藻始终没有信教，直至 1608 年利玛窦打算给李之藻授洗时发觉他纳有妾室而中止。1610 年初李之藻尚未信教，然而不久他生了一场大病，亲友均不在身边，数周内全靠利玛窦日夜照料。当病危时，他曾立下遗嘱并要求利玛窦来为其执行。利玛窦要求他在这生死关头接受天主教，李之藻答应了。于是受洗，赐名为"良"，成为教徒。后来李之藻病愈了，

---

① 比得信：《杨廷筠、李之藻、徐光启为何会成为基督徒》，《澳门圣保禄学院四百周年论文特辑》，澳门文化司署出版，1994 年。

而利玛窦却在那一年的5月逝世了。

杨廷筠,字仲坚,号淇园,浙江仁和(杭州)人,与李之藻同乡,还沾亲。万历七年(1579年)中举人,二十年(1592年)中进士,二十六年(1598年)擢为监察御史,三十年(1602年)与利玛窦结识。

1609年杨廷筠53岁时辞官回乡,在杭州西湖一处风景优美的地方专心读书和讲学,还组织了一个名叫"真实社"的研究团体。当时他对佛教很感兴趣,参加高僧祩宏发起的各项活动,还捐资重修地方庙宇。可是1611年以后他突然转向基督教。同年4月,他的朋友李之藻从南京辞官回乡护理患病的父亲,郭居静(Lazzaro Cattaneo,1560—1640年)、金尼阁(Nicolas Trigault,1577—1628年)两神父随同来到杭州。后来李之藻的父亲病逝,杨廷筠去李家吊唁时遇见郭居静、金尼阁两神父,以此为契机和他们亲密往来,并表示乐于探索他们的宗教奥秘。其后杨廷筠潜心研究天主教的教义,领悟到天地万物皆由天主创造和支援的真理。于是他便主动提出要受洗,但金尼阁没有答应,因为他除了妻子外还纳有一妾。为此他感到不解,和李之藻交换了看法。李之藻说这是天主教的教规,不是哪一个神父所规定的,而教规源自上帝,遵守教规才是真正为善,这是天主教与佛教不能相比的一个原因。神父拯救别人是自己的职责,但他们不愿因接受你而在教规上妥协。过去他也曾为此而困惑过,后来知道错了,改正过来。在李之藻的启发和帮助下,杨廷筠毅然放弃了妾,于1611年6月受洗,赐教名为米切尔(Michele)。从此以后,他便热心从事基督徒的工作,建造了一座教堂,为传教士提供资助,出版宣传基督教的书籍,写了《代疑篇》和其他一些书籍来阐明天主之道。

徐光启、李之藻和杨廷筠三人通过不同的契机和途径共同走上了信奉天主教的道路,这在当时来说是一件极不寻常的事。他们的信教固然是出于受外国传教士的高尚人格和先进的西方科学技术所吸引,但归根到底还是他们代表了当时的新兴市民阶层对西方文化的接受。如果我们进一步看一看他们的共同点——均受过良好的教育,身居高位,家产富裕,著书立说,出身于明末经济最发达和思想最活跃的江南地区,便不难理解了。

5 一个中国人对西方文化的赏识与接受

中国第一位赴欧洲旅行,将欧洲情况介绍过来的人是路易·范守易,他在中西文化冲突的"礼仪之争"中起着未被认识到的重要作用。路易·范守易,1682年6月13日生于山西省平阳县,年轻时作为仆从投靠在山西传教的意大利人艾若瑟(Antinio Francesco Giuseppe Provana,1662—1720年)。1705年3月作为天文生陪同艾若瑟去北京。当康熙帝同罗马教皇的使节铎罗(Charies Thomas Maillard de Tournon)关于礼仪问题发生争执而任命艾若瑟去谒见教皇时,范守易陪同艾若瑟赴欧,成为"礼仪之争"的见证人。后来他回国,写了《审鉴录》[①],把欧洲的见闻记录下来,给后人留下了当时欧洲的一些情况。《审鉴录》开始这样写道:

我姓范,名字叫守易,生长于山西的平阳,从小大人就教育我尊敬真正的老爷,好好地侍候他。如果我记得不错的话,1707年冬末,著名的西方学者艾若瑟受命出使西方,我作为他的同伴随他同行。我们跋山涉水,经过很多城市和地区,并且历经千辛万苦,遇到狂风巨浪带来的危险,这些危险远比我所能描述的大很多。一个人只是听见别人谈到这些危险而没有亲眼看见这些危险,他怎能理解呢?

1707年10月范守易和艾若瑟离开北京南下,1708年1月14日在澳门登上"耶稣基督"号。该船所走的是一条异乎寻常的航线,即从澳门经过印尼的巴达维亚(今雅加达)、古巴的巴希亚港,然后到欧洲的里斯本,再往罗马。该书这样记述道:

我们登上一艘满载着货物和供应品的巨大战舰离开澳门。战舰在无边无际的大海毫不费力地航行,日日夜夜朝着西南方向前进。我们在海上航行了两个月,经过很多各不相同的国家,如巴拉基亚、马尼拉、马六甲、邦加、苏门答腊和很多小岛。天气越来越热,植物长得又高又大,人口稠密,物产丰富,不少植物发出芬芳的气味;黑胡椒,干果皮,一种可提取红色染料的木材苏方,檀香木;一年四季盛产的水果。当地人的皮肤黑色,他们性情温和。

接着便是对巴达维亚的记述:

---

① 《审鉴录》手稿是我国文献学家王仲明在罗马的维多利亚·埃曼努尔图书馆发现的,由方豪发表于他的《中西交通史文集》第4册,台北1977年版。

在马六甲王国有一座叫做巴达维亚的大城市,那里荷兰商人云集,有200多艘远洋船只停靠在港内,步兵和骑兵日日夜夜不间断地守卫着各处炮台。城墙之内是街道和郊区,它们被流经城中央的一条河流分开,河岸旁树木成行。在所有的商店中,无论是大商店或小商店,摆满了各式各样西方和中国的商品,在那里可以找到你想买的任何东西。官员们的带有花园的住宅都建在城外。

"耶稣基督"号绕过好望角之后,曲曲折折地横跨大西洋,沿着经巴西往里斯本的航线航行。此时《审鉴录》记述着:

我们大约航行了三四个月,在看见达兰山之后,因为船上缺少淡水,我们开进了美洲的巴希亚城(在巴西)。城外的港口有一个平静的锚地,内有100多艘大船,特别是有一些非常长、非常大、舷壁非常厚的战舰,舰上装有大炮。这个地方土地肥沃,四季气候宜人,出产香油树,可提炼愈合伤口的香油,还有鼻烟、桂皮、白糖、丰富的谷物、牛羊,金矿银矿的蕴藏量很丰富,并且很容易开采。葡萄牙占领了这个靠近大海的地方。城中建造了一座天主教堂即万圣堂,以及一所进行宗教教育的学院,这两座建筑物既高大又坚固;学校里有各式各样的工具。那里有一所大学和一所中学。这两所学校都造得很好,很漂亮,很多人进进出出;学生们都很聪明、颖悟。城中的管理人员像是以前的高级官员,监督完成各种行政事务和军事事务。山顶上有一所耶稣会的寄宿学校,校内共有100多名学习宗教的学生。这些学生具有制造机器所需的一切东西,他们很快就能造出一台机器,这表明他们富于独创性。因为这一地区没有可以用来建造巨大建筑物的石头,所以他们派人去欧洲购买现成的石材,用来建筑巨大的建筑物。有一座大厦非常大,里面保存着珍贵的物品。大厦的上层是一座图书馆,共有五六十个书柜。书柜内装满了几万册图书,供人阅读。"

范守易与艾若瑟于1708年9月到达里斯本,《审鉴录》这样记述着:

我们乘坐的船只开进了港口。港口内建造了很多堡垒,用来保卫港口。所有从海上来的船只都必须在堡垒旁停泊,有关官员下令进行检查,并且根据检查结果,决定是否准许该船进港。在航行五里之后,我们看见城墙被一条从城内流入海的大河所环绕,港口内停泊着三四百艘远洋船只。那一天我们离船上岸,并且到耶稣会的学校住宿。艾若瑟神父像他通常处处都留心的那样,仔细地环顾四周,并且让我们也朝四周看看,向我指出,所有的金属制品全是白银做的。我们所看到的景象,比在其他任何地方所能看到的更为壮观,这是一座极其富裕的城市,不缺少人们所需要的任何东西。这里有很多喷泉,房子都是三四层楼。贵族和国王的宫殿非常漂亮,天主教堂也非常漂亮,它们是为供奉圣母玛利亚和圣者建造的,全部用石头建成,建造得十分巧妙,并且上面还常以金银制成的还愿雕像装饰。这里有为数甚多的宗教学校,每所学校的学生人数通常达到 100 人。学校分为以下的年级:小学有四个年级,中学有两个年级,高等学校有三个年级。另外,这里还有一些慈善机构,收留了很多人,还有很多美丽的花园。

在里斯本,艾若瑟和范守易接受了葡萄牙王若昂五世的召见。关于此次召见,《审鉴录》这样记述道:

在第三天,国王召见我们,他的王宫比我从前所见过的任何王宫都要漂亮得多。在外面,有一支卫队;在里面,有很多仆人。国王同他的三个弟弟住在一起。他大约有 20 岁,举止端庄,和蔼可亲。过了一天,我们又见到国王,他下令让我们在宫中到处参观。我们看到挂在墙上的帘子,其中一些是织有金银丝浮花的锦缎,上面绣上或画上各种图样。他们在夏天用精美的窗板来遮挡阳光,宫内安装了玻璃窗,还有绣满花纹的靠垫,用黄金镶饰的凳子,令人眼花缭乱的水晶桌子。宫内也有一座教堂,国王经常到那里去做弥撒。第二天,国王和王后到教堂去做感恩祈祷。他们的马车是如此漂亮,简直难以用笔墨形容。宫廷中的人全都向国王表示敬意。当国王站起来时,旁边的官员们都向他三鞠躬,并且走到国王的面前,吻国王的手,或者问候他的健康,或者退下,就这样接连不断地进行下去,直到全部过程结束。

范守易和艾若瑟进一步访问了地中海各个国家和城市,对罗马更是赞词不绝:

我们来到了教皇的国度。它的首都叫罗马,自古以来就是一座巨大的城市。罗马城墙长达 100 里,教皇就住在这里。到了夜晚,城门也不关闭。我们抵达罗马之后大约过了两天,有幸见到教皇,受到他极好的接待。他允许我们到处观看皇宫内外的所有建筑物。建筑物数以万计,既高大又豪华,所以很难对它们作出恰如其分的描述。

在罗马,艾若瑟代表中国的耶稣会士和皇帝进行活动,要求教皇取消中国基督徒不许祭祖祭孔的敕令,但没有成功。在范守易被委任圣职后不久,离开罗马往里斯本,并于 1719 年 5 月乘坐"方济各·沙勿略"号前往中国。"艾若瑟在离好望角不远的海上去世,范守易不仅承担了艾若瑟遗体遗物保护者的角色,而且承担了艾若瑟所负使命未完成部分执行者角色。当范守易于 1720 年 2 月在澳门上岸后,迅速前往北方。在那里,他于同年 10 月 11 日谒见了康熙帝。"①《审鉴录》写到这里结束了。从这部手稿中我们可以清楚看到,当时有一部分中国人至少是信徒,对欧洲文化是赞赏和接受的。

6 南京教案与"历狱案"

利玛窦去世之后,其后继者继续奉行科学传教政策,一些代表进步思想的官僚、士大夫在接受西学的同时,信奉了天主教。然而还有一些代表落后思想的官僚、士大夫,出于对海疆的忧患意识和维护传统的"夷夏"成见,不仅拒绝西学和天主教,还奋起攻击,挑起冤案。明末的沈潅和清初的杨光先便是。

根据《明史》,沈潅是乌程(吴江)人,嘉靖三十八年中进士,历任祠祭郎中、礼部侍郎。当初"西洋人利玛窦入贡,因居南京,与其徒王丰肃等倡天主教,士大夫多宗之。奏:'陪京都会,不宜令异教处此。'"②后来沈潅又和郎中徐如珂、给事中晏文辉联衔上疏,斥天主教为邪说。万历四十四年(1616 年)沈潅连上三疏,请灭天主教,说"天主教聚有徒众,营有室庐,公然潜往正阳门里,洪武冈西,起盖无梁殿,悬设胡像,诳诱愚民"。"夫孝陵卫以卫陵寝,则高庙所从衣冠也。龙盘虎踞之乡,岂狐鼠纵横之地,而狡夷伏藏于此,意欲何为乎?"晏文辉也上疏说"惟天地开辟以来,而中国之教,自伏羲以迄周礼,传心有要,阐道有宗,天人之理,发泄尽矣,无容以异说参矣。……乃今又有倡为天主教,若北有庞迪我,南有王丰肃等,其名似附于儒,其说实异乎正"。③

同年 5 月,万历帝下令禁教,沈潅派兵包围南京教堂,逮捕耶稣会士王丰肃(Alfonso Vagnonl,1566—1640 年)、谢务禄(Alrare de Semedo,1585—1658 年)、

---

① 鲁利(Paul Rule):《路易·范守易与澳门》,《澳门圣何禄学院四百周年论文特辑》,澳门文化司署出版,1994 年,第 229 页。

②《明史》列传卷 106。

③《圣朝破邪集》卷 1,第 21—22 页。

中国修士钟鸣礼及 20 多名教徒。当时钟鸣礼正在南京城外秘密刊印徐光启为传教士辩护的《辩学章疏》，与排印工人一同被捕。同年底，万历帝下谕旨，将他们连同北京的庞迪我（Diogo de Pantoja，1571—1618 年）和熊三拔（Sebbatino de Ursis，1575—1620 年）一起驱逐出境，押解澳门。这就是所谓南京教案。

南京教案之后，天主教不仅没有禁绝，反而有所发展，连宫廷里也信教了。及至明亡清兴，主持钦天监的德国人汤若望（Jean Adam Schall von Bell，1591—1666 年）摇身一变，投诚清朝，并以精湛的天文历学取得摄政王多尔衮的信任。

1644 年多尔衮协助顺治帝定都北京，改元为顺治元年。这一年的 6 月 22 日，汤若望依据西洋新历法，将该年的八月初一应见日食的起复时刻、方位、日分并图像上呈清廷。除京师外，他还推算出包括云南、贵州、沈阳、高丽等 16 个地区所应见的资料，打破了历来日食只推算京城的传统。届时（八月初一），多尔衮命大学士冯铨与汤若望率领全体钦天监官员赴观象台实测，结果只有汤若望的西洋新法即钦天监的"大统历"所推测的时刻、方位均合天行，而依据"时宪历"、"回回历"所推测的不验。这样，汤若望彻底取得了清廷的信任，同年 11 月，命他掌管钦天监，"并谕汤若望遵旨率属精修历法，整顿监规，如有怠玩侵紊，即行参奏"。旋即加封太仆寺卿，不久改为太常寺卿。顺治十年（1653 年）3 月顺治帝赐汤若望"通玄教师"称号，下诏嘉奖："尔汤若望来自西洋，精于象纬，宏通历法。徐光启特荐于朝，一时专家治历，如魏文魁等，实不及尔。但以远人，多忌成功，终不见用。联承天眷，定鼎之初，尔为朕修《大清时宪历》，迄于有成。又能洁身持行，尽心乃事。今特赐尔嘉名，俾知天生贤人，佐佑定历，补数千年之阙略，非偶然也。"[1]

汤若望受朝廷恩宠如此，必然会遭到同僚妒忌，最早对汤若望发动进攻的是已革职的"回回科"秋官正吴明炫。顺治十四年（1657 年）4 月，吴明炫上疏道："臣祖默沙亦黑等十八姓，本西域人。自隋开皇己未，抱其历学，重译来朝，授职历官，历 1059 载，专管星宿行度。顺治三年（1646 年），掌印汤若望谕臣科，凡日月交食及太阳五星陵犯、天象占验、俱不必奏进。臣察汤若望推水星二、八月皆伏不见，今于二月二十五日仍见东方，又八月二十四日夕见，皆关象占，不敢不据推上闻。乞上复存臣科，庶绝学获传。"[2]并上呈十四年"回回历"推算太阴五星陵犯书，日月交食、

---

① 《清史稿》卷 272《汤若望传》。

② 《清史稿》卷 272《汤若望传》。

天象占验图像。另外他还上一疏,举出汤若望谬误三件事,即一遗漏紫炁,二颠倒觜参,三颠倒罗计。① 八月,顺治帝命内大臣爱星阿及各部院大臣登观象台测验,不见水星。于是礼部议明炫罪,按律绞,后被赦免。

康熙五年(1666 年),杨光先继续发难弹劾汤若望。杨光先,字长公,安徽歙县人,明朝时为新安所千户。后因上疏弹劾大学士温体仁、给事中陈启新有功,被明廷重用。他是个"贰臣",明亡清兴便投降清朝。清初,杨光先为打击别人作为自己晋身之阶的垫脚石,上疏指摘当时所颁《时宪历书》的封面上题"依西洋新法"五字是"非所宜用",隐藏着一支毒箭。后又进呈《摘谬论》和《辟邪论》,指摘汤若望新法的十大谬误,斥责所奏天主教为妄言惑众。还著《选择议》,抨击汤若望选荣亲王安葬日期之误,并说"若望假修历之名,阴行邪教"②。康熙帝便与议政王议论此事。但议政王等不懂历法,结果这样上奏道:"天佑皇上,历祚无疆,汤若望只进 200 年历,为大不合。选荣亲王葬期不用正五行,反用《洪范》下五行,山向、年月俱犯忌杀,事犯重大。"③

这一状被杨光先告准了,因为康熙初即位时由四辅臣执政,他们都袒护杨光先。最后决议:"汤若望及刻漏科杜如预、五官挈壶正杨宏量、历科李祖白、春官正宋可成、秋官正宋发、冬官正朱光显、中官正刘有泰皆凌迟处死,故监官子刘必远、贾文郁、可成子哲、祖白子实、汤若望义子潘尽孝皆斩。"④后因汤若望效力多年而且年纪老迈,杜如预、杨宏量勘定陵地有劳,皆免死,并令复议。后由议政王等复议,汤若望充军,其他如前议。最后结果,汤若望免予充军,祖白、可成、发、光显皆斩。从此以后,废除新法。

及至康熙帝亲政,以南怀仁(Ferdinad Verbiest,1623—1687 年)治理历法,重新使用新法,杨光先受到谴黜。此时汤若望已死,康熙帝为他平反,封"通微教师",按原品赐恤。

7 礼仪之争

利玛窦来华开教之初,发觉中国的礼仪不免有碍圣教正道,新奉教的中国人很难一一断绝,故采取从俗和宽大的方针,认为这些礼仪并非都是异端。后来传教士

---

① 《清史稿》卷 272《汤若望传》。
② 张荫麟:《明清之际西学输入中国考略》,《清华学报》1927 年第 1 期。
③ 《清史稿》卷 272《汤若望传》。
④ 《清史稿》卷 272《汤若望传》。

来华日益增多,情况复杂起来,始有礼仪之争。

所谓礼仪之争就是围绕着下面三项礼节,即一敬祖之礼、二祭孔之礼、三祭天之礼发生争执,争论的焦点是:第一,祭祀祖先牌位是不是宗教仪式?第二,祭祀孔子是否只为敬礼,或含有异端宗教的意义?第三,以"上帝"两字与"天"字,称呼创造天地万物的主宰是否恰当?对于以上三个问题的答案,因传教团体不一而相异。

耶稣会的利玛窦等大多数会士认为,敬祖先立木版,不过尽人子孝思之诚,没有求福佑之意,也不是说祖先之魂就在木版上,其礼尚可容忍,不必深究。至于祭孔,不过是敬其为人师范,并非祀神之礼,故可容留。但耶稣会中也有意见相左的,如龙华民等认为祭祖祭孔都是异端,应该禁绝。他还认为将创造天地万物的神译为"上帝"和"天"都是不妥的,应音译为"泰初"(Teusu)两字。

耶稣会对于中国人信仰所采取的妥协态度,遭到天主教其他宗派特别是多明我会的猛烈反对。耶稣会士提倡科学传教,笼络人心,多明我会士则反对科学传教,他们连中文都不懂,不用说了解中国固有文化了,两者分歧是不可避免的。然而分歧的最大原因在于国籍不同,多明我会代表西班牙人,耶稣会代表意大利人,而从西班牙来的方济各会,因为同国关系,站在多明我会一边攻击耶稣会,认为耶稣会卖教,容许漳、泉人拜偶像,认为这是拜天,欺骗欧洲人。后来两会写信到罗马,请求教皇公断。但因为教廷抱着调停的态度,没有断定中国礼仪之邪正,所以争论仍在继续进行。

顺治二年(1645年)9月12日,罗马教皇英诺森十世(Innocent X)对礼仪问题下了一道敕令:禁止妥协的态度,违者处以破门之律。对于这道敕令,耶稣会不接受,派遣卫匡国(Martino Martini,1614—1661年)回欧洲辩解。1654年6月卫匡国抵达罗马,申辩中国人的祭孔是民间礼节,而非宗教礼节;祭祖只是用以表示内心孝思和感恩的一种方式。顺治十三(1656年)3月23日,教皇亚历山大七世(Alexander Ⅶ)下一敕令,默认耶稣会的传教政策,但礼仪之争仍未中止。其后历任教皇,因两会(耶稣会、多明我会)所说不同,不敢决定是非正邪,直至18世纪初。

康熙四十三年(1704年)罗马教皇克雷芒十一世(Clement Ⅺ)根据教廷稽查异端部的调查,断定中国之礼仪实属异端,特派铎罗(Charles Thomas Maillard de Tournon)为使臣,来中国通好并宣布谕旨。1705年10月铎罗抵京,11月6日谒见康熙帝。当康熙帝探明铎罗除问候之外还要禁绝中国祭孔祭祖之礼,大为不悦,便下逐客令,派官护送其出京南下。至南京,因是过年时节,暂且逗留数天。铎罗心想,此次东来原为宣布教皇谕旨,此时不为更待何时? 在南京天主教堂以自己名义将谕旨摘要公布,要求各省教士一体遵照勿违。康熙帝闻奏此事大怒,下令锁拿铎罗,解送澳门,交澳葡总督看管。葡萄牙本来享有中国布教的特权,铎罗不经葡国介绍径自来华,便不认他为教皇使臣,将他幽禁在方济各会修道院中。1710 年铎罗病死狱中。另一方面,中国主教上书教廷,要求收回成命。教皇接到中国主教的奏折,召集学者进行研究,越研究越感到异端色彩。1715 年重降谕旨,严禁中国教徒行祭孔祭祖之礼。五年之后,克雷芒十一世又遣使臣嘉乐(Mezzabarba)来华。

嘉乐于康熙五十九年(1720 年)11 月到达北京,清廷厚礼相待,召见 11 次,赐宴两次,康熙帝亲执金樽劝酒,又赐御服貂袍。康熙帝谦虚地说:"朕不识西洋之字,所以西洋之事,朕皆不论,即如利玛窦以来在中国传教,有无不合尔教之处,尔逐一回奏。"嘉乐随即奏道:"利玛窦在中国有不合教之事,即如供牌位与称天为上帝,此即不合教处。"康熙帝说:"供牌位原不起自孔子,此皆后人尊敬之意,并无异端之说。呼天为上帝,即如称朕为万岁,称朕为皇上,称呼虽异,敬君之心则一。如必以为自开辟以至如今,止 7600 余年,尚未至万年,不呼朕为万岁可乎?"[1]嘉乐见有机可乘,便将教皇谕旨进呈御览。其全文如下:

教皇第十一克雷芒得传为永远世世悉知之事,自从我做教皇,第一日以至今,我料理诸事虽多,至于众西洋人在中国互相争论,此系我第一件要紧事。在中国众西洋人因看见中国有几个字,还有几件礼,也有说此有异端之事,也有说此无异端之事。因此争论寄信与我,彼此相告,要我自己决断。我所定夺,叫他们众西洋人一心一意,此一件事从先前在位教皇英诺森十二世料理起首,因他亡故,此事到我跟前。我将两边所告言词,细细详审后,于天主降生 1704 年 11 月 20 日俱已定夺,开写于后。西洋地方称呼天地万物之主,用斗斯二字,此二字在中国用不成话,所以在中国之西洋人,并入天主教之人,方用天主二字,已经日久。从今以后,总不许用天字,亦不许用上帝字眼,只称呼天地万物之主。如敬天二字之匾;若未悬挂,即不必悬挂;若已曾悬挂在天主堂内,即取下来,不许悬挂。二,春秋二季祭孔子,并祭祖宗之大礼,凡入教之人,不许作主祭助祭之事。连入教之人,亦不许在此处站立,因为此为异端相。三,凡入天主教之官员,或进士、举人、生员等,在每月初一

① 故宫博物院编:《文献丛编》第六,《康熙与罗马使节关系文书》,第 13 页。

日、十五日不许入孔庙行礼。或有新上任之官，并新得进士新得举人、生员者，亦俱不许入孔子庙行礼。四，凡入天主教之人，不许入祠堂行一切之礼。五，凡入天主教之人，或在家里，或在坟上，或逢吊丧之事，俱不许行礼。或本教与别教之人，若相会时，亦不许行此礼，因为还是异端之事。再入天主教之人，或说我并不曾行异端之事，我不过要报本的意思，我不求福，亦不求免祸，虽有如此说话者亦不可。六，凡遇别教之人，行此礼之时，入天主教之人，若要讲究，恐生是非，只好在旁边站立还使得。七，凡入天主教之人，不许依中国规矩，留牌位在家，因有灵位神主等字眼文指牌位上边说有灵魂。要立牌位，只许写亡人名字。再牌位作法，若无异端之事，如此留在家里可也。但牌位旁边，应写天主教教敬父母之道理。以上我虽如此定夺，中国余外，还有别样之礼，毫无异端，或与异端亦毫不相似者，如齐家治国之道，俱可遵行。今有可行与不可行之礼，俱由教皇之使臣定夺。若教皇之使臣不在中国，有主事之人同主教之人，即可定夺。有与天主教不相反者，许行；相反者俱决断不行。天主降生 1719 年 9 月 25 日。[①]

　　康熙帝阅毕嘉乐所呈教皇的禁令，大为震怒，认为此种禁令只可行于夷狄之邦，西洋人不识汉字，怎能妄断是非，便于 1720 年 12 月 21 日朱批道："览此告示，只可说西洋人等小人，如何言得中国之大理。况西洋人等，无一人通汉书者，说言议论令人可笑者多。今见来臣条约，竟是和尚道士异端小教相同，彼此乱言者，莫过于此，以后不必西洋人在中国行教，禁止可也，免得多事。钦此。"[②]这样便把原为西方科学文化爱好者和基督教保护人康熙推到绝境，葬送了基督教在中国的传教事业。康熙死后，雍正把天主教和白莲教并列，同属不经之言。乾隆七年（1742年），教皇本尼狄克十四世（Benedict ⅪⅤ）宣布，把禁止祭孔祭祖列为入教的首要条件，但是此时中国的传教事业已被断送，各省大小教堂不是拆毁便是充做仓库了。

　　持续 100 多年的礼仪之争，给中国和欧洲都带来了很大影响。在中国，与天主教禁绝的同时，阻碍了西方科学文化的东渐，推迟了中国近代化的进程。在欧洲，这百年间"实即中国思想输入欧洲之一个良好时机。罗马教皇所认为异端之孔子，不幸因耶稣会的翻译，而竟将'异端'的学说介绍于欧洲。由我们现在看来，幸而有

---

　① 故宫博物院编：《文献丛编》第六，《康熙与罗马使节关系文书》，第 13—15 页。
　② 故宫博物院编：《文献丛编》第六，《康熙与罗马使节关系文书》，第 14 页。

此'异端'的学说,才能给欧洲思想界以一大刺激,给欧洲思想界以'反基督教'、'反宗教'之哲学的影响。因而促进了欧洲之'哲学时代'"①。

8 一名为礼仪之争而死的皇家使者

前述 1705 年 11 月罗马教廷使者铎罗携带 1704 年 11 月 20 日宗教裁判所判决的诏书到北京谒见康熙帝时,被康熙帝探明来意,将他驱逐出京,解押澳门。途经南京时,铎罗突然宣布诏书,严禁中国教徒行祭孔祭祖之礼仪。康熙帝闻奏大怒,一面下令将铎罗及 18 名服从诏书的传教士于 1707 年赶到澳门,一面派出数名使者赴欧洲,以便说服教皇放弃对中国礼仪的禁令。1707 年被康熙帝派往里斯本和罗马的使者巴罗斯(António de Barros)神父和倍奥沃利(Sntónio de beuävoller)神父,于 1708 年 1 月 2 日在加米尼奥的安柯拉河口遇难不幸丧生,他们携带的材料包括铎罗的报告、中国皇帝的敕令和谈话记录,全部丢失。其后康熙帝又任命两位耶稣会士为使者,赴罗马为礼仪问题进行辩解,他们是西班牙人神父阿尔硕(Arxó)和意大利人神父艾若瑟(前述)。

他们偕同中国修士路易·范守易(前述)于 1708 年 1 月 14 日离开澳门,航海总算顺利,平安抵达欧洲。阿尔硕返回西班牙故里病死,艾若瑟和路易·范守易一同到罗马。关于艾若瑟的使命,葡王若昂五世(John V)于 1709 年 4 月 1 日给印度总督的信中说道:"中国皇帝派出的耶稣会士艾若瑟神父乘苏禄和帝汶的船只抵达,以向圣上(教皇)陈述对铎罗在那个帝国采取搞乱秩序的行为表示不满的正当理由,并要求立即作出解释和道歉。该皇帝还希望我对此事表示关心。根据上述神父(指艾)带来的文件和澳门主教及总督发来的文件,证明铎罗不仅仅是葡萄牙国家的敌人。他仇视那个皇帝及其臣仆,而且还践踏我王室传教会被授予的特权。"②"本人随即尽快派我的特使,以向圣上陈述由于铎罗传达谴责已被格里高利二十世和亚历山大七世曾认可的中国礼仪的敕令而对中国天主教造成的巨大损失。中国皇帝在遭此不敬后即命令铎罗出境,待在澳门,并禁止传教士传教。鉴于

---

① 朱谦之:《中国哲学对于欧洲的影响》,福建人民出版社 1983 年版,第 128 页。

② 文德泉:《作为皇家使者的一名耶稣会士墓葬》,《澳门圣保禄学院四百周年论文特辑》,澳门文化司署出版,1994 年,第 232—233 页。

事态严重,希望教廷圣上立即采取措施以向中国皇帝和该朝廷作出满意之解释。本人即于该使者离开前先令在罗马教廷的特使向圣上说明此事。"①

　　显然,葡王所做的努力没有奏效,因为教皇克雷芒十一世偏听两位对中国礼教极端仇视的神父的意见,他们是法国主教迈格罗特(Charles Maigrot)和方济各会主教尼古莱(Giovanni Francesco Nicolai de Leonissa)。

　　1718年1月14日艾若瑟和范守易谒见教皇克雷芒十一世时,耶稣会的敌人尼古莱也在场,根本不给他们讲话的机会及解释他们此行所负的使命,反而要他们对1715年3月19日发布的反对礼仪的敕令表示无条件服从,在教堂宣誓,并要求将宣誓档副本送罗马教廷。

　　艾若瑟奉命出使一事无成,使他精神上的痛苦达到了极点,他在无可奈何的情况下郁郁地登上"方济各·沙勿略"号,1719年5月15日离开里斯本。由于精神上极度痛苦,加上航海时肉体上受苦,艾若瑟于1720年3月15日在好望角附近海上去世,遗体由同伴范守易携回澳门。澳门市政厅于1720年12月通报印度总督:"从里斯本出发的'方济各·沙勿略'号船用了14个月的时间于7月抵港。该船运回艾若瑟神父的遗体。他为赴教廷承担特别使命而死,这在本澳引起不小的震动。"

　　康熙帝得悉艾若瑟回国途中身亡,十分悲怆,立即派穆敬远(João Mouräe)神父赶到广州。1722年7月30日穆敬远到达广州,在该城西北觅得一片土地建造坟墓,并主持了葬礼。有人说,葡萄牙耶稣会士以极其庄严而壮观的形式举行了葬礼,以此蔑视1715年克雷芒十一世的敕令和梅扎巴尔巴(即嘉乐)主教的通知。事情确实如此。

　　该墓现存拉丁文墓碑及汉字碑文各一。墓碑的译文是:"此处安息着耶稣会修士和中国传教士艾若瑟神父,由中国康熙皇帝派其出使欧洲,1720年在归途中于好望角附近去世,终年62岁。时年已入耶稣会42春秋,根据1722年12月17日皇帝陛下圣旨特安葬于此。"②另一块汉字碑文,由康熙帝特使穆敬远撰写,全文如下:③

---

　　① 文德泉:《作为皇家使者的一名耶稣会士墓葬》,《澳门圣保禄学院四百周年论文特辑》,澳门文化司署出版,1994年,第232—233页。

　　② 文德泉:《作为皇家使者的一名耶稣会士墓葬》,《澳门圣保禄学院四百周年论文特辑》,澳门文化司署出版,1994年,第232—233页。

　　③ 文德泉:《作为皇家使者的一名耶稣会士墓葬》,《澳门圣保禄学院四百周年论文特辑》,澳门文化司署出版,1994年,第232—233页。

追根溯源，纤悉尊师艾若瑟为义（意）大利人氏，生于名门望族，家世显赫。盖因聪颖过人，天恩相助，而于年少之时即得天主恩宠，遂毅然放弃家族之世袭荣华、世纪之美好愿望，以皈依天主。是故，终身未娶，并承诺赴遥远之异国传播基督之圣名。于是联络宗教神父组成忠顺之团体，并于稍后在渴望兑现诺言之激情下离乡背井，并远赴异国，以播种宗教信仰，点化众生。其于抵广东沿海后，即取道赴帝国京城。至康熙四十六年十月，居京五载，将全部精力投入其崇高职守。作为皇家使者，被派往欧洲谒见教皇①及法王路易十四世，以述教务。漂洋过海，使其长期身患重病，滞留在外长达十三载。至康熙五十八年九月，罗马教皇念其疾症严重，需长期留居欧陆，欲另派使臣替代之。然此议未获博施宽仁之教士同意，尊师深明皇帝之恩宠，忠于履行之使命，疾病、风浪、海上风险均未动摇其勇气，遂再次登船穿越大西洋。然则经好望角时，于一场飓风之后，病情加重，历尽人世艰难，苦不堪言。尊师品德无瑕，勤勉不息，功德卓著，已达虔信献身之极点。毫无疑问，上帝愿对此等之牺牲予以回报，乃召其赴天国。故此于康熙五十九年六月溘然与世长辞，其遗体被带往广州，安于白云寺两年，以待禀报皇上及有关安葬之降旨。遂秉承陛下圣旨，为其划出一阿奔托②土地用地安息亡灵及另设措施，以保护墓地，且施之以应有之荣誉和礼遇。于是著名尊师之遗骸得以安葬于此，以对其功德之纪念世代相传。本命臣为皇帝陛下指定担此重责，深知最佳之举措莫过于缅怀该伟大之功德，并将其铭刻于基碑之上。呜呼大师，汝已得永恒之福，登光荣之位，故得以倾听吾等善良之祝愿及向来此城此地对汝表达缅怀情意之番人展示汝之充满宽仁厚爱之心，以将汝之德操永远铭记。康熙六十年十一月初十。③

9 反教言论与禁教

孔子为中国封建社会的精神支柱，被奉为"大成至圣先师"，其学说被奉为"万世之至论"。两千多年来，儒学和皇权结合而政治化，皇权因与儒学结合而伦理化。尽管如此，历代贬抑皇权者有之，正面非孔者绝少；儒学不仅支配着整个中华民族

---

① 指克雷芒十一世（1700 至 1721 年在位）。
② 古代法国人使用的丈量土地计算单位，根据不同地区分别为 30 至 50 英亩不等。
③ 即 1722 年 12 月 17 日，康熙于 1722 年 12 月 20 日驾崩。

的思想意识，还渗透入民众的信仰、感情和风俗习惯之中。当利玛窦开教之初就意识到这一点，采取了东西方文化融合论，以合儒、补儒、超儒和附儒的手法调和两者之间的矛盾，并取得了可喜的成功。但是利玛窦根本没有想到，他死后教会内部会出现"礼仪之争"，而且波及教廷与清廷的直接冲突，导致雍正以后 120 多年间，天主教上为朝廷与地方官所禁止，下为民间所排斥。

事实上天主教与中国传统思想和宗教发生冲突是不可避免的，其主要原因在于天主教是一神教，其教义主张在上帝面前人人平等，普世皆为兄弟姊妹，奉教者无阶级、尊卑、贵贱和性别之分。这点与中国的宗法社会特别是南宋朱熹以来所崇尚的纲常伦理——三纲（君臣、父子、夫妻）五常（仁、义、礼、智、信）相悖逆。再者，天主教只信奉三位一体（圣父、圣子、圣灵）的唯一真神，对其他信仰一概排斥，这不仅违背儒学真谛，而且触犯了道教和佛教，造成儒佛道三教联合围攻天主教的局面。一些崇信儒学的官僚、士大夫及僧人纷纷著书立说，攻击天主教，尽管他们的言论现在看来是反动落后的，但他们的忧患意识还是可贵的。

杨光先说："光先之愚见，宁可使中夏无好历法，不可使中夏有西洋人。无好历法如汉家不知合朔之法，日食多在晦日，而犹享四百年之国祚，有西洋人吾惧其挥金以收拾我天下之人心，如厝火于积薪之下，而祸发之无日也。"[①]

黄贞说："盖彼教独标生天地，生人、生物者曰天主，谓其体无所不在，无所不知，无所不能，谓天赋畀灵魂于人曰性，不可谓性即天，不可谓天即吾心。天地也，天主也，人也，分为三物，不许合体，以吾中国万物一体之说也不是，以王阳明先生良知生天生地生万物皆非也，此其坏乱天下万世学派者一也。"[②]

许大受说："按彼《天主实义》云：'窃闻古先君子，敬恭天主，未闻有尊太极者。如太极为万物之祖，古圣何隐其说，太极之说，甚难合理。'斥击《周易》，累若干言。嗟嗟！甚矣！夷人之敢于非圣，而刻其书者之敢背先师也。盖易有太极，是生两仪，两仪生四象，四象生八卦，然后化生万物，此乃画前原易，夷辈此言，如生盲人，宁见天日？"[③]

陈侯光说："孔子揭太极作主宰，实至尊而至贵，彼则判太极原属依赖，谓最卑

① 杨光先：《不得已·日食天象验》。
②《圣朝破邪集》卷 3《请颜壮其先先辟天主教书》。
③《圣朝破邪集》卷 4《圣朝佐辟》。

而最贱。"①

李灿说:"夫圣贤之学,原本人心,故曰人者天地之心,未闻心外有天也。"②

林启陆说:"天者理也,帝者以主宰而言也。夫天之生民,有物必有则,人能顺天理,协帝则,自可以主宰万物,统制乾坤,补宇宙之缺陷,正当代之学术,此吾儒之所谓天主也。而天下民物,各具一天主也。堂堂正大,典籍昭彰,何我辈尽弃弗顾,而反听于魑魅魍魉之教,削越祖宗,去抛神主,排礼法,毁典籍;滴圣水,擦圣油,崇祭十字刑枷,而以碧眼高鼻者为天主乎?"③

曾时说:"《天主实义》一书,已议孔圣太极之说为非,子思率性之言未妥,孟子不孝有三之语为迂,朱子郊社之注不通,矧他书犹未及阅,其抑儒蔑儒难枚举也哉!"④

释行玑说:"折裂心性,多般臆说,谓太极不能生物,天地万物不能同根一体。噫!诚不足与语大道之原矣。岂知山河大地明暗色空,咸是妙明真心中物,及人人法法各具太极之理。利玛窦既不悟法法唯心,心心本具,而务外计度,故别执有天主可尊可附,能生能造,以至趋妄逐物起种种差殊之见。"⑤

蒋德璟说:"愚自以为善学孟子,特不敢似退之(韩愈)所称功不在禹下耳。且以中国之尊,贤圣之众,圣天子一统之盛,何所不容?四夷八馆,现有译学之官;西僧七王,亦赐阐教之号。即近议修历,亦令西士与钦天分曹测定,聊以之备重译一种,示无外而已,原不足驱也,驱则何难之有?李文节曰:'退之《原道》,其功甚伟。第未闻明先王道以道之,而辄庐其居,亦不必。'因以此意广黄君(即《破邪集》作者黄贞),而复叹邪说之行能使愚民为所惑,皆吾未明先王之道之咎,而非邪说与愚民之咎也。白莲、闻香诸教,入其党者骈首就戮,意窃哀之。然则黄君破邪之书,其亦哀西士而思以全之欤!即谓有功于西士可矣。"⑥

这样,在儒佛道统一战线围攻的情况下,再加上礼仪之争所造成的教廷与清廷冲突,至雍正一代终于发布禁教令,不过其中有一定的导火线。原来康熙有 35 个

①《圣朝破邪集》卷 5《辨学刍言》。
②《圣朝破邪集》卷 5《辟邪说》。
③《圣朝破邪集》卷 6《诛夷论略》。
④《圣朝破邪集》卷 7《不忍不言序》,
⑤《辟邪集》卷下,第 21 页。
⑥《圣朝破邪集》卷 3 黄贞《破邪集序》。

儿子,早年立二子胤礽为太子,后因胤礽经常违反宫廷制度被废黜,其后始终未能再立太子。及至康熙晚年仍无皇储,其有才能的皇子们不免各怀继位的图谋,导致爆发一场争夺皇位的宫廷斗争,其中雍正与皇九子胤禟的斗争最为激烈。在胤禟的支持者中有一名耶稣会士,名叫穆敬远(前述),深得康熙信任。他与胤禟往来甚密,曾教胤禟学西洋字,热衷参与胤禟继位的图谋,遭到雍正的痛恨。此外支援胤禟的还有雍正的堂兄弟、辅国公都统苏奴。他有儿子 11 人,其中九人信天主教。雍正是位多疑而残酷的皇帝,由忌恨胤禟和苏奴而迁怒天主教传教士,最后于1724 年 7 月 11 日发布禁教令,通谕各省:"着国人信教者应弃教,否则处极刑;各省西教士限半年内离境,前往澳门。"这一禁教令一直延续到鸦片战争,致使西方18 世纪和 19 世纪上半期因工业革命而迅速发展起来的科学技术知识未能传入中国。

10　禁教余风袭击澳门

时至乾隆初年,第一任澳门同知印光任任职期间(1744—1746 年),政绩斐然,深得同僚和上司好评。这个资讯传到北京,乾隆对澳门这个番民杂居的地方能治理得好的消息,似乎不太相信,便派钦差大臣薛韫前往察看,顺便视察南方海防。薛韫到澳门一看,果然不错,政治清明,番民安居乐业,互不相犯。其后薛韫回京复命,还陈述了沿途所见广东南澳和广西庆远的混乱情况。乾隆帝觉得南澳也是沿海要地,非整顿不可,便下谕旨说:"着印光任担任南澳同知,即日赴任。澳门同知着香山县令张汝霖兼署。"

这道谕旨很快就由两广总督策楞转给印光任。印光任立即发函给香山县令张汝霖,请他来同知府办理移交手续。当时同知府设在澳门北面的前山寨。此时张汝霖也接到兼署澳门同知的谕旨,便来前山寨接收。印张两人本是旧交,交接手续办毕,印光任设宴招待张汝霖。次日张汝霖送印光任经由海道赴南澳上任,船至外十字门的横琴山,印光任作《横琴秋霁》一诗赠张汝霖:"凭高秋极目,孤屿一琴横。有曲仙应谱,无弦籁自鸣。烟开万顷碧,木落九霄清。泠泠潇湘意,平沙雁数声。"两人在此告别,船一南一北,分道扬镳。后来印光任忠于职守,善始善终,告老还乡;张汝霖则怠忽职守,虎头蛇尾,受贿渎职被罢官。

张汝霖兼署澳门同知之后,决心大干一番。如前所述,乾隆朝继雍正朝之后继续禁教,把天主教视为与白莲教同列的邪教,传教士潜入内地传教或中国人到澳门信教都视为非法。张汝霖为取得政绩,向广东督抚密呈《请封唐人庙奏记》。其中详述澳门中国人信教的情况:"澳门唐夷杂处,一系在澳进教,一系各县每年一次赴澳进教。其在澳进教者,久居澳地,习染已深,语言习尚渐化为夷。但其中亦有数等,或变服而入其教,或入教而不变服,或娶鬼女而长子孙,或借资本而营贸,或为工匠,或为兵役;还有人往来于夷人之家,要想进教以便与夷人交往。此种忽来忽往,不能查其姓名。今查得林先生、周世廉等十九人,而林先生番名'咭吠叽吵',住进教寺内,率其子与其徒专以传教为事。另有每年一次赴澳进教的,附近各县赴拜者接踵而至。礼拜之后,有人即行返棹,有人留连二三日。一切进教之人,俱向林先生取经诵习。此种姓名,今已无可查开。前经印同知示禁查拿,来者渐少。本职抵任,复经示禁,林姓旋即潜逃,该寺现由唊知古看守。"接着张汝霖建议道:"绝流不如塞源,应请将进教寺拆毁或封锢,寺中神像、经卷烧毁,或交夷人收领。各县民人一律不许赴澳礼拜,违者拿究。"最后张汝霖说:"愚昧之见,未知当否,密禀钧裁衡夺。"①

两广总督、广东巡抚和布政使三人一致同意封闭唐人进教寺,制定具体政策:凡未经娶有鬼女,又无资本与夷人合伙,但已在澳进教,而自行生理的人,不论所穿唐衣鬼衣,均勒令出教,回籍安插。凡与夷人合资而未娶鬼女的人,勒限一年清算,出教还籍。凡与夷人合资而已娶鬼女的人及工匠、兵役人等,穿唐衣者勒令出教,穿番衣者勒令易服出教,均俟鬼女身死之日,携带子女回籍;其未回籍之日,不许出洋贸易。政策既定,督抚两院行文香山县令兼署澳门同知张汝霖,并下达告示《严禁愚民私习天主教以安民夷以肃法纪》。

张汝霖接到省里文件,于 1747 年 2 月带领 100 多名士兵从前山寨开赴澳门,把建立在三巴寺下的进教寺(唐人庙)围困起来,查封寺内所有东西,然后用封条把大门封闭,还在澳门各处遍贴两院的告示说:"照我圣朝怀柔远人,垂念番船来广交易,委身风浪,无地栖止,准照旧例,将香山县属之澳门许令输租暂住,历年以来民夷颇觉相安。至于天主教礼拜诵经,乃该国夷风,我朝原不禁止,但不许引诱内地民人习教,以干罪愆。近闻在澳番人尚俱遵守法纪,转有一等内地奸民,窜入澳内,改效番名,私习其教。如林姓自改其名曰'咭吠叽吵',并以番名名其子曰'哑嚹

---

① 印光任、张汝霖:《澳门纪略》,广东高等教育出版社 1988 年版,第 29—30 页。

嗦',其徒李姓名曰'咽哪嘶'者,盘踞澳门之进教寺内,引诱内地愚民。如南海、番禺、顺德、东莞、新会、香山等附近之人,多有被其煽惑,诣寺入教,向其取经,并于每岁清明、冬至之期,聚集持斋,习其礼拜,不特为害人心,抑且大干禁令,实属不法。除林姓等已逃,现饬地方文武各官严拿务获,重治示儆,并将进教寺饬令地方官督令该澳夷目严加封锢看守,不许擅开。倘有奸民仍敢勾引内地民人复蹈前辙者,立即严拿治罪。其寺内原贮西洋经卷,器物,仍着番人自行收回外,所有从前入教愚民,本应逐加治罪,第念无知被诱,故从宽典,合亟晓谕严禁,嗣后务俱革面革心,恪遵法纪。在住澳番人,寄居原为市舶,其内地商行人等与之交易往来,以及雇请匠工、代为买办通事,皆例所不禁,仍应听从其便,但不许民人私习天主教,及改易番名、潜投澳内礼拜煽惑。其有从前进教,已改番名,及既服番衣者,许令自首,改业出教,免其治罪。至附近各县民人,敢有私再赴澳礼拜,或于私家仍习天主教诱民惑众者,立将本人按律重治。保邻不举,一并坐罪。该地方文武各官,稽查访拿,倘有失察故纵,定行分别严参。至该澳夷目,恪体天朝深厚之恩,约束番夷,循分生理,自保安全,不得引诱内地民人在澳习教,及将封禁之进教寺擅行私开,致于天朝法度,以失该国恭顺之诚,有于未便。"[①]

　　此次禁教,张汝霖立了大功,但其弊病尚未消除,以往入进教寺的,现在改入三巴寺,张汝霖也无可奈何。事实上,教会禁止教徒祭祖祭孔之后,中国官僚、士大夫很少信教,传教对象从上层社会转入下层社会,信教者都是穷苦人民。他们藏身山林海岛,宵聚昼散,此起彼伏,秘密信教,根本无法禁止。中国的禁教虽然没能有像日本那样严厉和残酷,但也带来了长达百余年的"教难时期"。

---

① 印光任、张汝霖:《澳门纪略》,广东高等教育出版社 1988 年版,第 31—32 页。

第十章 西方学术的接受与融合

1 天文历学

中国古来是个农耕社会,从事农业生产便少不了历法,因而中国的天文历法历史悠久,两千年前就有浑天仪和历书了。但中国历书根据月亮,不太准确,必须每年修改,利玛窦来华之前,中国通用的是明初制定的大统历(以元朝郭守敬的授时历法为基础加以改订)。自成化元年(1465年)以后,大统历与天象误差很大,朝中纷纷议论改历,但钦天监守旧,始终未能实现。及至利玛窦来华,才把西方由教皇格里高利十三世制定的阳历——格里高利历带到中国。

利玛窦看到中国历法的缺点,决定以天文历法为晋身之阶,所以他于1601年到北京献礼物时上疏说:"天地图及度数,深测其秘,制器观象,及考验日晷[1],并与中国古法吻合。倘蒙皇上不弃疏微,令臣尽其愚,披露于至尊之前。"[2]万历三十三年(1605年)利玛窦翻译《乾坤体义》;还著《经天谈》,将当时西方已测知的诸恒星,造为歌诀,以便观象者记诵。他还自制浑天仪、天球仪、地球仪等器具出示,徐光启、李之藻、周子愚等与他结交,向他学习天文历法。他于1607年翻译了《浑盖通宪图说》,由李之藻笔授,此书阐述简平仪用法,为向中国人介绍西方天文学的第一部著作。

利玛窦为准备好皇帝的召唤,写信给罗马的耶稣会总长,要求派几位精通天历法的神父或修士来北京编译天文书籍,以便计算日、月食及行星位置之用。数年之后,庞迪我、熊三拔、罗雅谷、邓玉函等人先后来到澳门,伺机进京。不过此时利

---

[1] 利用太阳投射的影子来测定时刻的一种装置。
[2] 黄伯禄:《正教奉褒》,光绪三十年(1904)上海慈母堂本,第5页。

玛窦已经在北京故世了。

万历三十八年(1610 年)，钦天监预测本年十一月初一有日食。职方郎范守已上疏驳斥其错误。果然届时日食不应验，万历帝责问钦天监，日食不验，该当如何处置？礼部奏道：“应撤销钦天监内不称职的守旧官员，博求知历学者，令与监官昼夜推测。”万历帝采纳礼部建议，大力整顿钦天监。于是钦天监五官正周子愚乘机推荐西洋人。上疏道：“大西洋归化远臣庞迪我、熊三拔等，携有彼国历法，多中国典籍所未备者。乞视洪武中译西域历法例，取知历儒臣率同监官，将诸书尽译，以补助典籍之缺。”①当时翰林院认为，徐光启、南京工部员外郎李之藻也懂历法，可与庞、熊等同译西法，让邢云路等参订修改。但要修历，必须重视测验，建议皇上下令修治仪器，以便从事实测。翰林院的建议被皇上采纳，不久邢云路、李之藻都被召至北京，参与历事。邢云路所学的是中法，李之藻则以从利玛窦学来的西法为宗。

万历四十一年(1613 年)李之藻擢为南京太仆少卿，力荐庞迪我、熊三拔、龙华民和阳玛诺等，他说：“其所论天文历数，有中国昔贤所未及者，不徒论其度数，又能明其所以然之理。其所制窥天、窥日之器，种种精绝。今迪我等年龄向衰，乞敕礼部开局，取其历法，译出成书。”②但当时庶务因循，未暇开局，直至崇祯二年(1629 年)五月初一日食，大统历推测有误，而徐光启依西法预测应验，崇祯帝才接受礼部开设历局的建议，以徐光启督修历法。于是徐光启一面制定修历方针，一面重用西洋人龙华民、邓玉函。次年邓死后，又聘请汤若望、罗雅谷译书演算。徐光启本人晋升为礼部尚书，仍然督学历法。徐光启的修历，并非全部照搬西法，而是弃中法之所短，取西法之所长，互相参照考订，即所谓“宜取其法(西法)，参互考订，使与大统法会同归一”，也就是采用中西融合的方法。为更好地修订历法，徐光启上《历法修正十事》，即一，议岁差，每岁东行渐长渐短之数；二，议岁实小余，昔多今少，渐次改易及日景长短岁岁不同之因；三，每日测验日行经度；四，夜测月行经纬度数；五，密测列宿经纬行度；六，密测五星经纬行度；七，推变黄道、赤道广狭度数；八，议日月去交远近及真会、视会之因；九，测日行，考知两极入地度数；十，随地测验两极出

---

①《明史》卷 31 志第七《历一》。
②《明史》卷 31 志第七《历一》。

入地度数及经纬度。① 其后的《崇祯历书》就是按此计划累年测验之结果。

同年(1629 年),徐光启上《见总界新图》,此为 1628 年所测。其上有黄赤两道经纬度,测得 1356 星,比大统回回历所测多五倍,并用西法绘图立表,引正旧图之误。其后又上《黄赤道总星图》,测得之星有 1344 颗。以上两图都成为其后《崇祯历书》的一部分。崇祯三年(1630 年)徐光启上所撰诸书,计有《日躔历指》1 卷、《测天约说》2 卷、《大测》2 卷、《日躔表》2 卷、《割圆八线表》6 卷、《黄道升度》7 卷、《黄赤距度表》1 卷、《通率表》1 卷②,共 8 种 22 卷,皆为后来《崇祯历书》的一部分。崇祯五年(1632 年)徐光启因病辞职,由李天经代职。是年徐光启病死,著历书百卷。

崇祯七年(1634 年),李天经进《历元》27 卷和《历法》32 卷。崇祯九年(1636 年)李天经与汤若望推测南京、北京有恒星出没,还测得北京北极高度。至此新法历书仪器均已完成,所成之书 140 余卷,赐名为《崇祯新法历书》。该书分为 11 部,即《法原》、《法数》、《法算》、《法器》、《会通》、《日躔》、《恒星》、《月离》、《日月交会》、《五纬星》、《五星交会》,其中有图表有论述,以西法融通中法,即如徐光启所说,"融西洋之巧算,入《大统》之模型"。此书所采西法,以第谷(Tycho Brahe,1546—1601 年)的日动说为主,没有采用哥白尼(Copernicus Nicolaus,1473—1543 年)的地动说。其主要原因,据说是他们不能用欧洲的历法简单地排除中国原有历法,因为一经变更,人民决计不会接受的。不过罗雅谷的《五纬历指》和汤若望的《历法西传》中对地动说略有介绍。该书完成后,守旧派魏文魁、郭正中等力言中历不可废,阻止颁布。及至崇祯十六年(1643 年)正月,用西法测日食吻合,崇祯帝乃决定颁布,可惜兵事倥偬,未即实行,不久明朝灭亡。

清朝兴起,汤若望为清廷服务。首先他修复被破坏的天文仪器,还新制了浑天星球仪、地平日晷仪、望远镜等。其次他著作《新法表异》一书,以 24 事说明西法优越,中法拙劣。最后顺治元年(1644 年)预测日食成功,使清廷决定采用西法,将新历颁布天下,名为《时宪历》。后来汤若望担任钦天监正,受到康熙帝的恩宠,名声大振。但遭到以杨光先为首的守旧派妒忌,制造所谓"历狱"(前述),不久病死。

西学保护人康熙亲政之后重用西洋人,以比利时人南怀仁(Ferdinand Verbiest,1623—1687 年)为钦天监副(后升监正)。南怀仁于康熙八年(1669 年)

---

① 《明史》卷引志第七《历一》。

② 《明史》列传,《徐光启传》。

改造观象台仪器,新制仪器六种,即黄道经纬仪、赤道经纬仪、纪限仪、象限仪和地平纬仪。又将各仪器的制法、用法、安置法绘图说明,并用其仪器所制得的诸表,合为一著作——《灵台仪象志》,书成于康熙十三年(1674 年)。南怀仁还预测七政交食表 32 卷,名为《康熙永年表》。康熙二十一年(1682 年),康熙帝赴盛京(今沈阳),南怀仁携带仪器随行,测得盛京北极高度,制成《盛京推算表》。当时法王路易十四世投康熙帝所好,赠地平纬仪,安置于观象台。

康熙二十六年(1687 年)南怀仁死后,钦天监不再由西洋人为监正,历政顾问则有戴进贤(Ignatius Kogler,1680—1746 年)、林安多(Antonio da Silva,？—1707 年)等,监臣有纪利安(原名未详)等,他于 1713 年制地平经纬仪、象限仪及地平纬仪各一。康熙一代,钦定天文学书有两部,即一是《御定四余七政万年书》(1718 年),二是《历象考成》(1722 年),编撰者无一西洋人,全是中国人,可见中国已培养出自己的天文历法专家。除乾隆年间法国人蒋友仁(Michael Benoist,1715—1774 年)来华以外,已没有西洋天文学家来华服务于清廷了。蒋友仁来华进贡《增补坤舆全图》及新制浑天仪,并奉命翻译《地球图说》(何国宗、钱大昕润色)。该图说记述了哥白尼的地动说原理,并引例详为考证。这是中国地动说之始。

关于清朝钦天监聘用西洋人,始于康熙八年(1669 年),当初只监正一人,后增加西洋监副一人。乾隆十八年(1755 年)又增西洋监副一人。嘉庆年间(1796—1820 年),监正已不规定用西洋人,监副则按乾隆旧制。至光绪年间(1875—1908 年)所纂的《大清会典》,已规定钦天监完全不用西洋人了。

② 数学物理学

中国古代数理算术本有不少杰出的成果,但长期以来受封建体制的束缚,阻碍了它的发展,及至明末西方传教士来华,才把先进的西方的数理算术带到中国,给中国传统的数理算术注入新的血液,使其健全发展。

最早将西方数学介绍到中国的是利玛窦,他撰有《乾坤体义》2 卷,其中下卷谈到数学,"以边线、面积、平圆、椭圆互相容较,词简义赅,为近代数学传入中国之始"。[①]后来利玛窦到北京,与徐光启、李之藻合作译书,最先译出的是数学书,即《几何原本》

---

① 《四库总目提要》卷 106,第 94 页。

6 卷，译成于万历三十五年（1607 年）。该书原为欧几里得的著作，由利玛窦在罗马时的老师丁先生即克拉维阿斯（Christoph Clavius）所编，共 15 卷，前 6 卷为欧几里得的本文、后 9 卷为丁先生的注释和绪论。[①]《几何原本》的内容：第一卷论述三角形，第二卷论述线，第三卷论述圆，第四卷论述圆内外形，第五、六卷论述比例。该书由利玛窦口授，徐光启笔译，为求合本意，三易其稿，为输入西学中最完善的著作。

同年利玛窦与徐光启合译《测量法义》，记述应用几何原理，以为测量之法。其中有测量术 15 项，每项都加以证明。万历三十六年（1608 年），利玛窦与李之藻合译《圆容较义》，专论圆之内接、外接形，引申《几何原本》，有定理 18 则，其中一则论椭圆。其后利玛窦与徐光启合撰《测量异同》、《勾股义》两书，论述三角法。万历四十一年（1613 年），利玛窦所著《同文算指》10 卷由李之藻译出。该书论述比例、级数、开方等，为西方近代算术输入中国之始。

继利玛窦之后，艾儒略（Julius Aleni）与瞿式谷于崇祯四年（1631 年）合译《几何要法》。邓玉函（Joannes Terrenz）于崇祯二年（1629 年）译出《大测》，崇祯四年译出《割圆人线表》。罗雅谷（Jacobus Rho）著《测量全义》，系统地介绍了平面三角、球面三角及圆锥曲线、椭圆面积等。

顺治年间（1644—1661 年），穆尼阁（Nicolas Smogolenski）在南京著《天步真原》，由薛凤祚译出。该书以加减代乘除，折半代开方。康熙帝很喜欢数学，召西方传教士入内廷进讲。白晋记述道："我们四个住在北京的耶稣会传教士，有幸被皇帝召去为他讲解欧洲科学。……皇帝委托他皇室里两个精通满语和汉语的大臣来帮助我们写讲稿，并指定专人加以誉清。每天还叫我们为他口述这些文章。他整天和我们一起度过：听课、复习，并亲自绘图，还向我们提出随时发现的问题。然后我们将文章留给他自己去反复阅读。他同时练习计算和一些仪器的使用，经常复习一些最重要的欧几里得定理，以便更好地记住那些论证。这就使得在五六个月的时间里，他就熟练地掌握了几何学原理，只要给他一张与某定理有关的几何图，他就能立即回忆起这个学过的定理和论证。"[②]代数当时称之谓"借根方程"或"阿尔热八达"（Algebra），与几何学同时输入，杜德美（Petrus Jartoux）著《周径密

---

① 这后 9 卷于咸丰七年（1857）由伟烈亚历（Alexander Wylie）和李善兰译出。

② ［法］白晋：《康熙帝传》，中国社会科学院历史研究所清史研究室编：《清史资料》第 1 辑，第 222—223 页。

率》、《求正弦正矢捷法》,对中国代数的发展有很大影响。

康熙帝命诸臣所纂的《律历渊源》中有《数理精蕴》一书,至雍正元年(1723 年)方始完成。该书集当时所输入的西方数学之大成。

西方近代数学输入中国之后,中国学者对它进行学习和研究,终于出现了一批融合中西数学的专家和著作。例如,会通中西数学的梅文鼎,著有《筹法》3 卷、《平面三角法举要》5 卷、《弧三角举要》5 卷、《方程论》6 卷、《勾股举偶》1 卷、《几何通解》1 卷、《几何补编》4 卷;王锡阐著有《晓庵新法》6 卷;李之全著有《几何简易集》4 卷;杜知耕著有《几何论约》7 卷;年希尧著有《对数应运》1 卷、《对数表》1 卷、《三角法摘要》1 卷;毛宗旦著有《勾股蠡测》1 卷;陈许著有《勾股述》2 卷、《勾股引蒙》10 卷;王元君著有《勾股衍》;程禄著有《西洋演算法大全》4 卷;戴震著有《算经十书》、《策算》、《勾股割圆论》3 卷;焦循著有《加减乘除法》8 卷、《开方开解》1 卷、《释弧》2 卷、《释轮》2 卷、《释椭》1 卷,等等。以上都是中国近代数学的启蒙书,在中国数学史上有其一定的地位。

物理学方面,最早将西方近代机械工程学输入中国的是熊三拔。他于万历四十年(1612 年)著成《泰西水法》一书,共 6 卷,由李之藻译出。该书记述取水蓄水等力学机械,着重应用,原理不详。徐光启对该书进行了研究,他结合中国传统的水利工程知识,撰写《农政全书》60 卷,其中第 12 卷至 30 卷的水利部分皆依据《泰西水法》,因此可以说《农政全书》是中国第一部中西水利学融合的著作。其后方以智的《物理小识》也受《泰西水法》影响;戴震按西洋龙尾车法作《赢旋车记》,按西洋的引重法作《自转车记》,皆受《泰西水法》影响。

天启七年(1627 年),邓玉函的《远西奇器图说》三卷由王征译出。该书第一卷记述重心、比重之理凡 61 条;第二卷记述杠杆、滑轮、轮轴、斜面之理凡 92 条,每条都有证例;第三卷阐述应用上述原理,以起重、引重、转重、取水及用水力代替人力诸器械,各器及其用法都有详述,实为中国出现的第一部力学专门著作。《远西奇器图说》给中国学者有一定影响,王征、方以智、黄履等便是。王征著《新制诸器图说》,方以智著《物理小识》,黄履著《奇器目略》,他们都应用机械工程学原理制造了各种器械。

万历四十八年(1620 年),汤若望携带新式望远镜至澳门,受到人们普遍珍视。明朝遗臣屈大均对“千里镜”记述道:“见三十里外塔尖,铃索宛然,字划横斜,一一不爽。”①天启六年(1626 年),汤若望撰成《远镜说》,为西方光学输入中国之先驱。

_____

① 屈大均:《广东新语》卷 2《地语·澳门》。

该书仅 16 页,先述望远镜用法,再述其原理,最后述制造法;对光在水中的屈折,光经过望远镜之屈折,凹镜散光,凸镜聚光,以及凹凸镜相合以放大物像等现象解释颇详。

3 地理地图学

利玛窦携带世界地图来中国以前,中国也有传统的地理地图学,大型全国地图和地方图一直在绘制着,不过与西方近代地理地图学是两个不同的系统。中国地图上的标位不是通过天文观测,而是根据地区和地区间的测距而得出的,所以不精确,难怪肇庆知府王泮在利玛窦的卧室里看到悬于壁上高度精确的中国第一幅世界地图感到惊奇,并要求利玛窦把它译成中文了。于是利玛窦应王泮之请,根据西文地图重新绘制,附上中文注释,取名为《山海舆地图》,此为第一幅中文世界地图,也是西方近代地理地图学输入中国之始。后来利玛窦又根据杭州、南京、北京等地实测所得的经纬度,绘制了一幅符合中国人心理——中国为世界中心的世界地图,这就是著名的《坤舆万国全图》。该图将中国画在地图中央,既符合中国人的世界观,又把世界五大洲的地理知识和欧洲的经纬度制图法介绍给中国,打开了中国人的眼界。《坤舆万国全图》的原版于 1584 年制成,后经多次修改再版(1595 年南昌版、1598 年苏州版、1600 年南京版、1602 年北京版、1604 年贵州版)。原版早已失传,现有英国皇家地理学会收藏的是 1644 年再版本。万历三十三年(1605 年)利玛窦著《乾坤体仪》3 卷,继续介绍国际地理知识,并阐述四季和昼夜形成的原因。

关于耶稣会士绘制世界地图和中国地图的动机和目的,福斯(Theodore N. Foss)[①]有着精辟的论述:"首批来华传教的天主教耶稣会士就把绘制中华帝国的地图作为一项重要任务来对待。他们把自己积累的制图材料用于启发中国人,并满足其同外部世界关系中的好奇心。标明中国在现代绘图学中的方位的传教用地图还可以回答中国人的问题,如:这些'聪明的洋人'从何而来?他们深知精美的绘图品质和漂亮的地图外观的好处,这是超越语言的。耶稣会士们的制图品质和漂亮的地图外观的好处,这是超越语言的。耶稣会士们的制图工作还对传教有直

---

① 福斯是圣方济大学西方中国文化历史研究所副所长,研究耶稣会和中国绘图法及中国对 18 世纪欧洲推动方面的专家。

接的好处,有利于完成在这个庞大中华帝国范围内宣讲福音的使命。从在华耶稣会传教士的早期活动到 18 世纪后期被镇压为止,绘制地图都被看成是耶稣会士、会友同基督徒或非基督徒中国同事们的一个合作项目。耶稣会士们为扩大传教规模及为朝廷效劳,同时也满足了西方学者对中国情报的渴求。"①因此,继利玛窦之后来华的耶稣会士不断为中国人编制世界地图、中国地图及制造地球仪。

天启三年(1623 年),艾儒略根据庞迪我、熊三拔的遗稿加以增补,撰成《职方外纪》五卷。它是中国第一部人文地理书,记述中国域外的风土人情和物产。该书卷首为万国全图、五大洲总图。第一卷为亚细亚总论和分论 13 条;第二卷为欧罗巴总论和分论 12 条,附欧罗巴图;第三卷为利未亚(非洲)总论和分论 13 条,附利未亚图;第四卷为亚墨利加(美洲)总论和分论 15 条以及墨瓦蜡泥加(南极),附亚墨利加图;第五卷为四海总论,有海名、海岛、海岛、海峡、海产、海舶、海道等的记述。该书除当时尚未发现的大洋洲(澳洲)以外,详细介绍了四大洲的地理知识,扩大了中国人的世界观。崇祯十年(1637 年),艾儒略又写了《西方答问》二卷,简要地介绍了西方的风土人情。后来利类思(Louis Buglio)和安文思(Gabriel de Magalhaes)将它改写成《西方要纪》,于康熙七年(1668 年)十一月二十三日回答康熙帝关于西洋国土风俗的下问。

与艾儒略著《职方外纪》的同一年即 1623 年,龙华民(Nicolas Longobardi,1559—1654 年)和阳玛诺(Emmanuel Diaz,1574—1659 年)制成中国第一个地球仪,现藏英国不列颠图书馆。该地球仪制作精美,与现代制作的相差无几,它和利玛窦的《坤舆万国全图》同为中国地理地图学史上现存的两件最重要的文物。

进入清朝,康熙十一年(1672 年)南怀仁著《坤舆图说》,其中记述"地体之圆"说:"世谓天圆而地方,此盖言其动静之义、方圆之理耳,非方其形也。今先论东西,次论南北,以证合地圆之旨。日月诸星虽每日出入地平一遍,第天下国土非同时出入。盖东方先见,西方后见,渐东渐早,渐西渐迟。"②介绍了西方的地球圆形说。康熙十三年(1674 年)南怀仁又著《坤舆全图》,这是一幅将世界划分为两个半球的当代欧洲世界地图,主要取材于瓦斯纳(Nicolaus á Wassenaer)的 1661 年地图。在《坤舆全图》中,南怀仁扭转了利玛窦以来故意将中国置于世界中心附近的习惯,

---

① 福斯:《西方解释中国——耶稣会士制图法》,澳门《文化杂志》第 21 期。
② 南怀仁:《坤舆图说》,《四库全书存目丛书》子部 93 册。

正确地表示了中国的地理位置。乾隆二十七年(1762年)法国传教士蒋友仁著《增补坤舆全图》。他还翻译了《地球图说》,将哥白尼的地动说介绍到中国。

耶稣会士不仅通过世界地图将欧洲介绍给中国人,还通过中国地图将中国介绍给欧洲人。我们可以说,欧洲人有关中国地理地图学的形象几乎都是在17、18世纪从在华耶稣会士的资料中得到的,而在华耶稣会士有关中国地图的资料直接来源于中国人。卫匡国(Martino Martini,1614—1661年)的《中国新图》就是参照了明末的许多地方志,批判地分析比较了原文并吸取了合理的结论。这里不仅有精密的各省详图,而且还对中国各个不同地区作了详尽的介绍,每省都有自然、经济和政治地理等方面的资料。卫匡国坦率地承认:"这部地理学著作并非单单出自他个人之手,耶稣会士前辈同僚们的作品给了他很大帮助。中国朋友们也为他提供最可靠的材料,甚至还从某些较长文章中摘出一部分给他。"[1]1655年卫匡国的《中国新图》在欧洲出版时,有位耶稣会士教友说:"卫匡国神父在其地图中把中华帝国地图情况描绘得如此淋漓尽致,我们几乎再没甚么可求的了。"[2]

与卫匡国编制《中国新图》的同时,波兰人耶稣会士卜弥格(前述)也在编制一本包含各省的《中华帝国全图》。卫匡国是为新建立的清朝服务,卜弥格则代表南明永历帝赴欧求援以图恢复明朝。但卜弥格的中国地图当时没有出版,手稿散落各地,后来多亏法国神父、地图制作家达伯维尔(Nicolas Sanson d'Abbeville,1600—1667年)收集失落的手稿才得以出版。

至18世纪初,清朝版图迅速扩大,对康熙帝来说,显然需要一幅真实表现庞大帝国全貌的精确地图,而耶稣会当即表明他们对此事的兴趣和测绘及制图方面的能力和技艺。在得到皇帝批准后,耶稣会动员了足够数量、经过绘图技术训练的耶稣会士,搜集了有关地区的背景的丰富资料,让耶稣会士的绘图专家们在调查整个帝国的基础上绘制一幅完整而科学的地图。这项工程既满足了耶稣会编绘中国地图的夙愿,又满足了清廷对一幅科学帝国地图的需求。不过这项庞大的工程不是康熙帝一举就决定的,而是由几个小工程逐渐扩大的。首先是巴多明(Dominique Parrenin,1665—1741年)找到了一个让康熙帝想看到一幅万里长城地图的办法,后来张诚(Jean Francois Gerbillon,1654—1707年)又进一步鼓动康熙帝将这个项

---

① 福斯的前揭文,澳门《文化杂志》第21期。
② 福斯的前揭文,澳门《文化杂志》第21期。

目继续进行下去。长城地图和小规模调查是促成宏伟计划的一个因素。

北河和温榆河的周期性洪水使康熙帝深深感到有必要对京郊四周进行一次详细调查，便下令让安多（Antoine Thomas，1644—1709 年）、白晋（Joachim Bouvet，1656—1730 年）、雷孝思（Jean Baptiste Régis，1663—1738 年）和巴多明绘制该地区的地图。这幅地图在七天内便完成并进呈皇上了。皇上看了很满意，又召见白晋、雷孝思和杜德美（Pierre Jartoux，1669—1720 年），要求他们绘制从永平府（北直隶管辖）到甘肃一带的长城，由地理学家雷孝思负责。

康熙四十七年（1708 年）六月四日雷孝思一行率领耶稣会测量员离开北京。他们先到山海关，然后沿长城到山西北部，再从那里返回，到京时间是 1709 年 1 月 10 日。他们带回了一幅约 15 英尺长的地图。该图很详细，包括河流、要塞和 300 多个城门入口。康熙帝看了十分满意，决定绘制一幅精确的中华帝国图。耶稣会接到绘制中华帝国图的圣旨，便立即着手调查中国各省并收集西藏、鞑靼（即东北）和朝鲜等边远地区的材料。

康熙四十八年（1709 年）五月八日，杜德美、雷孝思和费隐（Ehrenberg Eaver Fridelli，1673—1743 年）一起开始了东鞑靼地区的制图工作。该地区为满人故里，包括沈阳、热河、乌苏里江和黑龙江河口一带，任务相当艰巨，幸而皇帝下令，得到当地文武官员的大力支持，使工作得以进展顺利。这幅东鞑靼地图更使皇帝满意，因为在北京出生的满族皇帝不离京城即可看到故土，而且从该图上可以学到许多东西。接着上述三位神父又奉命绘制北直隶地图，这里是帝国政府的所在地，其位置非常重要。他们从 1709 年 12 月 10 日开始工作，至次年 6 月 29 日完成。

出色地完成北直隶地图之后，这三位神父被派到黑龙江中游、色楞格河和蒙古乌兰巴托以北地区从事测绘工作。他们从 1710 年 7 月 22 日开始工作，同年 12 月 14 日结束，又一次出色地完成了一幅新地图，皇帝仍然很满意。

至 1711 年，耶稣会的绘图工程明显加快，他们分成几个小组，各省及其他边远地区的制图工作齐头并进。雷孝思和葡萄牙耶稣会士、数学家麦大成（Joao Cardoso，1671—1723 年）奔赴山东，杜德美、费隐和奥古斯丁会士山遥瞻（Guillaume Fabre Bonjour，1669—1714 年）奔赴黑龙江、色楞格河上游和哈密地区，1711 年底，又有汤尚贤（Pierre Vincent de Tartre，1669—1724 年）、德玛诺（Romain Hinderer，1669—1744 年）和冯秉正（Joseph Anne Marie De Moyriac de Mailla，1669—1748 年）应征参加绘图工作，康熙帝当即钦定，分赴各省。

陕西、山西两省地图由汤尚贤和麦大成于 1713 年初完成,这两幅地图各宽十英尺。截至 1715 年底,其他各省地图陆续完成,送北京汇编。至 1718 年汇编工作完成,进呈康熙帝,费时十年(1708—1718 年)。这就是使用最先进的经纬图法、三角测量法和梯形投影法绘制而成、比例为 1∶1400000 的《皇舆全图》,又名《康熙皇舆全览》。康熙帝对此图的绘成十分满意,对内阁大学士蒋廷锡说:"《皇舆全览图》,朕费三十余年心力,始得告成。山脉水道,俱与禹贡相合。尔将此全图并分省之图,与九卿细看,倘有不合之处,九卿有知者,即便指出,看过后面奏。"不久,九卿奏称:"……天道地道兼而有之,从来舆图所未有也。"①该图是当时世界上工程最大、最精密的地图,1718 年由铜版雕刻家马国贤(Matteo Ripa,1682—1745 年)在北京用铜版印制,共 48 幅。该铜版刻本地图被送到法王路易十五(Louis XV)手中,感谢他对传教活动的支援。还有几册存英王乔治二世(George Ⅱ)地图学特藏库②和意大利那不勒斯大学东方研究所。据说现沈阳故宫博物院有该地图的藏本,名为《清内府一统舆地秘图》。

乾隆二十五年(1760 年),乾隆帝又命耶稣会士傅作霖(Felix de Rocha)、高慎思(Joseph d'Espinha)和蒋友仁等绘制《乾隆皇舆全图》(又名《乾隆中国地图集》),比例为 1∶1500000,共 104 幅,制作得比上述《康熙皇舆全览图》更精美,可见当时中国的地图绘制技术已达到国际水准。

4 军事技术

众所周知,火药是中国人发明的,当初仅作为鞭炮之用,至宋代则用之于作战,1161 年至 1162 年的宋金之战使用火药。后来火药由阿拉伯人传到欧洲,经过改良,制成火器,使整个作战方法发生变革。最后火器被新兴市民掌握,成为消灭封建社会的有力武器,"但是火药和火器的采用决不是暴力行为,而是一种工业的,也就是经济的进步"③。这一点最早被日本人看到,日本人对西方文化的认识是从火枪开始的。中国人也是如此,明朝末年的一些开明官僚、士大夫,企图从澳门引进

---

① 《东华录》,康熙五十八年二月甲寅条。

② 该图被分别裱糊成一大张规格为 3.17 米乘 2.95 米的大挂图。乔治二世的藏书于 1828 年转藏大英博物馆。

③ [德]恩格斯:《反杜林论》,人民出版社 1970 年版,第 164 页。

西洋火器来挽救亡国的命运。从另一个角度来说，他们看到了西方物质文明的价值，值得在中西文化交流史上写下一笔。徐光启是看到了西方物质文明价值的第一人，他说："兵器之烈，至一发而杀百千人，如今日之西铳极矣，无可加矣。"[①]但徐光启并不是最先引进西洋火器的人，早在 100 多年前的嘉靖二年（1523 年），广东海道副使汪鋐在新会县茜草湾击败葡萄牙人时夺得其炮，即命名为"佛郎机"，进献朝廷仿制。《明史·佛郎机传》记载道："火炮之有'佛郎机'，自此始。"可见最早引进西洋火器的是汪鋐。此外戚继光、赵士桢等都是西洋火器仿制专家，赵士桢还著《神器图谱》。当时有《海外火攻奇器图说》一书流传，作者不明。

从万历四十六年（1618 年）开始，后金（即后来的清）向明朝发动战争，努尔哈赤领兵二万攻陷抚顺，次年萨尔浒（抚顺东 80 里）、开原、铁岭等相继失陷。警报传来，京师大震，人心惶恐。万历帝立即召徐光启从天津进京商讨对策，皇上当然知道徐光启曾"从西洋人利玛窦学天文、历算、火器，尽其术"[②]。徐光启进京之后，连上三疏[③]，指出朝廷"兵政松弛，兵势懦弱，莫过于今日。欲得万全无害，必须有度外奇策"。这个度外奇策，便是按照西法铸造大炮，建立炮台。而建造炮台又需要深心巧思、精通理数的人。后来徐光启又接连上疏[④]，发表了他的军事思想——富国强兵论，其中特别强调了财力、兵力和武器，三者不可缺一。关于财力，他说："战守之具者七，而无一不需财，财不足，费不厚，欲求精兵利器，臣之愚计以为必不可得也。"关于兵力，他说："千筹百说，总以精兵为根本；如无精兵，虽多得良将无可用，多有奇谋不得用，多造利器莫能用，多结外援弗敢用也。"关于武器，他说："欲我制敌，先议器械；欲敌不能制我，先议盔甲。""战胜守固，必藉强兵；欲得强兵，必须坚甲利器。"与徐光启同时代的火器专家焦勖曾译出汤若望著的《火攻挈要》，他也看到西方物质文明的价值，主张武器西化："火攻何以重西洋乎？为其能远、能准，又能速也，是以人莫能敌，最可贵者也。……得其要领肯綮，则凡铳皆可化西

①　徐光启：《丑虏暂东绸缪宜亟谨述初言以备战守疏》，《徐光启集》，上海古籍出版社 1984 年版。

②《明史》列传第 139《徐光启传》。

③　即《敷陈末议以殄凶酋疏》、《兵非选练决难占守疏》和《辽左阽危已甚疏》。

④　即《恭承新命谨陈急切事宜疏》、《谨申一得以保万全疏》和《处不得不战之势宜必占必胜之策疏》。

铳矣。"①

徐光启的奏折被万历帝采纳,万历四十七年(1619年)徐光启升任詹事府少詹事兼监察御史,奉旨以巡抚体统行事,在京郊通州、昌平等地训练新兵,防御京城。他一上任就建议朝廷向福建、广东募集能造西洋火器的巧匠,购买西洋大小各种铳炮;还将武器库时的大小火炮提出来,发给将士操练。但是从武器库领出来的涌珠、佛郎机、三眼等大小铳炮性能极差,炸裂的很多,不敢使用,只有鸟枪一种还能使用。加上万历末年政治腐败,各部事多掣制,拱手坐视;饷银空虚,百无一备;而且保守派反对徐光启的练兵、用饷、制器等政策,徐光启面对重重困难。徐光启毫不气馁,既然官方途径不通,便用私资,通过朋友关系到澳门购置西洋大炮和聘请西洋技师。泰昌元年(1620年)徐光启写信给闲居在杭州的好友李之藻(曾任南京太仆寺少卿)和杨廷筠(曾任湖广按察司副使)合议捐资(徐光启捐银400两)。李、杨两人一致同意,并由李之藻的门生张涛前往澳门购炮。但当时入澳关禁森严,便求助广东按察使吴中伟,转请两广总督吴应台拨船派员,护送张涛入澳,购置大炮四门。澳门当局推举精通火器的技师四人、随员及翻译六人,一同携炮到广州。此时徐光启等从澳门购炮之举受到反对派的非议,外国技师在广州被阻,后又折回澳门。大炮则由张涛自备舟船费用运至江西广信(今上饶),搁置待命。

这样一来,徐光启便灰心了,天启元年(1621年)二月告病返驻天津。三月沈阳、辽阳相继沦陷。辽沈之战,明军不仅兵粮进一步匮乏,而且所拥火器大多被后金军夺去,局势更加危险。许多朝臣疾呼星夜铸造火器,召回徐光启主持此事。四月中旬徐光启被召回京城督造火器,下旬颁给光禄寺少卿兼工程部郎中李之藻"监督军需"的关防,协助徐光启制造火器军械。

李之藻重返朝臣之后,极力宣传西洋火器的先进性,指出此器真可谓"不饷之兵、不秣之马,无敌于天下之神物也"。同时他还主张到澳门招兵:"风闻在澳夷商,遥荷天恩,一向皆有感激图报之念,亦且识臣姓名,但以朝廷之命临之,俱可招来,抚辑而用也。"②

徐光启受命之后,立即提出"以台护铳(炮),以铳护城,以城护民"的防御体系。而这种建造炮台安置大炮的防御体系,是徐光启从利玛窦那里学来的:"若能多造

---

① [德]汤若望:《火攻挈要》下卷《火攻索要》,《海山仙馆丛书》本。
② 李之藻:《制胜务须西铳敬述购募始末疏》,《明经世文编》卷483。

大铳,如法建台,数里之内贼不敢近,何况仰攻乎?一台之强可当雄兵数万,此非臣私智所及,亦与蓟镇诸台不同,盖其法即西洋诸国所谓铳城(炮台)也,臣昔闻之陪臣利玛窦,后来诸陪臣皆能造作,闽广商民亦能言之。"①

正当徐光启、李之藻大刀阔斧进行备战的时候,南京礼部侍郎沈淮和宦官魏忠贤等反对派又大加攻击和弹劾,使建台、造炮、练兵的经费无着。徐光启一气之下又以病辞职,退归乡里上海。徐光启虽然离开朝廷,但此时以前留在广信的四门大炮运到了北京;由两广总督胡应台从澳门购得的26门西洋大炮及招募的外国技师7名、翻译1名和随从16名也由张涛护送来京,人们精神为之一振,兵部尚书董汉儒盛赞西洋大炮为"猛烈神器"。这30门大炮,11门调至山海关前线,19门留守京城(其中一门在演习中炸裂),在抗击后金军战斗中发挥了重要作用。天启六年(1626年)正月,宁前道副使袁崇焕在宁远(今辽宁兴城)保卫战中充分发挥了大炮的作用,把后金军打得落花流水,努尔哈赤也受重伤,不久身亡,史称"宁远大捷"。战后庆功时,将其中一门西洋大炮封为"安边靖虏镇国大将军",它就是徐光启等人以私资最早从澳门购得的四门大炮中的第二位。

崇祯二年(1629年)十一月,皇太极(清太宗)亲率十万清兵入关,围攻北京,全仗西洋大炮解了围。正当清兵围攻北京时,由两广总督王尊德招募的陆若汉(João Rodriguez,? —1634年)和公沙的西劳(原名不详),携带大炮10门,率领技师、工匠等从澳门抵达京城南郊的涿州,协助明军守城15昼夜。后来大炮运入北京,分置于冲要之地,保卫了京城。陆若汉和公沙的西劳被明廷留用,并派人向他们学习大炮操作法,赐炮名为"神威大将军"。陆若汉上疏感谢道:"奉旨留用,方图报答。天末远臣,愿效愚忠。"

不久明廷命中书姜云龙偕陆若汉赴澳门购炮及招募技师、士兵,结果招了300人,编成一旅返京。不料礼部给事中卢兆龙等反对派上疏中伤,说什么"此300人,助顺则不足,酿乱则有余","澳夷专习天主教,最易惑世诬民"。结果陆若汉所率的队伍被阻于南昌,皇上只准陆若汉等少数人运解大炮进京复命,其余一律返回澳门。

崇祯四年(1631年)春,陆若汉回京复命,徐光启将他介绍给山东登莱巡抚孙元化,协助造炮练兵。此时精通西洋火器的登莱监军道王征、登莱副总兵张涛及葡人公沙的西劳都在登莱,使这里成为一个研制和演习西洋火器的中心。崇祯五年

----

① 徐光启:《谨申一得以保万全疏》。

（1632 年）五月，徐光启升任礼部尚书兼东阁大学士，次年十月病故。徐光启死后人们继续引进西洋火器，但终究未能挽救明朝的灭亡。但是，"徐光启引进西方军事技术的历史意义并不在于政治和军事的结果，而是中西文化融合的成就。他引进了作为文化形态的军事科学技术，由此引起了我国传统军事技术及战略战术的深刻变化，并对数学、机械学等学科的发展产生了重要影响；他把人们的眼光引向外界，引导人们汲取和融会异域文化精华，补充和丰富自己的文化宝库，最后达到超越他人的目的。这些才是具有永久性价值的东西，为后世借鉴外来文化提供了宝贵的历史的经验"①。

继徐光启之后引进西洋火器的是汤若望。崇祯十五年（1642 年）兵部尚书陈新上疏说，西洋炮乃中国长技，有无间大将军之称，宜加紧铸造。崇祯帝便命汤若望铸造，由工部办料；还命汤若望将用法传授给兵杖局内监。汤奉命，共铸无间大小炮 20 余尊，大者重 1200 斤，中者重 300 斤，小者重 100 余斤。炮铸成后，崇祯帝派大臣随同验放。皇上嘉其坚利，下诏再铸 500 尊，并命汤若望教授放炮法，编纂炮术书。炮术书于次年撰成，详述大炮铸造法、使用法、安装法及弹药、火箭、地雷的制造。该书由焦勖译出，取名为《火攻挈要》。

清朝建立以后，因吴三桂叛乱，南怀仁奉命铸炮，自康熙十三至十五年（1674—1676 年）铸成大小炮 120 尊，发给各省。至康熙二十年（1681 年）又铸"神武炮"320尊，在卢沟桥试放成功，康熙帝莅临现场检阅，嘉其命中。南怀仁之后，因国家太平，不急需引进西洋火器，史书未见记载。

5　医药生理学

明隆庆元年（1567 年），葡萄牙传教士加内罗（Melchior Carneiro，1519—1583年）到澳门传教，次年被晋升为澳门第一任主教，负责传教工作。隆庆三年（1569年）加内罗在澳门东侧开设第一所医院，不分教内外，病者一律收容，这是中国第一所西医院。关于这所医院，《澳门纪略》这样记道："别为'医人庙'，于澳之东，医者数人。凡夷人鳏寡茕独，有疾不能自疗者，许就庙医，其费给自'支粮庙'（在澳门南

---

① 张显清：《徐光启引进和仿制西洋火器述论》，《东西方文化交流》，澳门基金会，1994 年，第 479 页。

面,如内地之育婴堂)。"①

　　该医院又叫白马行医院,分内外两科。看内科者除诊脉外,还以玻璃瓶盛溺水验其色,以识其病根,所有药品全是露汁,此为西药蒸馏制造技术传入中国之滥觞。看外科者有医生安多尼,擅长外科,所用药露有苏合油、丁香油、檀香油、桂花油,皆以瓶计;冰片油以瓢计。②

　　乾隆二十年(1755年)芳济各会士从马尼拉来澳门开设医院。嘉庆二十五年(1820年),英国东印度公司的一名医生立温斯顿(John Livingstone)在澳门开办一所医院,该公司另一名医生郭雷枢(Thomas Richardson Colledge)也到澳门开办一所眼科医院。当时预防天花的种牛痘的医术也传入澳门及中国内地乃至北京。首次在澳门试种牛痘是嘉庆八年(1803年),但未成功。两年之后,英国外科医生皮尔逊(Alexander Pearson)再次在澳门种牛痘,获得成功。他的有关种牛痘的著作,由广州十三行商人郑崇谦编译成《牛痘奇书》出版。嘉庆十年(1804年)皮尔逊到广州行医,在洋行会馆开设牛痘局专种牛痘,30年间种牛痘的人达100万人。番禺人潘仕成在广州学得种牛痘技术之后到北京。道光八年(1828年)广东人余心谷在北京南海会馆开办牛痘局,由潘仕成主持种牛痘,北京的医生纷纷来学种牛痘技术,从此以后种牛痘预防天花的技术普及全国各地。③

　　与西医技术传入中国的同时,西方医药生理学理论也由传教士带来。万历二十二年(1594年)利玛窦撰《西国记法》1卷,其中《原本篇》记述人的记忆在脑袋里,打破了中国人历来认为记忆在心的谬误。万历四十五年(1618年)熊三拔著《药露说》,此为西药制造技术传入中国之始。

　　最早将生理学传入中国的是邓玉函。泰昌元年(1620年)邓玉函初到中国在澳门行医时,已作临床病理解剖。次年他根据瑞士解剖学家鲍欣(Gaspard Bauhin,1560—1624年)的《人体解剖》(1605年)写了《人身说概》(清抄本题为《泰西人身说概》)2卷,此为西方解剖学传入中国之始。该书上卷记述人体的骨、肉、筋、皮、筋络、脉搏、血液、神经等15个部位,下卷记述总觉司口、耳、目、鼻、舌,四体觉司、行动、言语等8个部位,所论生理器官形态极为详细,部位非常正确。其后罗雅谷著《人身图

---

① 印光任、张汝霖:《澳门纪略》下卷,《澳藩篇》。
② 印光任、张汝霖:《澳门纪略》下卷,《澳藩篇》。
③ 黄启臣:《澳门是16—17世纪中西文化交汇的桥梁》,澳门《文化杂志》第21期,澳门文化司署出版,1994年,第142页。

说》1卷、《五脏躯壳图形》1卷。清抄本将此两卷书与邓玉函的《人身说概》作为姊妹篇合订一册,现存北京图书馆。此外,南怀仁还著《目司图说》1卷。

清康熙年间(1662—1722年),西医在中国进入实用阶段。康熙帝招聘不少懂西医术的耶稣会士入宫充当御医,并在宫内建立一个制药实验室。白晋记述道:"在那里排着各种不同式样的炉灶,摆着化学制药用的工具和器皿。这位皇帝竟不惜开支,指令所用的工具和器皿都要银制的。三个月里,在我们主持下,制造了许多种丸、散、膏、丹。在试制过程中,皇帝驾临观看过几次。当我们药物的试验获得成功时,他极其高兴,并指令所制的药物归他支配使用。"[①]康熙帝还命西方传教士编写了18至20篇关于各种不同疾病的医学著作。"非常幸运,皇帝对这批著作十分欣赏,以口头和书面形式大加赞扬,甚至把我们召到御前,当面称赞。"[②]与此同时,传教士从欧洲带来的西药治愈了大量病人,其中有不少是宫廷大臣,还有一个是皇帝的驸马,甚至康熙本人。据白晋说:"不久皇帝也患了场重病,他服用御医们的药却毫无效果,就求救于我们……恰恰在这个时候,洪若翰和刘应两位神父来到了,并带来了金鸡纳霜,治愈了皇帝的病。"[③]

在西医西药的影响下,中国产生了自己的西医医生和西药学家。如中国最早的西医王宏翰于康熙二十八年(1689年)著《医学原始》,这是中国第一部西医学书。又如王清任根据邓玉函的《人身说概》和罗雅谷的《人身图说》写成《医林改错》二卷,论述如何利用尸体解剖来验证病人生理和实施治疗。

6 建筑

中国建筑和西方建筑,无论在形式、内容和情调上都存在着明显的差异。中国建筑不论是宫殿、庙宇还是民居,几乎都以木构框架为主要承重体系,并带有复杂多变屋顶形式的群体建筑。它不突出某一建筑的单体,而是以单体的组合排列,以实体和空间的互相搭配取胜,从而形成了庭院错落、横向铺开、层层扩展的典型风貌。而西方古典建筑恰恰相反,不论古代的希腊、罗马式,中世纪的哥特式,还是拜占庭风、伊斯兰风的建筑,一律都以砖或石作为建筑的承重传力结构,而且都是以

---

① 〔法〕白晋:《康熙帝传》。
② 〔法〕白晋:《康熙帝传》。
③ 〔法〕白晋:《康熙帝传》。

构图严密的单体建筑作为中心,还往往在垂直方向加以扩展和强化,以高耸的穹隆、钟楼、塔尖来渲染其艺术特性。再者,西方认为建筑是人类所创造的最宏大、坚固的艺术品,故喜欢使用纯几何形式的形象构图,强调在地平线上傲然独立,形成了一种以自然为背景,主宰空间的艺术气氛,而中国认为建筑和日用之物一样,需要不断更新,不求永久长存,并且总体上必须与自然保持和谐协调。中西建筑既然如此迥然不同,那么西洋建筑初传中国时能不能立刻出现一种中西合璧的式样呢?我们可以回答:能。

西洋建筑是通过耶稣会士之手传入的,主要从澳门建造教堂开始。当然起初是用木头和草盖的平房,随着澳门贸易的发展,教堂越盖越好。1562 年以前澳门已有三座教堂,即望德圣母堂(Igreja de Lázaro,中国叫疯王堂)、圣安多尼堂(Igreja de Santa António,花王堂)、圣老楞佐堂(Igreja de São Lourenco,风顺堂),后来又建造了圣保禄教堂(Igreja de São Paulo,三巴寺)、圣方济各堂(Igreja de São Francisco,伽斯兰寺)、圣奥古斯丁堂(Igreja de Santa Agostinho,龙松庙)、圣嘉勒修道教堂(Convento e Igreja de Santa Clara)、圣若瑟堂(Igreja de São José)、圣多明我堂(Igreja de São Domingos,板樟寺)和唐人庙,共计十座。这些教堂大多是当代西方建筑式样,有方的、圆的、三角形的、六角形的、八角形的,还有花果状的,均是三层楼,依山而建。其中最宏伟壮丽的要数圣保禄教堂,如前所述,它被认为是一个建筑杰作,同时也是基督教艺术在远东的结晶。相互关联的多种因素创造了圣保禄教堂,决定了它的形状特征。

科塞依罗(Goncalo Couceiro)说:"大三巴牌坊(即圣保禄教堂)的建筑独创性给我们以充分的理由对其进行一番仔细的研究,这不仅仅是由于牌坊外形本身的价值,而且还因为遗留至今的一组石阶,正是这组石阶,使得整个建筑不仅具有单纯的宗教性质,而且成为一个新兴城市建设中的一颗明珠。……我们认为对耶稣会在澳门的艺术发展进行深入研究有着广泛的重要性,因为古老的大三巴牌坊具有无可比拟的独创性,同时也使人联想起耶稣会在中国推行的以宣传福音为目的的逐步适应计划。在这种情况下的建筑和美学关系,导致特兰托(Trento)大会后宗教艺术语言中新的图像艺术的产生。在大三巴牌坊建筑中,这一现象突出体现在运用具有东方特色的建筑和装饰手法。然而耶稣会士在东西方艺术合璧的中国所进行的建设,在 17 和 18 世纪的艺术书籍中均无记载。……大三巴牌坊的设计十分雄伟,柱子、基座等建筑部分如同一座完整的雕像,浑然一体,配之以光影间的交相辉映,突出的圆柱犹如单纯的装饰物,从入口看去,整个牌坊显得十分清晰壮观。……需要提及的是,在这一艺术创作上我们所看到的这些创新或者前所未有的东西,显然都是耶稣会在中国传教新方法的结果,即逐步适应政策的反映。"①

然而这种创新只限于澳门一地的教堂建筑,内地的信徒大多是在传统式的庙宇内竖起十字架进行祷告,对中国建筑没有多大影响。不过随着时代的推移,西式建筑走出澳门,进入北京宫廷,圆明园中长春园里的西洋建筑最为典型。乾隆帝受耶稣会士带来的版画上的宫殿式样影响,决定在长春园北部建造西式宫殿,并招聘郎世宁(Giuseepe Castiglione,1688—1766 年)为建筑设计师。郎世宁作为一名画家比建筑师更为有名,当初人们只知道他是画家和工匠,乾隆帝也觉得郎世宁既具有中国传统知识分子的能力又在科学、艺术、人文和工程学各方面兼备知识,可以使自己的设想变为现实,而其他耶稣会士则竭力帮忙,从欧洲索取有关建筑的资料。

结果郎世宁没有辜负皇帝的期望,交给皇帝的是一幅幅极有魅力的巴罗克式的建筑设计图纸。陈亚瑟(Arthur,H. Chen)说:"郎世宁关于绘图艺术的知识以及对于透视几何学的观念,成为在建筑物内部及其本身定位形象生动的塑像和装置的基础;这个过程恰好与他创立的直线透视法过程相吻合。毗邻的液压工程是在法国蒋友仁神父的指导下落成的。他是法国耶稣会士,对在凡尔赛和圣克劳(Saint Cloud)的喷水装置颇为熟悉。从圆明园或其他一些北京园林遗址和装饰部分中可以看出,郎世宁在进行有关设计时从意大利巴罗克建筑吸取了灵感。某些建筑前壁的曲线和门廊与视窗上的旋涡形式都令人想起波罗斯克(Borrominesque)式的建筑,其他的则具 16 世纪末期热那亚式宫殿的风格。总的来说,法国式的建筑风格对其影响并不明显。尽管建筑时间颇长,从 1747 年一直到 1759 年,如果指望在中国建造的欧式宫殿能成为杰作是不切实际的,但它仍令人刮目相看。因为在一些耶稣会士的指点下,中国的工匠能一一完成巴洛克式纷繁复杂的装饰雕塑和建筑的细节部分。"②

长春园的西式建筑群有 12 个景点,即大水法、谐奇趣、蓄水楼、花园门、养雀笼、方外观、海晏堂、远瀛观、观水法、行亭、线法山、湖东线法,各有特色。在建造过

---

① 科塞依罗:《澳门与耶稣会艺术在中国的发展》,澳门《文化杂志》第 21 期,澳门文化司署出版,1994 年,第 21—26 页。

② 陈亚瑟:《中国的巴洛克:耶稣会士的联系》,澳门《文化杂志》第 21 期,澳门文化司署出版,1994 年,第 168 页。

程中,最困难的是大水法,郎世宁不得不依靠蒋友仁来设计和建筑这个蔚为壮观的液压装置。因为乾隆帝要求按照欧洲原型风格,设置中央有大量喷水塔、小瀑布及喷泉的园林。谐奇趣可与凡尔赛宫和圣克劳大城堡相媲美,此殿全部由大理石和装饰陶瓷砌成,两侧各伴一亭,与配有釉玻璃的游廊相接。花园门是一个完全用大理石建造的西式迷宫,其中心有一座土耳其式凉亭,每适逢中秋节皇帝为妃嫔举行灯笼赛跑会。参加者手提一个内有燃烛的黄绸灯笼,最先抵达凉亭的可得到皇上的一份厚礼。观水法是皇上最喜欢的,他可与妃嫔一同观赏泉水从铜塑的羊和野鹅嘴里喷出来的情景。海晏堂最为庞大,堂前开凿了一个容量很大的蓄水池以为喷泉和瀑布供水,它一改巴罗克风格的细致,受凡尔赛宫和特里阿农(Trianon)乡村的影响。乾隆帝对位于海晏堂正面石阶底部的水钟尤为欣赏,这是蒋友仁设计的。这里有中国的 12 生肖——鼠、牛、虎、兔、龙、蛇、马、羊、猴、鸡、犬、猪的雕刻,它们的嘴中都会喷水,而且按 12 个时辰轮换喷水。到正午时刻,所有动物一齐喷水。蓄水楼是一附属建筑物,其基座有一液压装置,为喷水提供动力。养雀笼特制一种锯形铁门,其铸件工艺备受皇上称赞。可惜以上这些建筑物大多数于 1860 年与整个圆明园一起毁于英法联军之手。

中国内地除北京外,扬州、广州也出现了西式建筑。广州的十三行、各国商馆和英国东印度公司都是西式建筑。十三行和各国商馆毁于 1856 年 12 月 14 日的一场大火。关于东印度公司建筑的情况,当时美国人威廉·亨德对其内部有较详的记载:"公司布置豪华,待客奢靡,俨如公侯。宴会厅背山面湖,极为宽敞,左为书库,右为弹球房。在饭厅一端,高悬英王乔治四世巨像,王冕王服,手执王杖,大小与生人略等。对面悬着阿美士德爵士的画像。天花板上悬着大簇烛架,插上蜡烛。桌上也满布烛架,照耀着桌上盛在银器中的山珍海味。我到广州不久之后,就被公司第一次邀请。坦白说,我虽答应,但不免心中有些害怕。戈登先生也被邀请,他陪我一起去。我们进了大门,穿过礼拜堂(礼拜堂屋顶上的四面钟是广州惟一的大钟,每个人都照它拨表),登上宽大的石级,通过长廊,走过图书屋才进入餐厅,看到了光明灿烂、珍异满桌、满屋欢腾的景象。"[①]关于扬州的西式建筑,主要是西式花园,李斗在其《扬州画舫录》里多次提到西式的建筑、水法和绘画对扬州园林的影响。然而,近代以前西洋建筑对中国建筑的影响是微弱的,无论官署、寺院、书院等

---

① 威廉·亨德:《广州番鬼录》,中国近代史资料丛刊《鸦片战争》第 1 册。

正规建筑，还有一般民居，都是传统建筑式样，大批西洋建筑出现是在 19 世纪末，地点是在各通商口岸。

7 绘画

利玛窦到中国传教之初，意识到为扩大传教范围，尤其是使中国官僚、士大夫信教，不宜以一个清贫谦卑的传教士身份出现，而应作为一名传播西方科学文化的使者。他确信如果中国人为西方科学文化所折服，他们也能遵奉罗马天主教教义。于是利玛窦将两本非常重要的书带到中国，一本是拿达尔(Jeronimo Nadal)的《基督教圣经历史形象》；另一本是利玛窦的老师丁先生即克拉维亚斯(前述)对欧几里得的《几何原本》进行注释的手抄本。前者用于传播福音，后者用于传播科学。利玛窦为不使信徒曲解基督形象，将基督当做其他偶像一样来崇拜，决定把绘画作为传递信的工具，借助拿达尔的《基督教圣经历史形象》中有关用理想主义绘画来说服皇帝信教的论述，因为绘画、雕刻和建筑的形象教育对传教有很大作用。当时耶稣会已经接受了这种艺术观念，并在意大利新成立的艺术协会中得到实践：智慧源于上帝的灵光，线条被定为圣灵的基本元素，世界被演绎成呈几何形状的等级，这个有规律、有组织并且确定的艺术观念最适用于耶稣会神学。因此，利玛窦带了一幅天主像、两幅圣母像来中国，作为贡品之一献给明万历皇帝，这三幅画收到了预期的效果，也可以说是拿达尔《基督教圣经历史形象》一书理论的实践。虽然克拉维亚斯的手抄本的前 6 卷即欧几里得的《几何原本》由徐光启译出，而且证明了中国知识分子有可能通过对科学的认识而达到信仰基督教这一想法是正确的，可惜利玛窦并非艺术家，不能证明文艺复兴时期的透视法和明暗对照法，也不能描述在佛罗伦斯和波伦亚所成立的艺术协会有关绘图艺术科学的发现。然而他所携来的三幅西洋画却给中国画坛带来了巨大的影响。

明人张绍闻在《无声诗史》中说："利玛窦携来西域天主像，乃女人抱一婴儿，眉目衣纹，如明镜涵影、蝈蝈欲动，其端严娟秀，中国画家无由措手。"[1]称赞了西洋画逼真的技法。

---

① 转引自徐新：《明清中西美术交流和郎世宁画派》，《东西文化交流》，澳门基金会，1994 年，第 536 页。

明人顾起元也亲眼看到过利玛窦本人及其携来的圣像,他说:"利玛窦,西洋欧罗巴国人也,面皙白,虬须深目,而睛黄如猫,通中国语。来南京,居正阳门西营中,自言其国以崇奉天主教为道。天主者,制匠天地万物者也。所画天主,乃一小儿,一妇人抱之,曰天母。画以铜板为帧,而涂五彩于上。其貌如生,身与臂手,俨然隐起帧上,脸之凹凸处正视与生人不殊。"①这里顾起元盛赞了西洋画栩栩如生的技法。清人印光任、张汝霖也赞道:"所奉曰天母,名玛利亚,貌如少女,抱一婴儿,曰天主耶稣。衣非缝制,自顶被体皆采饰平面,障以琉璃,望之如塑。"②这里赞美了西洋画的立体感。

有人问利玛窦,西洋画为什么能达到如此效果呢?利玛窦回答道:"中国画,但画阳,不画阴,故看之面躯正平,无凹凸相。吾国画,兼阴与阳写之,故而有高下,而手臂皆轮圆耳。凡人之面,正面迎阳,皆明而白;若侧立,则一边者白,其不向明一边者,眼耳鼻口凹处,皆有暗相。吾国之写像者,解此法用之,故能使画像与生人无异也。"③这里利玛窦介绍了西洋画的基本知识,也就是在不同光线照射下人或物体产生明暗立体的现象,以解释国画与洋画两种不同的观察方法和造型技巧。利玛窦虽不是画家,但以上这番话是中国对西洋画最早的记载。

西洋画自利玛窦拉开序幕之后在中国有所发展,凡教堂里都画着西洋画,其中最著名的有澳门圣保禄教堂祭坛上的那幅巨大的《圣母升天图》及教堂旁边的修女小教堂里的《一万一千个修女殉教图》。如前所述,这两幅画是倪雅各即日本人尼瓦画的,他是意大利耶稣会画家乔凡尼·尼科洛在日本有马开设的绘画学校的学生。当然吸取西洋画优点,将它和中国传统画法结合起来的中国画家也不乏其人。例如明末福建人曾琼采用西洋透视法作画,重墨骨而后傅彩晕染,使得写照传神,独步艺坛,形成江南画派的写实手法。其弟子谢彬、郭汧、徐易、沈韶等均能传其画法,画艺更深。④

进入清朝之后,西洋画进一步发展。画家吴渔山(1632—1718年)于康熙十九年十一月(1680年12月—1681年1月)随柏应理(前述)到澳门,学道三巴寺,至二十二年(1683年)春返回江南。在此期间,吴渔山一边学道一边写诗,写成《三巴寺》一诗集。这些诗都是阐扬天主教教义,赞美教会人物,歌咏澳门景物。像这样

① 顾起元:《客座赘语》卷6。
② 印光任、张汝霖:《澳门纪略》下卷,《澳藩篇》,广东高等教育出版社1988年版。
③ 顾起元:《客座赘》卷6。
④ 黄启臣:《澳门是16—18世纪中西文化交汇的桥梁》,澳门《文化杂志》第21期,澳门文化司署出版,1994年,第147页。

一名画家兼诗人加入耶稣会,后来又成为神父,而且对西方文化有深刻理解的人,不可能对西洋画无所感触,只是没有留下记载罢了。

康熙五十三年(1714年),宫廷画师意大利传教士马国贤(Matteo Ripa,1682—1745年)根据中国画家绘制的承德避暑山庄36景原稿,制成铜版画《御制避暑山庄图咏36景》,开中西画家合作之先河。同年4月11日,著名画家郎世宁搭乘"圣母希望"号从里斯本出发前往中国,1715年7月15日抵达澳门。同年11月郎世宁到达北京,暂住紫禁城东华门外的葡萄牙教会——东堂。不久由马国贤引荐,觐见康熙帝,被任命为宫廷画师,取中文名"郎世宁",进入清朝宫廷画院"如意馆",和中国画家一起工作,直至乾隆三十一年(1766年)逝世,在宫廷工作达51年之久。

除郎世宁之外,18世纪来中国的传教士进入清廷担任宫廷画师的不少,如王致诚(J. Denis Attiret)、艾启蒙(Ignatius Sickeltare)、潘廷璋(Joseph Panzi)、安德义(J. Damascenus Salusti)、贺清泰(Luolovicus de Poirol)等。他们以郎世宁为中心,在中国文化影响下,将西洋油画、水彩画和重彩的中国工笔划结合起来,产生了一个中西合璧的新画派——郎世宁画派。一般说来,以线条功夫为基础的中国画可分为两种样式,一是工笔,反映现实,细致逼真;二是写意,无拘无束,任意挥洒,不论哪一种样式,对中国画家而言,任何事物包括线条均有生命,万物皆有生机和精神,气韵必须在作品中得到体现。而以数学、物理学武装起来的西洋画家则追求直线透视法,观察绘画中的明暗对照法,试图根据建筑原理来绘制楼房,力求在画人体肖像时能正确运用解剖知识。相形之下,中国画的创作过程与国家的文学思想紧密相关。因此郎世宁画派为追求中西合璧,既充分发挥了西洋画注重明暗、解剖和透视等特色,又使用中国的毛笔、颜料和绢本作画,效果别具一格;同时将中国画的线条和西洋画的笔触糅合在一起,造型严谨,构图合理,使中国画家和观众无形中接受了西洋精湛的写实技巧。这一切都可以在这一派的作品上看到,其代表作有《乾隆皇帝大阅图》(郎世宁作,北京故宫博物院藏)、《玛瑞斫阵图》(郎世宁作,台北藏)、《百骏图》(郎世宁作,台北藏)、《乾隆猎鹿图》(郎世宁作,巴黎Guimet博物馆藏)、《万树园赐宴图》(郎世宁、王致诚等合作,台北藏)和《十骏马图》(王致诚作,北京故宫博物院藏)等。这些作品都是在乾隆帝的策划和指挥下完成的,可以说郎世宁画派的形成是与乾隆帝分不开的,郎世宁画派留下的最大业绩要数《乾隆平定西域战图》(即《在北亚、喀什加里亚、土耳其斯坦、祖加斯的战事》)。该组画是奉乾隆帝之命制作的,共16幅,描绘乾隆二十年(1755年)清政府平定新疆的叛乱。此组画的原稿于乾隆三十年(1765 年)完成之后,郎世宁马上送往法国,请法国皇家艺术院刻制成铜版画,印了 200 套,此为 18 世纪中西文化交流的一件大事。

在雍正年间(1723—1735 年),郎世宁曾帮助海关总监兼景德镇陶瓷厂总监年希尧,将派佐(Andrea Pazzo)的论文《绘画和建筑中的透视法》译成中文,题名为《视术》出版。这是中国第一本介绍西方绘画基本知识——透视学的著作,郎世宁就这样从实践上理论上分别帮助中国画家学习西洋画,使中国画家开始掌握焦点透视的理论,引导他们进入一个新的造型艺术空间,其功绩不小。由于西洋画技法不断渗透,18 世纪前期出现了乾隆《职贡图》(彩色原本藏台北"国立博物院"),它是中国第一部文图并茂介绍世界各国和中国少数民族的长卷。画卷分成 4 卷,总长 64.34 米,共计 301 幅图画,602 个人物。"《职贡图》人物比例正确,形象真实,源于写生,特别是在着色的技法上学习西洋画,创造了中国画(工笔重彩)的新风貌。"①

乾隆四十三年(1778 年),门应兆编绘的《西清砚谱》24 卷,更是采用西洋透视法的高峰,画中有高低凹凸,阴阳明暗,栩栩如生。当时连民间美术受西洋美术影响者亦屡见不鲜。如乾隆十二年(1747 年)刊本的《西厢记》所附版画,即题名"仿泰西笔意";《红楼梦》第 92 回,说到冯紫英向贾府求售的屏风画《汉宫春晓》,也就是吸收了西洋透视法而画出的中国画,别具一格。②

⑧　音乐

广东是中国传统音乐和民间音乐相当发达的一个地区,而澳门所在地的香山县人民更为喜欢音乐,有诗为证:"香山秀出南海壖,四围碧山涵青天。渔歌菱唱不胜春,桂棹兰桡镜光里。"③因此,随着葡萄牙传教士来到中国,在澳门建立教会,而教会进行宗教仪式时音乐又是必不可少,新奇的外国音乐对中国人的吸引力可以想见。如 1603 年圣诞节前夕圣保禄教堂竣工时,举行落成典礼。其后又举行了有约 60 名耶稣会士、修士参加的盛大游行,共有五个修道院的圣物和圣像巡回展出。

---

① 徐新:《乾隆〈职贡图〉与澳门》,《澳门历史文化国际学术研讨会论文集》,1994 年,第 146 页。

② 黄启臣:《澳门是 16—18 世纪中西文化交汇的桥梁》,澳门《文化杂志》第 21 期,澳门文化司署出版,1994 年,第 147 页。

③ 黄佐:《香山夜泊》,康熙十二年(1673 年)。

游行队伍烛光闪闪,人们随着音乐载歌载舞,遍游澳门主要街道。① 早期来澳门的耶稣会士中善于音乐的人有意大利人罗明坚和利玛窦、西班牙人庞迪我、瑞士人郭居静,他们对西洋音乐传入中国都有一定贡献,而文献上有记载的,和西洋画传入中国一样仍是利玛窦。

万历二十九年(1601年)利玛窦伴同庞迪我到北京向万历帝献的贡物中有铁弦琴一架,它称为雅琴、西琴或72弦琴,就是欧洲的古钢琴(Clavichord)。铁弦琴"纵三尺,横五尺,藏楼(木柜)中。弦七十二,以金银炼铁为之。弦各有柱,端通乎外,鼓(按或击)其端而自应"。② 这是传入中国的第一架键盘乐器。

万历帝命内臣学习雅琴,请庞迪我讲授。据利玛窦记载:有西洋乐器雅琴一具,视中州异形,抚之有异音,皇上奇之。因乐师(庞迪我)问曰:"其奏必有本国之曲,愿闻之。"利玛窦对曰:"夫他曲,旅人(利玛窦自称)罔知,惟习道(指天主教),语数曲。今译其大意,以圣朝文字敬陈于左,第译其意而不能随其本韵者,方音异也。"③下面列举八曲的章名,内容均有关天主教,这里省略。第一章《吾愿在上》,第二章《牧童游山》,第三章《善计寿修》,第四章《德之勇巧》,第五章《悔老无德》,第六章《胸中庸平》,第七章《肩负双囊》,第八章《定命四达》。④

1610年利玛窦在北京逝世,次年北京的教徒为他举行葬礼时用西洋乐器奏乐,其中有大管琴这一乐器。大管琴在元代已从回回国(中亚的花剌子模)传入中国,当时称为"兴隆笙",大概是由于乐器结构过于复杂,并未流传。至明代末年,由西方传教士经海路传来,用于大教堂中。澳门圣保禄教堂即有此设备。⑤

关于澳门圣保禄教堂里的那架大管琴即管风琴,王临亨于万历二十九年即利玛窦进京的那一年就已注意到了,把它叫做"自然乐":"澳中夷人……制一木柜,中实笙、簧数百管,或琴弦数百条,设一机以运之。一人扇其窍,则数百簧皆鸣,一人拨其机,则数百弦皆鼓,且疾徐中律,铿然可听。"⑥

① 科塞依罗:《澳门与耶稣会艺术在中国的发展》,澳门《文化杂志》第21期,澳门文化司署出版,1994年,第25页。
②《续文献通考》卷120《乐十二》。
③[意]利玛窦:《西琴曲意》,《四库全书存目丛书》子类93册,第499页。
④[意]利玛窦:《西琴曲意》,《四库全书存目丛书》子类93册,第499页。
⑤ 阴法鲁:《澳门与中外音乐文化的交流》,《东西方文化交流》,澳门基金会出版,1994年,第505页。
⑥ 王临亨:《粤剑篇》卷3《志外夷》,中华书局1987年版。

　　至清康熙年间,有关澳门圣保教堂那架管风琴的记载增多。康熙二十一年(1682年),两广总督吴兴祚巡视澳门,作《三巴堂》一诗:"未知天外教,今始过三巴。树老多秋色,窗虚迎月华。谁能穷此理,一语散空花? 坐久忘归去,闻琴思伯牙。"①这里描写吴兴祚趁着月色游览了三巴寺,望着窗外的明月,听着寺中美妙动人的琴声,流连忘返的情景。三巴寺是圣保禄教堂的俗称,这琴声显然是该教堂管风琴所发出来的。梁迪的《茂山堂诗钞》二集中有长诗《西洋风琴》,描述他的友人副将郎亦傅巡视澳门,欣赏传教士演奏西洋风琴,回内地后仿制一架,音色尤佳,打算献给朝廷。诗中采用中国文学传统的描写方法来描述西洋音乐:"奏之三巴层楼上,百里内外咸闻声。幽如剪刀裁绣阁,清如鹳鹤唳青冥。和如莺燕啼红树,哀如猿猱吟翠屏。或如寒淙泻三叠,水帘洞口流泊争。或如江涛奔万马,石钟山下闻嚐口宏。或如龙吟水晶阙,老鱼瘦蛟舞纵横。或如蒲牢敲百八,振荡心魂群动醒。"诗人认为风琴可列为雅乐,以登中国的大雅之堂。②关于圣保禄教堂里的管风琴,《澳门纪略》也有记载:"三巴寺楼有风琴,藏革棱中,排牙管百余,联以丝绳,外按以囊,嘘吸微风入之,有声呜呜自棱出,八音并宣,以和经呗,甚可听。"③

　　明清间精通西乐的耶稣会士不少,除上述利玛窦、庞迪我之外还有徐日升(Thomas Pereyra)、德里格(Theodoricus Pedrini)、魏继晋(Florianus Buhr)、鲁仲贤(Joannes Walter)、石可坚(Leopoldus Liebstein)、严嘉禄(Slaviczek)等。康熙帝爱好音乐,他尤其高度评价欧洲音乐,喜欢欧洲的乐理、方法和乐器。④康熙初年南怀仁向朝廷推荐徐日升,康熙帝便于康熙十三年(1674)派人到澳门,将他接到北京,在宫廷供职,从事音乐工作,曾受到皇上嘉奖。康熙帝很爱西乐,康熙三十八年(1699年)在宫廷里建立一个小型西乐团,由徐日升任首席乐师,石可坚、严嘉禄参加演奏。后来康熙帝又将德里格召入宫内,专门给皇子教授西洋乐理。因此编为《正律审音》,下编为《和声定乐》、续编为《协韵度曲》。其中续编卷一,专论西洋音乐的乐理,尤其是介绍了西洋音乐的五线谱的编制法和唱法。今天音乐中的七个音符,即"1、2、3、4、5、6、7"即由西洋传入的六音——"乌、勒、明、法、朔、拉"而来,当时还未用"七"(7)。

　　当时某些耶稣会士试图将中西乐结合,用西洋乐理作中国曲子进行演奏。德

　　① 吴兴祚:《留村诗钞》,康熙年间刊本,第36—37页。

　　② 章文钦:《澳门与中华历史文化》,澳门基金会,1994年,第180页。

　　③ 印光任、张汝霖:《澳门纪略》下卷,《澳藩篇》,广东高等教育出版社1988年版。

　　④ [法]白晋:《康熙帝传》,珠海出版社1995年版。

国传教士鲁仲贤,乾隆七年(1748年)被召入宫,与魏继晋合作16首中西乐相结合的乐曲和歌词。北京的天主堂里还盛行管弦乐,即如赵翼在《檐曝杂记》中所说:"有楼为作乐之所,一虬须者坐而鼓琴,则笙、箫、磬、笛、钟、鼓、铙、镯之声无一不备。"此外,击弦乐器洋琴(扬琴)起源于波斯,波斯语叫做桑图尔(Santur),早已传入中亚和新疆一带,明末清初由葡萄牙人传入澳门,澳门同知印光任、张当霖看到的铜弦琴,"削竹叩之,铮铮琮琮然"①,这就是洋琴,后来从澳门传入广东各地。

9 哲学

明万历四十四年(1616年)南京教案(前述)发生时,高一志即王丰肃被沈漼逮捕,押回澳门居住两年。在此期间高一志潜心写作,著《斐禄汇答》2卷和《空际格致》2卷,此为西方哲学传入中国之始。"斐禄"即西文哲学(Philo)的音译,《斐禄汇答》是以问答形式介绍西方哲学,现藏巴黎国立图书馆。《空际格致》是以西方的火、气、水、土四大元素解释宇宙现象,否定中国传统的五行说。《四库提要》说:"西法以火气水土为四大元行,而以中国五行兼用金木为非,一志因作此书,以畅其说。"②该书引言也说:"空际所视变化之迹繁矣,奇矣,明着矣!而究其所以然者,古格致之学,恒以为难。兹余将测其略,先推明其变化之切限,可切限者,惟四元行,所谓火气水土是也。"③

明天启三年(1623年),艾儒略著《性学粗述》,论述灵魂、知觉、心梦、心理学等的哲学原理。

明天启四年(1624年),毕方济(Francois Sambiasi)著《灵言蠡勺》2卷,论述灵性,由徐光启译出。灵性在西方哲学中是一重要命题,毕方济首先强调道:"亚尼玛(灵魂、灵性)之学,于费禄苏非亚(格物穷理之学即哲学)中,为最益,为最尊……世人百千种学问根宗,从所当先务也。若人常想亚尼玛之能、亚尼玛之美,必然明达世间万事。如水流花谢,难可久恋、惟当罄心努力,以求天上永永常在之事。故格物穷理之君子,所以显着其美妙者为此,推而齐家治国平天下。凡为人师牧者,尤宜习此亚尼玛之学,借此理以齐治均平之术。……费禄苏非亚,总归两大端,其一

---

① 印光任、张汝霖:《澳门纪略》下卷,《澳藩篇》,广东高等教育出版社1988年版。
② 高一志:《空际格致》,《四库全书存目丛书》子部第93册。
③ 高一志:《空际格致》,《四库全书存目丛书》子部第93册。

论亚尼玛，其一论陡斯（上帝）。论亚尼玛者，使人可受福；论陡斯者，使人享福。今略说亚尼玛四篇，一论亚尼玛之体，二论亚尼玛之能，三论亚尼玛之尊，四论亚尼玛所向美好之情。"①然后将亚尼玛归结为"神类"："亚尼玛是自立之体，是本自在者，是神之类，是不能死，是由天主造成，是从无物而有。……人目亚尼玛，神类也；无形无质，亦不属于人目，而明达万事之理，至幽至赜，于渺之情，皆能洞识。"②

崇祯元年（1628 年），傅泛际与李之藻合译亚里士多德的《宇宙学》，题名为《寰有诠》，共六卷。崇祯四年（1631 年），傅李两人又译出亚里士多德的《辩证法大全疏解》，题名为《名理探》，共十卷，分别将西方哲学泰斗亚里士多德的专著介绍过来，借此证实和认识主宰宇宙的神，以扩大传教。这点李之藻在《寰有诠·序》中讲得很清楚："权舆天地神人万物森焉，神佑人，万物养人，造物主之用恩，固特厚于人矣。原夫人禀灵性能推义理，故谓小天地，又谓能参赞天地，天地设位而人或其能。试观古人所不知，今人能知；今人所未知，后人又或能知，新知不穷，固验人能无尽，是故有天地，不可无人类也。顾今试论天地何物？何所从有？何以繁生诸有？人不尽知。非不能知，能推不推，能论不论……彼中先圣后圣所论天地万物之理，探原穷委，步步推明，由有形入无形，由因性达超性，大抵有惑必开，无微不破。有因性之学，乃可以推上古开辟之元；有超性之知，乃可以推降生救赎之理。要于以吾自有之灵，以认吾造物之主。"③

明天启三年，艾儒略著《西学凡》，为《天学初函》之第一种。"凡"即大概，故该书是西方哲学概论。《四库提要》说："所述皆其国建学育才之法，凡分六科：所谓勒铎理加者，文科也；斐禄所费亚者，理科也；默第济纳者，医科也；勒斯义者，法科也；加诺搦斯者，教科也；陡禄日亚者，道科也。其教授各有次第，大抵从文入理，而理为之纲。文科如中国之小学，理科则如中国之大学。医科、法科、教科者皆其事业。道科则在彼法中所谓尽性至命之极也。其致力亦以格物穷理为本，以明体达用为功，与儒学次序略似。"

《西学凡》是中国第一部全面介绍西方学术思想的著作，分为上述六科，其内容如艾儒略所述："文科云何？盖语言止可觌面相接，而文字则包古今，接圣贤，通意胎，于达远方，遗心产于后世，故必先以文科辟诸学之大路。理学者，义理之大学也。人

---

① 毕方济：《灵言蠡勺》，北京大学图书馆藏明刻《天学初函本》，《四库全书存目丛书》子部，第 93 页。

② 毕方济：《灵言蠡勺》，北京大学图书馆藏明刻《天学初函本》，《四库全书存目丛书》子部，第 93 页。

③ 傅泛际：《寰有铨》序，华东师大藏明崇祯元年灵竺玄楼刻本，《四库全书存目丛书》子部第 93 册。

以义理超于万物,而为万物之灵,格物穷理,则于人全,而于天近。医学,操外身生死之权,盖人世所重,莫甚乎祛其所忌;所忌,莫甚乎害命之疾病。法学,操内外生死之权,即国王治世之公典,乃天命之声也,国家之筋也,道德之甲也,五伦之纽也,雅俗淆乱之斧也。教学,操内心生死之权。人莫衷于心,死而身死。次之灵魂之体,原属不灭,所谓内心生死者,全以道德有无分生死也。此等生死最大,有道德者则承天主之宠佑,享常生之真福;无道德者则触犯天主之威命,致受身后之永殃。故教学者,古来教皇所定教中之法度者也。所谓道学者,西文曰'陡禄日亚',超生死之学。"①

在《西学凡》中,艾儒略最早将西方大哲学家亚里士多德介绍到中国。他说:"大斐禄之学何所起乎?昔我西土古贤观天地间变化多奇,虽已各著为论,开此斐禄之学,然多未免似是而非,终末了决。其后有一大贤,名亚里士多德,其识超卓,其学渊深,其才旷逸,为历山大山之师。历山尝云:'我为天下主,不足为荣,惟一得亚里士多德而师之,以是为荣耳。'此大贤裒集群书,多方参酌采取,几普天之下有一奇物,不惜赀费以求得,不辞勤劳以寻究,必亲为探视,而奇秘无一之不搜。每物见其当然,而必索其所以然。因其既明,而益觅其所未明,由显入微,从粗及细,排定物类之门,极其广肆,一一钩致而决定其说。各据实理之坚确不破者,以著不刊之典,而凡属人学所论性理,无不曲畅旁通,天学得以此为先导。此在天主降生前所作,至今二千余年,无人不宗服之。……自此大贤之后,递生聪明才智,青出于蓝,乃至天主降世,又有众圣叠兴,各于斐禄之学互相阐发,而加之以天主超性之确理,人学愈为透露也。"②这里不免有借亚里士多德来传播天主教之感,但重要的还是把西方的逻辑学即《名理探》和形而上学即《寰有铨》介绍过来了。"亚氏哲学本来有进步的倾向,耶稣会士拿他来作天学的入门先资,但是他对中国的影响在于他的科学方法,与天主之学实不相干。"③

10 科学图书著作

耶稣会士要借助科学进行传教,图书是必不可少的。无论是他们参加朝廷的历法修订,还是绘制地图、制造仪器或撰写学术著作,都需要图书资料作为参考,光凭随

---

① 艾儒略:《西学凡》,北京大学图书馆藏明刻《天学初函》本,《四库全书存目丛书》子部第 93 册,第 625—647 页。

② 艾儒略:《西学凡》,北京大学图书馆藏明刻《天学初函》本,《四库全书存目丛书》子部第 93 册。

③ 朱谦之:《中国哲学对于欧洲的影响》,福建人民出版社 1983 年版,第 106 页。

身携来的少量书籍远远不够,迫切要求欧洲运来图书是可以想见的。前述澳门圣保禄教堂的设计师斯比诺拉,因手边缺乏参考书,从日本写信给在罗马的葡萄牙助手阿尔维列斯(João Alverez),要求他寄书籍来:"数学在很大程度上帮助我接近这里的大贵族……令我遗憾的是我们没有书籍,因为我丢失了从米兰带来的所有的书籍,包括我在米兰三年间所读的书,一些很生僻的东西我已经想不起来,缺乏书籍使这些日本人惊讶不已。为此,本人请求阁下大发慈悲给我寄一些现代的书籍,我们的神父或外国的神父写的都行,只要是学校多余的,如意大利文的大部头算术书籍,丈量土地方面的书,以及各种机器、建筑、透视法和绘画等方面的书。"①

中国的情况也是发此。尽管利玛窦拥有不少图书,汤若望个人藏书已有三千余卷,但他们要与中国知识分子往来,必须提高自己的学术水准,从而向欧洲征求图书和在中国译述西书便成为必要。法国耶稣会士金尼阁是万历三十八年(1610年)来中国的,万历四十一年(1613年)返回罗马,携来教皇保罗五世(Paul V)赠送给中国耶稣会的书籍七千余部。李之藻在《职方外纪·序》中说:"时则有异国异书,梯航九万里而来,盖旷古于今为烈。"②这恐怕就是指教皇所赠之书。杨廷筠在《西学凡·题辞》中说:"所称六科经籍约略七千余部,业已航海而来,具在可译。此岂蔡愔、玄奘诸人所探印度各国,寂寂数简所可当之乎?"③诚然,从欧洲传入中国的典籍,无论在数量之巨大还是门类之齐全,均不能与昔日蔡愔从印度白马驮来的《二十四章经》和玄奘去印度取经所携来的佛经相提并论。关于金尼阁携来西书,杨廷筠在其《代疑篇》中有明确记载:"自泰西利先生用宾上国,蒙朝廷生养死葬,其国主感恩图报,特遣陪臣金尼阁远来修贡。除方物外有装潢图书七千余部,重复者不入,纤细者不入。书籍见顿香山澳,俾一朝得献明廷,当宁必发仪部及词林,与西来诸儒翻译校订。"④

关于金尼阁的藏书,他在万历四十五年(1617年)的一封书简中说:"余迄今所获者,无论就数量言(重复者不计),就学术门类之繁多言,就装潢之富丽言,在耶稣会中尚无足以与此颉颃者。……以学科之门类言,除吾人图书馆所习有之人文类、

---

①　梅迪纳(Medina):《澳门大三巴教学建筑师》,澳门《文化杂志》第21期,澳门文化司署出版,1994年,第34—35页。

②　艾儒略:《职方外纪序》。

③　艾儒略:《西学凡》题辞。

④　杨廷筠:《代疑篇》答两国义理书籍有万部之多若非重复恐多伪造条,土山湾印书馆本1935年版。

哲学类、神学类、教义类及其他名著外，余所搜医学、法学、音乐类书，亦复甚多，而今日所发明的数学书，则可谓应有尽有。"①由此可见，当时参与科学传教运动的耶稣会士，大致均拥有大量图书，以供传教和写作之用。后来法王路易十四又赠给中国许多珍贵图书，使科学传教运动取得很大效果。

耶稣会士不仅从欧洲携来大量图书，还在中国译著不少书籍。许胥臣在《西学凡·引》中说："自利氏观光三十年来，名公巨儒相与投分研精，非一人一日而所能通译者。自《实义》、《畸人》、《七克》而外，不过度数、器用诸书，千百之一二，非不欲译，不易译也。"②现将西方传教士的学术译著列举如下：

姓　名	国　籍	来华年代	卒　年	卒　地	书　名	译著之书成书年代	附　注
利玛窦（Matteo Ricci）	意大利	万历九年（1581 年）	万历三十八年（1610 年）	北京	《天主实义》		
					《乾坤体义》	万历三十三年（1605 年）	收入《四库全书》
					《经天该浑盖通宪图说》		
					《万国舆图》	万历二十九年（1601 年）	李之藻译
					《西琴曲意》	万历二十九年（1601 年）	
					《几何原本》	万历三十五年（1607 年）	进贡方物之一
					《测量义法》	万历三十五年（1607 年）	徐光启译
					《圆容较义》		李之藻译
					《同文算指》	万历四十一年（1613 年）	李之藻译
					《西国记法》		
					《西字奇迹》		

---

① 朱谦之：《中国哲学对于欧洲的影响》，福建人民出版社 1983 年版，第 93—94 页。
② 艾儒略：《西学凡》，北京大学图书馆藏明刻《天学初函》本，《四库全书存目丛书》子部第 93 册。

姓　名	国　籍	来华年代	卒　年	卒　地	书　名	译著之书成书年代	附　注
孟三德 （Eduard da Sande）	葡萄牙	万历十三年（1585年）	万历二十八年（1600年）	澳门	《长历补注解惑》		
					《浑天仪说》		收入《崇祯历书》
郭居静 （Lāzaro Cattaneo）	意大利	万历二十二年（1594年）	崇祯十三年（1640年）	杭州	《中文音韵辞典》		与利玛窦合作
龙华民 （Nicolas Longo bardi）	意大利	万历二十五年（1597年）	顺治十六年（1659年）	北京	《预修崇祯历书地震解》	天启四年（1624年）	天启四年北京刻本
庞迪我 （Diego de Pantoja）	西班牙	万历二十七年（1599年）	万历四十六年（1618年）	澳门	《预修崇祯历书》《海外舆图全说》	其书未刻，有抄本	
					《泰西水法》	万历四十年（1612年）	徐光启译
熊三拔 （Sebbatino de Ursis）	意大利	万历三十四年（1606年）	泰昌元年（1620年）	澳门	《表度说》	万历四十二年（1614年）	收入《四库全书》
					《简平仪说》	万历四十一年（1613年）	收入《四库全书》
谢务禄 （Alvare de Semedo）	葡萄牙	万历四十一年（1613年）	顺治十五年（6158年）		《中国仇教实录等》		
傅泛际 （Francisco Furtado）	葡萄牙	泰昌元年（1620年）	顺治十年（1653年）	澳门	《名理探寰有铨》		李之藻译，收入《四库全书存目丛书》
阳玛诺 （Emmanuel Diaz）	葡萄牙	万历三十八年（1610年）	顺治六年（1649年）	杭州	《天问略》		
高一志 （Alfonso Vagnoni）	意大利	万历三十五年（1607年）	崇祯十三年（1649年）	漳州	《斐禄汇答》《空际格致》《譬学》《西学治平》《幼童教育》	天启四年（1624年）	南京图书馆藏，收入《四库全书存目丛书》
金尼阁 （Nicolas Trigault）	法国	万历三十八年（1610年）	崇祯元年（1628年）	杭州	《西学耳目资况义》	天启六年（1625年）	北京图书馆翻刻本携来西书7000余部

续 表

姓 名	国 籍	来华年代	卒 年	卒 地	书 名	译著之书成书年代	附 注
曾德昭 (Alvaro de Samedo)	葡萄牙	万历四十一年(1613年)	顺治十五年(1658年)	澳门	《字考》	天启年间(1621—1627年)	
					《西学凡》	天启三年(1623年)	收入《四库全书存目丛书》
艾儒略 (Jules Aleni)	意大利	成历四十一年(1613年)	顺治六年(1649年)	福州	《西方答问》	天启年间	
					《职方外纪》	天启三年(1623年)	
					《几何要法》		1631年刻本
					《灵言蠡勺》	天启四年(1624年)	收入《四库全书》存目丛书
毕方济 (Francesco Sambiaso)	意大利	万历四十二年(1614年)	顺治六年(1649年)	广东	《画答》		
					《睡画二答》		
					《远西奇器图说》	天启七年(1627年)	收入《崇祯历书》
邓玉函 (Jean Terenz)	德国	天启元年(1621年)	崇祯三年(1630年)	北京	《人身说概》	崇祯二年(1629年)	王征译绘,收入《四库全书》北京图书馆藏
					《测天约说》		
					《黄赤距度表》		
					《正球升度表》		
					《大测》		
罗雅谷 (Giacomo Rho)	意大利	天启四年(1624年)	乾隆三年(1738年)	澳门	《测量全义》		收入《崇祯历书》
					《比例规解》		
					《五纬历指》		
					《五纬表》		
					《月离历指》		
					《月离表》		
					《日躔历指》		
					《日躔表》		
					《黄赤正球》		
					《日躔考昼夜刻分》		

姓　名	国　籍	来华年代	卒　年	卒　地	书　名	译著之书成书年代	附　注
罗雅谷（Giacomo Rho）	意大利	天启四年（1624 年）	乾隆三年（1738 年）	澳门	《远镜说》	万历三十一年（1603 年）	收入《丛书集成初编》
					《崇祯历书》		北京故宫博物院藏，清改名《新法历书》，收入《四库全书》巴黎国立图书馆藏
汤若望（Jean Adam Schall Von Bell）	德国	天启三年（1623 年）	康熙五年（1666 年）	北京	《浑天仪说》	崇祯三至十四年（1630—1641 年）	《崇祯历书》
					《古今交食考》		
					《西洋历测》		
					《星图》		
					《恒星历指》		
					《交食表》		
					《八线表》		
					《测天约说》		
					《恒星出没》		
					《测食略》		
					《大测》		
					《恒星表》		
					《交食历指》		
					《火攻挈要》	崇祯十六年（1643 年）	焦勖译，一名《则克录》
					《新历晓惑》		收入《昭代丛书》庚集
					《新法表异》		收入《昭代丛书》壬集
					《历法西传》		《崇祯历书》提要
					《新法历引》		《崇祯历书》提要
					《筹算指》		收入《新法历书》

续 表

姓　名	国　籍	来华年代	卒　年	卒　地	书　名	译著之书成书年代	附　注
孟儒望 (João Monteiro)	葡萄牙	崇祯十年 (1637 年)	顺治五年 (1648 年)	印度	《天文略义》		
利类思 (Louis Buglio)	意大利	崇祯十年 (1637 年)	康熙二十三 年(1684 年)	北京	《进呈鹰说》 《西方要纪》	康熙十八年 (1679 年)	与南怀仁合撰
安文思 (Gabriel de Magalhaes)	葡萄牙	崇祯十三年 (1640 年)	康熙十六年 (1677 年)	北京	《西方要纪》 《复活论》		与南怀仁合撰
卫匡国 (Martino Martini)	意大利	崇祯十六年 (1643 年)	顺治十八年 (1661 年)	杭州	《中国新图》		1655 年在欧洲出版
卜弥格 (Michael Boym)	波兰	永历四年 (1650 年)	顺治十六年 (1659 年)	欧洲	《中华帝国全图》		在欧洲出版
柏应理 (Philippe Couplet)	比利时	永历九年 (1655 年)	康熙三十年 (1691 年)	果阿	《文字考》 《中国地图》		
穆尼阁 (Nicloas Smogolenski)	波兰	顺治年间 (1644— 1661 年)		天步真原			薛凤藻译，收入《四库全书》
南怀仁 (Ferdinand Verbiest)	比利时	顺治十六年(1659 年)	康熙二十七年(1688 年)	北京	《测验纪略》	康熙七年 (1668 年)	北京大学藏康熙刻本
					《新制灵台仪象志》	康熙十三年 (1674 年)	图为两半球
					《坤舆全图》	康熙十三年 (1674 年)	收入《四库全书》
					《坤舆图志》	康熙十一年 (1672 年)	日本宫内省藏
					《康熙永年历法》	康熙十七年 (1678 年)	北京刻本
					《赤道南北星图》	康熙十一年 (1672 年)	
					《盛京推算表》	康熙二十七年(1688 年)	
					《神武图说》	康熙二十年 (1681 年)	巴黎国立图书馆藏

姓　名	国　籍	来华年代	卒　年	卒　地	书　名	译著之书成书年代	附　注
南怀仁 (Ferdinand Verbiest)	比利时	顺治十六年(1659 年)	康熙二十七年(1688 年)	北京	《简平规总星图》		巴黎国立图书馆藏
					《历法不得已辩》		巴黎国立图书馆藏
					《妄占辩》		巴黎国立图书馆藏
					《妄择辩》		巴黎国立图书馆藏
					《妄推吉凶辩》		与杨光先争论历法之文件汇编
					《熙朝定案》	康熙七年至三十四年(1668—1695 年)	
徐日升 (Thomas Preyra)	西班牙	康熙十三年(1674 年)	康熙四十七年(1708 年)	北京	《律吕正义》 (上下续)	康熙五十三年(1713 年)	
德里格 (Theodoricus Pedrini)	意大利						
白晋 (Joachin Bouvet)	法国	康熙二十六年(1687 年)	雍正八年(1730 年)	北京	《康熙皇舆全览图》	康熙五十七年(1718 年)	
杜德美 (Jartoux Pierre)	法国	康熙三十九年(1700 年)	康熙五十九年(1720 年)				
冯秉正 (Joesph Anne Marie De Moyriac de Mailla)	法国	康熙四十二年(1703 年)	乾隆十三年(1748 年)	北京			
德玛诺 (Ro Main Hinderer)	法国	康熙四十六年(1707 年)	乾隆九年(1744 年)	南京			
费隐 (Ehrenberg Eaver Fridelli)	法国		乾隆八年(1743 年)				
麦大成 (João Cardoso)	葡萄牙		雍正元年(1723 年)				
雷孝思 (Jean Baptiste Régis)	法国	康熙三十七年(1698 年)	乾隆三年(1738 年)	北京			
宋君荣 (Antoine Gaubil)	法国		乾隆十五年(1750 年)				

续 表

姓　名	国　籍	来华年代	卒　年	卒　地	书　名	译著之书成书年代	附　注
戴进贤 (Ignace Kogler)	德国	康熙五十五年(1716 年)		北京	《历象考成后编》	乾隆七年(1742 年)	在钦天监作官
					《仪象考成》	乾隆十七年(1752 年)	
					《玑衡抚辰仪记》	乾隆十九年(1754 年)	
蒋友仁 (Michel Benoist)	法国	乾隆九年(1744 年)	乾隆三十九年(1774 年)	北京	《乾隆皇舆全图》	乾隆二十五年(1760 年)	共 104 幅
					《地球图说》	乾隆二十七年(1762 年)	何国宗、钱大昕助译
傅作霖 (Felix De Rocha)	葡萄牙		乾隆四十六年(1781 年)		《松花江、土耳其斯坦地图》	乾隆二十四年(1759 年)	收入《乾隆皇舆全图》
杜赫德 (Jean Baptiste Da Halde)	法国		乾隆八年(1743 年)	欧洲	《中华帝国全志》(全四册)	雍正十三年(1735 年)	在巴黎出版，被视为中国的百科全书。1761 年在英国出版英译本

第十一章 轰开国门与基督教长驱直入

1 闭关自守

从清兵入关的顺治元年(1644年)至提督施琅收复台湾的康熙二十二年(1683年)这40年间,清政府实行海禁,沿海人民内迁,生产凋敝,海疆空寂。两年之后,因台湾已经平定,为恢复沿海经济,撤销海禁,设立江、浙、闽、粤四海关,即江苏连云港、浙江宁波、福建厦门和广东黄埔,实行对外开放。然而乾隆二十二年(1757年),清政府重新封闭江、浙、闽三关,仅存广州一关作为对外贸易和对外联络的视窗。即使是唯一的广州口岸,清政府出于"夷夏之防"和以"天朝"自居,对外商设置种种限制。如外商只准住在澳门,进省城要领红牌(通行证),而且只准住在商馆,不准携带家眷;外商不得与中国行商以外的人自由贸易,不得直接与官府进行联络,有事必须写禀帖由行商转呈,而且禀帖上不得用平等文字;外洋兵船不得驶入虎门,商船只能停泊在黄埔,由中国兵丁监护;禁止外商雇人传递资讯;外人不得坐轿和沿街行走;外人每月只有初八、十八、二十八这三日可以结伴由翻译陪同外出散步,不得进入广州城。加之关税又重,官吏敲诈勒索,外商特别是英国人,颇为不满。此时正当英国东印度公司垄断贸易时期,英国在华的贸易额远远超过其他各国,尤其鸦片走私猖獗,仅广州一口岸不能满足需要,企图在广州以北沿海再开几个口岸,把鸦片贸易扩大到华中甚至华北。因此,英国政府派遣马戛尔尼(George Macartney)来华,希望通过外交方式来减少广州海关的限制,并取得广州以外各地贸易的自由,以扩大对华贸易。乾隆五十七年(1792年)9月,由马戛尔尼率领的英国使船到达广东,以其国王乔治三世(George Ⅲ,1760—1820年在位)之命呈函禀陈督府:"前年大皇帝八旬万寿,未申祝厘,遣使臣马戛尔尼,将由天津入贡。"①两广总督立即上奏。

乾隆五十八年(1793年)英国贡船五艘从浙江定海北上。7月25日贡船抵达天津大沽海口,沿白河和北运河至北京。9月14日,在热河行宫万树园以三跪九叩礼觐见乾隆帝。礼仪毕,马戛尔尼呈英王国书说:"皇帝陛下,请留一人居京师,办理贸易之事。"乾隆帝回绝道:"都城距澳门将近万里,何由顾及懋迁(贸易),且语言服制全殊,此事不可行。"马戛尔尼又说:"请于浙江宁波珠山(舟山)暨直隶天津,维舟通市,并按照俄国旧例,在京城另设一行交易。再给珠山附近一小岛,广东省城附近一小地,俾使我国商人可以定居,或便于澳门寓居之外商出入。再者,自广州城下澳之货物,经由内河运输,请求免税或减税。"这里英国明确提出对中国领土的非分要求。乾隆又回绝道:"宁波、天津均无通事、洋行,不便交易。俄国自设恰克图口岸以后,久不在京寄寓。京城为万方拱极之区,岂容外藩开设行店?若夷商抵广,例不得进省城,以杜民夷之争论,立中外之大防。今欲居珠山海岛并广东附近省城城地,华夷参错,尤不可行。至于贸易纳税皆有定则,不能以其国夷船多,使税则独为减少,所请均属格碍。"②

马戛尔尼的要求均被乾隆一一回绝,见无隙可乘,无口可借,便快快不乐,于10月7日离京。此时前乘贡船已回定海,乾隆帝便令军机大臣户部侍郎松筠伴同贡使由内河至定海,然后放洋。马戛尔尼最后要求到宁波购买茶、丝等物,松筠代为奏请免税。当马戛尔尼到达杭州以后,又以行李、仆从已上定海贡船为理由,请求由内河到广州。松筠便以每天600里驰递上奏。乾隆帝降旨同意,让松筠回京,改命两广总督长龄督带过岭,从广州出海回国。

乾隆帝深知英国贪狡,恐其日久有变,于同年10月3日、7日连发两道圣谕,着两广总督转给马戛尔尼。第一道圣谕说:"天朝抚有四海,惟励图治,办理政务,奇珍异宝,并不贵重。尔国王此次赍进各物,念其诚心远献,特谕该管衙门收纳。其实天朝德威远被,万国来王,种种贵重之物,梯航毕集,无所不有,尔之正使所亲见;然从不贵奇巧,并无更需尔国制办物件。"③第二道圣谕说:"天朝物产丰盈,无

---

① 萧令裕:《英吉利记》,中国近代史资料丛刊《鸦片战争》第1册。

② 萧令裕:《英吉利记》,中国近代史资料丛刊《鸦片战争》第1册。

③ 梁廷枏:《粤海关志》第33卷。

所不有,原不借外夷货物以通有无。特因天朝所产茶叶、瓷器、丝绸,为西洋各国及尔国之必需之物,是以加恩体恤,在澳门开设洋行,俾得日用有资,并沾余润。"①这两道圣谕不啻为中国闭关自守的文告,喝破英国觊觎我国领土的野心——"给舟山附近一小岛,广东省城附近一小地。"但这两纸文告怎能打消英国的妄念呢?23年以后,英国又派第二次使节到北京。与上次一样,名为朝贡,实为要求放宽通商。

嘉庆二十一年(1816年)夏,英国使节阿美士德(William Pitt Amherst)抵达广州,由中国行商向广督转递禀帖:"英国太子摄政已历四年,感念大皇帝恩德,仰慕大皇帝仁圣,于上年9月遣使起程,来献方物,仍循乾隆五十八年贡道,由海洋一路到天津,赴都请见,恳总督先奏。"②当时两广总督蒋攸铦刚进京,由广东巡抚董教增经过四次谈判,阿美士德始终不肯以陪臣礼拜伏晋见。董教增不得已便准许按照英国礼节。晋见那天,代两广总督、广州将军、左右副都统、粤海关监督,升坐节堂,大行礼仪。阿美士德挟通事上谒,免冠致敬。通事传达来意,董教增离座起立,问英国国王好,然后坐下询问贡使行程,允应上奏皇帝。不久阿美士德率领五艘贡船抵达天津,嘉庆帝命户部尚书和世泰、工部尚书苏楞额往天津料理贡使来京。一个华人把写着"贡使"字样的旗帜挂在快艇的桅杆上,阿美士德对这面"屈从"的旗帜装作看不见,因为他怕触犯中国当局而使他的外交使命陷于绝境。③ 然而当他到达圆明园谒见嘉庆帝时,因坚持不以跪叩行礼,被嘉庆帝遣返。1817年1月20日阿美士德离开广州回国,没有完成自己的使命——开辟天津、定海为通商口岸,割让沿海某岛屿。

② 制造纠纷与武装挑衅

从1834年开始英国贸易政策改变,以自由贸易取代东印度公司的垄断贸易,英国政府直接管理对华贸易,一切由外交大臣巴麦尊(Lord Palmerston,1784—1865年)掌握。自由贸易既然开始了,巴麦尊便将律劳卑(William John Lord Napier)作为英国政府第一任对华贸易总监督派往中国。律劳卑在临行前的1833

---

① 梁廷柟:《粤海关志》第33卷。
② 萧令裕:《英吉利记》。
③ 广东省文史研究馆译:《鸦片战争史料选译》,中华书局1983年版,第24页。

年 12 月 31 日和 1834 年 1 月 25 日,先后接到巴麦尊下达的两道训令,明确此行目的有三:一要推销鸦片,二是开辟商埠,三要取得一个海军据点。[①] 巴麦尊还指示律劳卑说:"阁下到广州后应立即以公函通知总督。"[②]巴麦尊在这里"放进了燃烧炸药的信管"。原来清政府规定,凡外人有事,一律采用禀帖形式由行商代为转禀。只能用下对上的禀帖,不许用平行的公函,这是有关"天朝"的体制,绝对不能通融。这当然是外交关系上的一种不平等的态度,巴麦尊抓住这一点,要律劳卑以平行公函形式通知中国政府,蓄意挑衅,制造事端,浑水摸鱼。

1834 年 7 月 25 日律劳卑携带妻女共五人抵达广州之后,便命秘书将一公函送到总督衙门。果然,这封平行款式且混入"大英国"字样的公函激起轩然大波。公函不仅被拒收,而且两广总督卢坤认为"事关国体,未便稍涉迁就",前后四次反复晓谕,但律劳卑置若罔闻。卢坤认为,"若不重加惩抑,何以肃国体而慑诸夷?"便与粤海关中祥商酌,于同年 8 月 18 日封舱,"永远断绝贸易"。接着又宣布禁止华人受英人雇用,凡进入英国商馆一律以汉奸论处。于是广州英国贸易总监督署及英国人住所和澳门英侨所雇用的本地人便仓皇恐惧,逃避一空,使总监督署的工作陷于瘫痪,给侨民生活带来困难。为了"解除这一困扰和保护英侨及其财产",律劳卑于 9 月 5 日下令给英国皇家舰只"伊莫金"号和"安德罗马奇"号开入内河,做好战斗准备。

9 月 7 日 12 点 20 分,两艘战舰起锚,25 分晏臣湾炮台及中国水师船开始放炮,英舰转舵。接着大角炮台射来一弹,晏臣湾炮台射来两弹,横档岛炮台射来三弹,两舰进行回击。1 点 35 分两舰同时炮击阿娘鞋山新炮台和横档炮台。2 点 5 分大虎山炮台猛烈向两舰发炮,使之被迫抛锚停止前进。

8 日,整天无风或风向不定,两舰前进受阻,只好停泊在大虎山之下。此时中国方面增加兵力,许多小船载着援兵与武器开到,数百弁兵成行成列,持着火绳枪守卫炮台。

9 日下午 2 点 11 分,两舰乘轻微南风起锚,即受到横档岛炮台及阿娘鞋山新炮台的阻击。2 点 20 分,大虎山炮台猛烈向英舰开炮,激烈的战斗开始了。此时双方相距 200 码。2 点 30 分一炮击中"伊莫金"号前甲板的吊床网,死一人伤二

---

① 牟安世:《鸦片战争》,上海人民出版社 1982 年版,第 64 页。
② [美]马士:《中华帝国对外关系史》中译本第 1 卷,三联书店 1957 年版,第 17 页。

人;"安德罗马奇"号也受到炮击,死一人伤三人。两舰以 32 磅重弹回击,打中炮眼,胸墙被击碎,炮台里面的一所小庙被轰成一堆瓦砾。两舰在江峡慢慢航行,船身因转风转向经常暴露,受到炮台的攻击。本来两舰在峡中航行理应被击沉,但中国方面射击技术不高,两舰幸免于难。11 日下午 7 点 15 分,两英舰终于在离省城 60 里的黄埔江面抛锚。①

炮击虎门事件轰动广州。9 月 15 日两广总督卢坤急忙奏报北京:"英吉利兵船驶入内河停泊,现在水陆防堵,并将防御疏玩及疏防各员分别革职议处。"②这个奏折于 9 月底到达北京,10 月初道光帝下达以下的朱批:"看来各炮台俱系虚设,两只夷船,不能击退,可笑可恨,武备废弛,一至如是,无怪外夷轻视也。另有旨。钦此。"③这个朱批和另一道上谕于 10 月 15 日到达广州,其中说:"该督无谋无勇,咎无可辞,有损国威,深负委任。卢坤着革去太子少保衔,拔去双眼花翎,先行革职,暂留两广总督之任,载罪督办。"④

由于广东当局坚持律劳卑不走则不恢复通商的原则,律劳卑不得不让步,与中国谈判。本来律劳卑从 9 月初起健康情况不佳,9 日开始热病复发,至 19 号病情继续发展,不能出席会谈,由英商馆大班库力基代理。库力基对卢坤说:"律劳卑已认识错误。他是第一次进入内地,初到国境不懂禁令,因而没有得到许可证就立即驶进广州,军舰误入虎门,其真正目的是为了保护货物。他已承认错误,请求宽大准其回澳门,并请求允许他的船只立刻离开这个港口。"⑤

21 日律劳卑领得出港证,当天傍晚离开广州,10 月 11 日在澳门病死。律劳卑一离开广州,卢坤就上奏道:"今律劳卑已认错乞恩,众商节次吁求,自应宽其一线,逐令出口,俾番夷震慑之下,仍感天朝仁慈宽大之恩,臣等公同商酌,意见相同,随经批准放行。并据该商等赴粤海关请领红牌,由臣卢坤派委文武弁员,于 9 月 21 日将律劳卑押逐出口……该夷兵船两只,亦于是日开行,一路磨浅,24 日押出虎门海口。"⑥于是 23 日恢复对外贸易,27 日对英贸易重新开放。

---

① 广东省文史研究馆译:《鸦片战争史料选译》,中华书局 1983 年版,第 11—12 页。
② 广东省文史研究馆译:《鸦片战争史料选译》,中华书局 1983 年版,第 15 页。
③ 《道光朝外洋通商案》,《鸦片战争》第 1 册。
④ 广东省文史研究馆译:《鸦片战争史料选译》,中华书局 1983 年版,第 15 页。
⑤ 广东省文史研究馆译:《鸦片战争史料选译》,中华书局 1983 年版,第 25 页。
⑥ 《道光朝外洋通商案》,《鸦片战争》第 1 册。

3 英国侵略政策的确立

律劳卑死后,英国侨民在澳门为其出丧,大喊"冤屈"。稍后,1834 年 12 月 9 日,在广州的 64 名英商联名写了一份请愿书,呈英王威廉四世(William Ⅳ,1830— 1837 年在位),其中说:"根据全部外侨在华的交往历程和中国政策及其内部骚乱, 直到现在才使我们认识到,过去与中国政府或其官吏打交道最失策的就是采取甘 受屈辱和对轻蔑及不公平待遇采取逆来顺受的态度。这样就不独使国家的尊严受 到损伤,而且会引起对我们威力的怀疑。我们对当时没有给那些商务监督进行交 涉的权力和没有提供他们应有的武力来保护他们免受侮辱,感到非常遗憾。…… 具呈人恭请陛下派遣一位有适当官阶、办事审慎和富有外交经验的人为全权公使, 并建议命令他先乘英舰直驶中国东海岸,尽可能逼近首都北京,要有一支足够的海 军力量作护卫。……回溯我们在中国贸易所受到的限制和无能为力的处境,是由 于我们对中国方面的妄自尊大长期默认。中国皇帝狂妄地认为他和他的子民都是 比别国君王的子民要高一等的。我们不能不认为必须对这种妄自尊大行为做坚决 驳斥和打击,否则对于进行继续交涉也是没有好效果的。"①

1836 年英文期刊《中国丛报》也鼓吹以武力为后盾,与中国签订一个条约:"我 们不能通过辞谦语卑的禀帖而取得什么。如果我们要和中国订立一个条约,这个 条约必须是在刺刀尖下,依照我们的命令写下来,并要在大炮的瞄准下才发生效力 的。……我们今后采用一条中间路线,即对中国政府加于我们的压迫和凌辱,则予 以坚决的抗拒。对于我国的体面和我们侨民的权利在他们手上受到的损伤和侵犯 则不予放过,必须要求赔偿。"②

许多人主张对中国不可采取让步政策:"不要忘记在东印度公司垄断对华贸易 的时候,中国和该公司之间本来已经有许多纠纷和争执。但是东印度公司因为怕 丢掉了他们所享受的许多利益,总是让步,不敢力争。现在东印度公司的垄断被撤 销,对华贸易在英国已经开放,而发展成为全国性的了。这种情况再也不允许存在

---

① 广东省文史研究馆译:《鸦片战争史料选译》,中华书局 1983 年版,第 32—36 页。
② 广东省文史研究馆译:《鸦片战争史料选译》,中华书局 1983 年版,第 48 页。

下去了。"①

1835 年 8 月 2 日英国格拉斯哥印度协会在其《致外交大臣巴麦尊书》中,要求"恢复从前我们享有的对厦门和其他北部口岸通商的特权"。② 广州英商也提出,"只要重新开放厦门、宁波和舟山各口岸就能带来极有利的效果。开放这些口岸,不仅能扩充商务,而且会像以前一样激起各港口地方官互相竞赛来吸引外国商人,以扩大他们从贸易方面获得的机会"③。

以上民间舆论和要求对英国政府侵华政策的确立影响很大,基本上都被采纳。1836 年 6 月,巴麦尊任命义律(Captain Charles Elliot)为商务总监督和政府全权代表,负责与中国交涉。义律用禀帖的形式领到红牌,1837 年 4 月 12 日来到广州,进行七个月的活动。最后向巴麦尊提出:"必须使用武力。"

于是巴麦尊于 1837 年 11 月 2 日将一份备忘录送交海军大臣,建议把东印度防区舰队总司令、海军少将马他仑(Sir Frederick Maitland)调往中国,并尽可能派去一艘或多艘兵舰。不久马他仑接到调令,于 1838 年 7 月到达中国海域,8 月 2 日马他仑命令"威厘士里"号、"拉呢"号、"阿吉林"号三艘兵舰自铜鼓洋向北开行,驶至穿鼻洋面停泊测水,伺机挑衅。他考虑到当前鸦片走私正是旺季,挑衅会引起封舱停止贸易;同时虎门已经设防,由关天培严加把守,三艘兵舰无济于事,便于 8 月 6 日主动撤至铜鼓湾停泊。

英国政府侵华政策的确立,与胡夏米(Lindsay Hugh Hamilton)所提供的情报是分不开的。1832 年,东印度公司大班查理·马奇班克斯(Charles Marjeribanks)派遣胡夏米对中国进行侦察,同年 2 月 26 日胡夏米、郭实腊(Karl Fredrich August Gtzlüaff)等 70 余人乘坐"阿美士德"号从澳门出发,经南澳岛、厦门、福州、宁波、上海和威海卫等地,又折往朝鲜、琉球,同年 9 月 4 日返回澳门。他沿途测量河道海湾,绘制航海地图,调查各地物产及商业情况,得出一个结论:"由大小不同的 1000 艘船只组成的整个中国舰队,都抵御不了一艘战舰。"④1835 年 7 月 24 日胡夏米还在其给巴麦尊的信中提供了一个武装进攻中国的计划,这个计划成为 1840 年 4 月

---

① 宾汉:《英国在华作战记》,《鸦片战争》第 5 册,第 7 页。
② 列岛:《鸦片战争史论文专集》,三联书店 1958 年版,第 42 页。
③ 广东省文史研究馆译:《鸦片战争史料选译》,中华书局 1983 年版,第 34 页。
④ 南木:《鸦片战争以前英船"阿美士德"号在中国沿海的侦察活动》,列岛:《鸦片战争史论文专集》,第 110—111 页。

底派遣一支东方远征军的根据。

4 第一、第二次鸦片战争与传教权利的确立

1839 年春,由林则徐领导的禁烟运动特别是虎门销烟,给英国提供了大规模武装侵略的借口。尤其是英国鸦片贩子和制造商,纷纷要求和敦促政府采取对策,如 1839 年 9 月 30 日《曼彻斯特商人致巴麦尊函》中说:"我们恭敬地请求女王陛下的政府,对于中国方面这种侵略行为,应予以迅速的、强有力的、明确的对策……我们希望我们于最近期内,能得回我们所遭受的损失,并希望政府能利用这个机会,将对华贸易置于安全的、稳固的、永久的基础上。"[1]他们的意见被英国政府采纳,1840 年 6 月 28 日以义律(George Elliot)为总司令的英国东方远征军开抵澳门湾外洋面。因林则徐防卫森严,便放弃攻打广州的计划,北上进犯闽浙。7 月 6 日攻陷定海,又北上至天津,将最后通牒《巴麦尊致大清国皇帝钦命宰相书》交给直隶总督琦善转道光帝。道光帝便以重治林则徐换取英军退兵,并命琦善南下广东与英国谈判。但是谈判破裂,英军攻打广州,遭到广州人民的反击。1841 年 8 月以璞鼎查(Henry Pottinger)为司令的英国东方远征军开到,先后攻陷厦门、定海、宁波、乍浦、上海和镇江,兵临南京城下,真如一位传教士所说,"大炮在天朝呼啸,城市在一座座陷落。"

1842 年 8 月 29 日,中国近代史上第一个不平等条约——《南京条约》签订,它使中国发生千古未有的巨变。《南京条约》对传教一事只字未提,但是五口通商势必导致英国商人提出在通商口岸过宗教生活的权利,从此以后基督教可以大模大样地传入中国,而西方文化也得以由传教士带到中国,推动了中国的近代化。

《南京条约》签订的消息传到华盛顿,美国政府便派公使顾盛(Caleb Cushing)到中国,于 1844 年 7 月 3 日在澳门望厦村与中国签订了《中美望厦条约》。其中第 17 款说,除了传教士能在五口传教外,还可以建立教堂,[2]这就使外国人在中国境内盖教堂成为合法化。三个多月以后的 10 月 24 日,法国公使拉萼尼(Théodose

---

[1]《英国蓝皮书》,《鸦片战争》第 2 册,第 634 页。
[2] 该款原文是:"合众国民人在五港口贸易,或久居,或暂居,均准其租赁民房,或租地自行建楼,并设立医馆、礼拜堂及殡葬之处。"

de Lagrene)在广州黄埔与中国签订了《中法黄埔条约》。其中第 22 款规定,法国人可在五口建造教堂,倘有中国人将佛兰西礼拜堂、坟地触犯毁坏,地方官照例严拘重惩。这就使教会取得了天主教受中国法律保护的权利。拉萼尼得寸进尺,还要求中国弛禁天主教,钦差大臣两广总督耆英只好于同年 12 月 18 日上奏道:"今据弗朗济(法兰西)使臣喇口善呢(拉萼尼 Lagrene)请将中国习教为善之人免罪之处,似属可行,应请嗣后无论中外民人,凡有学习天主教并不滋事行非者,仰恳天恩,准予免罪。……仰祈皇上恩准施行。谨奏。"[1]

道光帝读了耆英的这个奏折,立即朱批"依议钦此"四字,并发文通知耆英。拉萼尼见自己的弛禁请求获准大喜,进一步要求发还雍正年间被查封的天主教堂旧址,此举又获道光帝允准。于是耆英于 1846 年 3 月 18 日发布告示,其中说:"天主教既系劝人为善,与别项邪教迥不相同,业已准免查禁。此次所请,亦应一体准行。所有康熙年间各省旧建之天主堂,除已改为庙宇民居者毋庸查办外,其原旧房屋尚存者,如勘明确实,准其还给该处奉教之人。"[2]这样,被查禁达 120 多年的天主教彻底得到弛禁。

上述天主教所获得的权益使耶稣教(新教)为之眼红,积极向中国官方交涉,要求享受和天主教同等的权益。最后耆英答复道:"本大臣于各国习教规矩,有无分别,本不知晓,今已知之较多。故再宣布,天主教无论供奉十字架图像与不供十字架图像,凡习教为善者,中国概不禁止。至规矩之或异或同,断无分拒之理。"[3]这样,耶稣教也取得了和天主教同样的传教权利。

第一次鸦片战争中,一些外国侵略者特别是英国人,趾高气扬,以征服者自居,在五口通商口岸(广州、福州、厦门、宁波、上海)横行不法,欺压平民,引起当地人民普遍不满。尤其是富有反侵略传统的广州人民,对英人恨之入骨,坚决不许英人进入广州城,双方发生武装冲突。这个"入城"问题,历经耆英、徐广缙两任总督,拖延十多年之久,始终没有解决。1856 年 3 月克里米亚战争结束,英法战胜,俄国战败。战后英法利益一致,使两国有可能联合对中国采取共同行动。在此稍前(1856年 2 月),潜入广西西林县传教的法籍广东神父马赖和巴黎外国使团修道院神父等

---

① 顾长声:《传教士与近代中国》,上海人民出版社 1981 年版,第 56 页。
② 顾长声:《传教士与近代中国》,上海人民出版社 1981 年版,第 56 页。
③ 史式徽:《江南传教史》第 1 卷,上海译文出版社 1983 年版,第 82 页。

26 人被该县知县张鸣凤逮捕,将作恶多端的马赖(Auguste Chapdelaine)处死。拿破仑三世大怒,决定与英国联合进行报复。同年 10 月 8 日发生"亚罗号事件"(英国干涉中国水师在泊于珠江中的中国船"亚罗号"上捕盗),胡说中国水师扯下英国国旗,以此为借口,英法联军于 1857 年 12 月 30 日攻下广州城,将总督叶名琛掳往海外。联军攻下广州后便挥师北上,1858 年 5 月 23 日攻陷天津,与清政府签订了《天津条约》,其中塞进了容许列强在中国传教的所谓宽容条款。

1858 年 6 月 13 日签订的《中俄天津条约》第八款规定:"天主教原为行善,嗣后中国于安分传教之人,当一体矜恤保护,不可欺侮凌虐,亦不可于安分之人禁其传习。若俄国人由通商处所进内地传教者,领事馆与内地沿边地方官按照定额,查验执照,果系良民,即行画押放行,以便稽查。"①

6 月 18 日签订的《中美天津条约》第二十九款规定:"耶稣基督圣教,又名天主教,原为劝人行善,凡欲人施己者亦如是施于人。嗣后所有安分传教习教之人,当一体矜恤保护,不可欺侮凌虐。凡有遵照教规安分传习者,他人毋得骚扰。"②

6 月 26 日签订的《中英天津条约》第八款规定:"耶稣圣教暨天主教,原系为善之道,待人如己。自后凡有传授习学者,一体保护。其安分无过,中国官毫不得刻待禁阻。"③

6 月 27 日签订的《中法天津条约》第十三款规定:"天主教原以劝人行善为本,凡奉教之人,皆全获保佑身家,其会同礼拜诵经等事,概听其便。凡按第八款备有盖印执照安然入内地传教之人,地方官务必厚待保护。凡中国人愿信奉天主教而循规蹈矩者,毫无查禁,皆免惩治。向来所有或写或刻奉禁天主教各明文,无论何处,概行宽免。"④这样,无论天主教还是耶稣教都从非法变成合法,列强在中国的传教权利正式确立。

按《中英天津条约》最后一款规定,一年后各国公使到北京换约。清政府害怕外国人进京,主张在上海换约,而英法两国则坚持进京换约,双方协议无效。1859 年 6 月 25 日英法联军对大沽口炮台发动进攻,被僧格林沁指挥的中国军打败。1860 年 8 月 12 日英法联军卷土重来,由北塘登陆,攻下大沽口炮台,直逼天津。8

---

① 王铁崖编:《中外旧约章汇编》第 1 册,三联书店 1957 年版,第 88 页。
② 王铁崖编:《中外旧约章汇编》第 1 册,三联书店 1957 年版,第 95 页。
③ 王铁崖编:《中外旧约章汇编》第 1 册,三联书店 1957 年版,第 97 页。
④ 王铁崖编:《中外旧约章汇编》第 1 册,三联书店 1957 年版,第 107 页。

月 23 日攻陷天津，10 月 6 日进入北京，对圆明园进行洗劫之后，放火把它烧毁。10 月 24 日、25 日、30 日英、法、俄三国分别与清政府互换《天津条约》，并签订了中英、中法、中俄《北京条约》，第二次鸦片战争至此结束。

　　这里要特别提出的是法国把传教士可以在中国内地租买土地建造教堂的权利偷偷塞进《中法北京条约》之中。即该条约中文本第六款全文是："应如道光二十六年正月二十五日（1846 年 2 月 20 日）上谕，即晓示天下黎民，任各处军民人等传习天主教、会合讲道、建堂礼拜，且将滥行查拿者，予以应得处分。又将前谋害奉天主教者之时所充之天主堂、学堂、茔坟、田土、房廊等件应赔还，交法国驻扎京师之钦差大臣，转交该处奉教之人，并任法国传教士在各省租买田地，建造自便。"这里最后的"并任法国传教士在各省租买田地，建造自便"一句在法文本中没有，据说是议约时担任翻译的法国传教士德拉马（Louis Delmare）和法国孟振生主教（J. M. Mouly）私自添加的。[①] 从此以后，外国传教士便能在中国自由租买田地建造教堂了。下面是法国政府发给北京天主教北堂副主教林懋德的一份"传教执照"，其中对租买田地建造教堂作了明文规定："兹因遵行大清国大皇帝、大法国大皇帝特派钦差便宜行事全权大臣于咸丰八年五月十七日（1858 年 6 月 27 日）及十年九月十二日（1860 年 10 月 25 日）在天津、顺天两城内设立和约章程第八第六前后等款，故本大臣将此执照交付本国人传天主教之教士林懋德收得为据。本大臣因深知教士林公，系我国名士才德兼优者，所以请烦大清执政大臣及各省文武官员边疆大吏，自此以后，教士林公在直隶省内来去传教居住，无论何处租买田地，建造天主教屋宇，均听其便，丝毫不可留难当以宾礼相待，俾凡大清国所辖内各处，咸宜遵照勿违。"[②]

5　耶稣教的传入

　　耶稣教（新教）正式传入中国是嘉庆十二年（1807 年），比天主教（旧教）迟 250 多年。17 世纪初期的 1624 年，新教国家荷兰入侵我国台湾之后，传教士曾到台湾活动，争取到上千人信教，并开办了一些初级教会学校。但 1662 年郑成功收复台

---

　　① 翦伯赞等编：《中国通史参考资料》上册，中华书局 1985 年版，第 126 页。
　　②《近代史资料》，中华书局，1963 年第 3 期，第 2 页。

湾后,传教士和侵略者一起被驱走,耶稣教在台湾的活动随之灭迹。前述 1792 年英国使节马戛尔尼到北京觐见乾隆帝时曾提出英国派传教士到中国传教的请求,被乾隆帝拒绝。此时英国已先后击败了西班牙和荷兰,称霸海上,积极向东方扩张殖民势力。为此,英国国内从 18 世纪末开始,成立了许多差会①,如浸礼会差会(1792 年成立)、伦敦会差会(1795 年成立)、苏格兰差会(1796 年成立)和基督会差会(1800 年成立)。这些海外布道会培养了许多传教士,并陆续派到非洲和亚洲的印度、缅甸等国工作。

1807 年伦敦会差会派遣马礼逊(Robert Morrison)赴中国开教。由于当时垄断中国贸易的东印度公司阻挠,马礼逊只好绕道美国,取得美国政府给广州美领事的介绍信之后,在纽约乘美国货船"三叉戟"号,于 1807 年 9 月 8 日到达广州。因为当时清政府不容许传教,他作为一名外来的"客人",隐居在美国商馆里学习汉语。一年以后,马礼逊到澳门,为避免澳葡当局发现他的正式身份便隐居在东印度公司里。1809 年马礼逊和东印度公司一位高级职员的女儿玛丽·摩登结婚,并应聘担任该公司的翻译。他取得合法身份后便出来公开活动,为传教事业做好准备工作。马礼逊一面为公司服务一面翻译《圣经》和编纂《华英字典》,一直到 1834 年东印度公司撤销为止。其间,1816 年马礼逊被任命为使节阿美士德的秘书兼翻译,往北京觐见嘉庆帝。1824 年曾一度回国,带回中国书籍一万卷,还将自己翻译的汉文《圣经》和一幅北京地图献给英王乔治四世,受到高度嘉奖。1826 年马礼逊返回中国,继续在东印度公司任职,同时还领导了开设在马六甲的印刷所和英华书院,为在大陆传教创造条件。

1834 年东印度公司撤销后,英国政府派遣律劳卑来中国担任商务总监督。同年 7 月 5 日律劳卑到达广州后,立即任命马礼逊为自己的秘书兼翻译,年俸 1300 英镑,按副领事的级别展开工作。然而很不幸,马礼逊上任不满一个月,于 8 月 1 日得急病去世,享寿 52 岁,安葬于澳门。在其墓上竖一石碑,称颂道:"尝闻天地间有万世不朽之人,端赖其人有万世不朽之言行。如我英国之罗伯·马礼逊者,乃万世不朽之人也。当其于壮年来中国时,勤学力行,以致中华之言语文字,无不精通。迨学成之日,又以所得于己者作为《华英字典》等书,使后之习华文汉语者,皆得借

---

① 差会是耶稣教差派传教士进行传教活动的组织,多为西欧、北美国家的耶稣教会所设立,派传教士到亚、非、拉各国设立教会,开办学校,举办慈善事业。

为津梁,力半功倍。故英人仰慕其学不厌、教不倦之心,悉颂贤士。"①

　　继马礼逊之后来华传教的是美国传教士裨治文(Elijah Coleman Bridgnian,1801—1861年)和雅裨理(David Abeel,1804—1846年)。他们受美部会(后改称公理会)的派遣,于1830年2月25日从纽约到达广州。他们一面传教一面大力从事文化工作。裨治文创办了中国第一本英文期刊《中国丛报》,他还组织了广州基督徒联合会、益智会、马礼逊教育协会、中华医药传教会四个传教团体。

　　继裨治文之后来华传教的美国传教士学有卫三畏(Samuel Wells Williams,1812—1884年)和伯驾(Peter Parker,1804—1889年),他们于1833年和1834年先后到广州。卫三畏协助裨治文办《中国丛报》;伯驾则开设眼科医院(即广州新豆栏医局),此为西方传教士在中国开设的第一所西医院。此外,德籍美国传教士郭实腊(或译郭士立,Karl Friedrich August Gutz,1803—1851年)也于1831年底到达澳门。其后来华的美国传教士络绎不绝,计有美国南浸礼会的罗孝全(Issachar J. Roberts,1802—1871年)、南浸礼会的晏玛太(Matthew Tyson Yates,1819—1888年)、长老会的嘉约翰(John Glasgow Kerr,1824—1901年)、长老会的丁韪良(William Alexander Parsons Martin,1827—1916年)、监理会的林乐知(Young John Allen,1836—1907年)等。英国传教士方面,著名的有米怜(William Milne,1785—1822年)、麦都思(Walter Henry Medhurst,1796—1857年)、粦为仁(William Dean,1807—1895年)、汤雅各(Cacob Tomlin,1826—1836年在华)、戴尔(Samuel Dyer,1826—1834年在华)等。

　　早期耶稣教传教士活动的范围:一是中国本土地区,主要在澳门、广州、香港三地;二是南洋地区,主要在马六甲、新加坡、巴达维亚、曼谷等城市,后来都成为向大陆传教的基地;三是中国沿海地区,1831至1832年郭实腊先后乘中国帆船和"阿美士德"号往中国沿海地区做过游历布道活动,同时搜集情报和测量海岸和水道;四是中国的邻国(朝鲜、日本),如1837年郭实腊、伯驾、卫三畏护送遇难的日本船员回国,至鹿儿岛与日本当局商议传教未成。鸦片战争后五口(上海、宁波、厦门、福州、广州)开放,传教中心从南洋、澳门转移到各通商口岸。1840年罗孝全第一个到香港开教;1842年美国雅裨理、文惠廉(William Jones Boone)最早到厦门开教;1847年美国柯林·怀德首先到福州开教;1843年英国麦都思最早到上海开教,

――――――――――

①《中国丛报》第15卷,《马礼逊的墓碑碑文》。

两年后文惠廉、裨治文、晏玛太等也到上海传教；1844 年美国玛高温（Daniel Jerome Mac Gowan）最先到宁波开教。至 1860 年,耶稣教传教士从 1844 年的 31 人增至 100 余人,教徒从 6 人增至约 2000 人。[①]

6 天主教的再兴

前述康熙帝因和罗马教皇发生礼仪之争而于康熙五十九年（（1720 年）十二月二十一日发布禁教令之后,历经雍正、乾隆、嘉庆、道光四朝,天主教一直被清政府当做"邪教"加以禁止。但宗教信仰是禁不尽的,民间仍在偷偷信仰,而西方传教士则更为含辛茹苦地进行秘密传教活动。据史料记载："其（传教士）初至中国海口也,则深藏舱内,不敢露面。至夜深人静,则改入教友之小船。黎明开船入河,仍深藏舱内,往往数月敢出。夏日溽暑,蒸热难堪。及过关卡,则扮作病父,蒙头盖脑,僵卧不起。若被人觑破,则出钱运动,买人不语。不能则潜身逃脱,及至传教地方,藏于热心教友家。昼则隐伏,夜则巡行。所遇艰险,所受困苦,多为后人所不知,无从记载。"[②]1775 年 11 月中国耶稣会奉教皇之命解散之后,中国天主教更加衰落。

及至 1814 年,耶稣会的传教政策得到肯定,其组织在欧洲重建。这个消息传到中国,北京的信徒很高兴,于 1832 年 4 月 25 日给欧洲耶稣会总长写了一封信,要求总长像昔日那样派遣耶稣会士到中国来。次年圣诞节北京的信徒直接上书罗马教皇,其中说："可以肯定,假如他们（耶稣会士）带着宗座的使命来北京,全国人民以至高级官员必将衷心欢迎。不久整个帝国将接受信仰,因为在平民与士大夫之间,在皇帝朝廷之中,耶稣会的声誉受到特别尊重,甚至认为一位博学多才的耶稣会会士比帝国官员和学者要强得多。"[③]结果北京信徒的愿望得到满足,1839 年初罗马教廷派遣罗类思（Louis de Bési）来中国,并任命他为南京主教,隐藏在上海浦东金家巷。与此同时,耶稣会总长派遣南格禄（Claudius Gotteland）、李秀芳（Benjaminus Brueyre）和艾方济（Franciscus Esteve）三神父来中国协助罗类思。他们在法国支援下,先到马尼拉,再往澳门,从澳门由英舰护送经香港到英军占领

[①] 顾长声：《传教士与近代中国》,上海人民出版社 1981 年版,第 117 页。
[②] 刘准：《天主教传行中国考》,河北献县天主堂 1937 年出版,第 372—373 页。
[③] 徐宗泽：《中国天主教史概论》,上海书店 1990 年版,第 270—271 页。

下的定海，最后罗类思派人来将他们送到金家巷。

不久（1844 年）《中法黄埔条约》签订，法国获得在五口建造教堂的权利，并进一步从教皇那里取得了中国传教保护权，以取代昔日葡萄牙的中国传教保护权。因此法国驻上海领事敏体尼（Louis de Montiny）全力支援上海的传教事业。于是中国耶稣会会长南格禄便在上海徐家汇创建了耶稣会的中心会院。1848 年又在这里建立了神学院，凡从欧洲来的天主教传教士，都先要到这里来学习中文。神学院分哲学（三年制）和神学（四年制）两科，毕业后都授予司铎（神父）神职。从 1851 年起，每年夏季集中江南教区的所有神父，分两批在神学院轮训。为适应教务发展的需要，又在徐家汇建造一座圣堂，命名为圣依纳爵堂，它是今天徐家汇天主堂的前身。及至第二次鸦片战争结束的 1860 年，以上海徐家汇为中心的江南教区，拥有 77000 名教徒、50 多名传教士、90 所教会小学和传教点 400 多处，[①]成为中国天主教的一个重点教区。

1860 年列强与清政府签订的《北京条约》给天主教带来了复苏，法国传教士郎怀仁（Godefroid Xavier de Laimbeckhoven）等上书法国皇帝拿破仑三世（Napoleon Ⅲ，1852—1870 年在位），恭维他说："1860 年的条约为我们在中国的传教士开辟了新纪元。现在我们能够自由地深入久闭的中国内地，在那里可以讲道、设堂、建设慈善机构。取得这个自由应当归功于陛下的大力保护，归功于北京的密切注视条约执行的公使。"[②]

事情确实如此。乾隆年间北京原有东西南北四天主堂，因嘉庆十六年十二月（1812 年 1 月）西藏马奢事件[③]和十七年二月（1812 年 3 月）贵州驱教案[④]，北京四天主堂除南堂外全被烧毁。南堂由北堂的中国传教士薛玛豆留守。后因禁教甚严，薛玛豆到内蒙古察哈尔盟西湾子村（今河北崇礼县）藏匿，这样北京传教士绝迹。薛玛豆到西湾子后，便派人赴澳门与国外联系。西湾子原属北京教区，地区偏僻，教徒较多，可以逃避官府查缉，北京教堂被毁后，这里成了北京教区的根据地，法国遣使会传教士孟振生（Joseph M. Mowly，1807—1868 年）、古伯察（Evariste Regis Huc，1813—1868 年）、翁羊铎（Laurent Carayon，1814—1848 年）、林安当

---

① 顾长声：《传教士与近代中国》，上海人民出版社 1981 年版，第 107 页。
② 史式徽：《江南传教史》第 1 册，上海译文出版社 1983 年版，第 194 页。
③ 传教士马奢在汉人赵金秀带领下以朝佛为名到西藏传教，后被发觉，驱逐出境。
④ 贵州省城及思州发觉有人传习天主教，清政府下令驱逐教士和信徒。

（J. Ant. Simand，1799—1871 年）等先后到西湾子。1842 年孟振生为内蒙教区主教，1856 年又任命为北京主教。《中法北京条约》签订后，法国侵华军总司令孟托班（Montauban）中将决定在关闭 20 多年之久的南堂为阵亡将士举行追悼弥撒。届时南堂修缮一新，被拿走的十字架重新竖立在屋顶上，还安置一架时钟，时钟鸣了十下，孟托班将军在一大群幕僚和军官陪同下坐轿进入南堂，追悼弥撒就此开始。弥撒结束之后，由孟振生讲道，他用热烈的言词感谢法国皇帝拿破仑三世对宗教的支援，感谢法国将军率领一支军队一直打到北京。同日，南堂举行重新开堂仪式，这表明北京天主教开始复苏。接着天津的天主教也开始复苏。1861 年原北京北堂的卫儒梅（M. Talmier）神父被派到天津进行恢复工作。他通过法国领事馆与三口通商大臣崇厚交涉，取得崇禧观（即香林院，与望海楼相邻）15 亩地基的永租权，1869 年兴建望海楼教堂（俗称河楼教堂）①。于是天津天主教初具规模。

本来天主教在中国设有澳门、南京、北京三主教区，其他如陕西、山东、湖广、江西、贵州、云南、浙江、香港和朝鲜设立代牧区，这些代牧区都于 1860 年之后陆续恢复。实际上天主教已遍布全国，深入内地。英国作家福庆写道："罗马天主教传教士并不是把他们自己局限在帝国政府准许外国人经商的沿海口岸，他们渗入到内地，分布在全国。有一位我经常见面的主教，是一个意大利人，他住在离上海几英里的江苏省境内。他穿中国服装，讲极流利的中国话，他住的地方周围全是教徒，事实上就是一个天主教村庄。……当新的天主教传教士到中国时，有他们的同行或教徒到附近的港口去迎接，把他们的西服脱下来，换上中国服装，把头发剃得同中国人一样，然后秘密地把他们带到内地去，先开始学中文，然后对中国人传教。"②

7 鸦片战争前后传教士的文教事业

耶稣教（新教）传教士来华传教，一开始动机就不纯，有其不可告人的政治目的，也就是说为其本国的殖民政策服务。但他们在华从事的文化教育事业，有其一定的作用和历史意义，不应加以否定，这里分以下几个方面来论述。

---

① 1870 年天津教案发生时该教堂被烧毁。

② 福庆：《华北旅行三年记》，转引自顾长声：《传教士与近代中国》，上海人民出版社 1981 年版，第 104 页。

一、编译出版

第一个到中国来的耶稣教传教士马礼逊,在华时间长达 25 年之久,因当时清政府禁教尚未解除,没有建立一个教会,私下授洗礼的教徒也只有五名。不过他却做了两件奠基大业:一是翻译《圣经》,二是编纂《华英字典》。

1807 年来华临行之前,伦敦会差会对他这样指示:"由于我们对你可能立足的地点不能肯定,要给你规定任何明确的指示限制你的行动是非常不恰当的。……我们坚信你能在广州而不致遭到反对,一直等到你能达到学会汉语的大目标。你也许有幸可以编一本汉语字典,或更有幸地能翻译《圣经》。"因此他在大英博物馆找到了一本天主教传教士巴色(Basel)译的《圣经》中文手稿,带往中国。从 1808 年起,他一边为东印度公司工作一边翻译《圣经》。五年之后《新约全书》中译本译成,书名为《新遗诏书》,并在广州印刷 2000 本。接着他与米怜合作翻译《旧约全书》,又以五年时间完成,书名为《旧遗诏书》。该两书于 1823 年在马六甲正式出版。马礼逊自 1805 年学习中文,1810 年即能译出《使徒行传》,其速度惊人。中国文字在当年是认为"学不会"的文字,与西方文字毫无渊源,而且还要学与口语毫无关联的文言,又无字典可查,其艰苦与毅力之大可以想见。除马礼逊外,从事译经的还有美国传教士裨治文(Bridgnian)。他主张从原文直译,不讲究文辞典雅,和文惠廉(William Jones Boone)等另行重译《圣经》,于 1857 年、1862 年先后译成《新旧约全书》。

马礼逊在译经的同时,又以非凡的毅力着手编纂《华英字典》,1817 年出版第 1 卷,至 1823 年陆续出齐,共六卷,八开大本,合计 4595 页,仅从《康熙字典》收入的汉字加以英译的就达四万多字。

要出版书刊,一定要有印刷所,而印刷所在中国更无条件设立。于是马礼逊在马六甲购置地产,1817 年开办印刷所,并建议伦敦会在南洋地区出版中文期刊,作为他的"恒河外方传道计划"的一部分。这个建议被伦敦会采纳,1815 年 5 月在马六甲由马礼逊和米怜创办中文期刊《察世俗每月统纪传》,用木版雕刻印刷,刊登新闻、宗教、史地知识,并首创在中文印刷中使用西洋标点符号。伦敦会牧师麦都思(Walter Henry Medhurst)于 1821 年在印尼巴达维亚(雅加达)开设印刷所,1823 年又在这里创办期刊《特选撮要每月统纪传》,登载史地、新闻、宗教等。1828 年马六甲出版了月刊《天下新闻》,由麦都思等主编,用活字印刷。1833 年广州出版了《东西洋考每月纪传》,由郭实腊创办,登载内容很广,时事、宗教、史地、贸易、文学、科学、工艺等无所不包。1834年迁往新加坡，1836年停刊。由裨治文创办的英文期刊《中国丛报》最出色最有影响。该期刊1832至1839年在广州出版，鸦片战争时迁往澳门，1844年从澳门迁往香港，次年重返广州，至1851年停刊。不过《中国丛报》在鸦片战争前后竭力鼓吹战争，造成恶劣影响。此外，广州外侨于1834年成立"益智会"，其宗旨是出版中文书籍，传播实用知识，计划出版世界史地书籍，但结果只出了一本英文的《广东方言撮要》。

鸦片战争以后，南洋的传教基地迁往五个通商口岸，耶稣教的文教事业也随之转移，特别是上海，成为西方文化传入的视窗。在上海，对介绍西学起过作用的有两个机构，即墨海书馆和上海华美书馆。墨海书馆于1843年由麦都思创办，使用西欧近代印刷机器，以铅活字排版。该馆除宗教书外还出了许多科学书，如《几何原本》、《代数学》、《博物新编》、《博物学》、《数学启蒙》、《谭天》等。从1857年起该馆还出版了上海最早由传教士办的中文杂志《六合丛谈》。华美书馆除《圣经》和赞美诗外，还出版了不少科技书和医学书。该馆的前身是澳门花华圣经书房，1844年由美国传教士谷玄（Richard Cole）创办，1845年由澳门迁往宁波。1858年由爱尔兰籍美国人姜别利（William Gamble）接办，次年从宁波迁到上海，改名为上海华美书馆。它和墨海书馆一样，采用近代印刷术。

二、开办学校

马礼逊不仅是第一位来华的新传教士，而且是最早从事教育工作的人。1818年他在马六甲开办了第一所中文学校"英华书院"，作为实现其"恒河外方传道计划"的一部分。这个学校完全是免费的，其宗旨是向中国青年传授英语和耶稣教教义，同时向传教士传授中国语言和文学。开设课程有中英文、天文数学、历史地理和哲学伦理，由欧美人和本地华人执教，米怜担任行政领导。当初学生极少，只有一二十人。鸦片战争以后的1844年，英华书院迁到香港，由理雅各负责校务。

1836年9月28日，广州的外侨为纪念马礼逊成立了"马礼逊教育会"，其宗旨是"在中国开办和资助学校，这些学校里除教授中国少年读中文外，还要教授他们读写英文，并通过这个媒介，把西方世界的各种知识送到他们手里。这些学校要读《圣经》和有关基督教的书籍。……如果不是我们自己，那么我们的后世将在不远的日子里，看到中国人不但为了商业、知识和政治的目的正在访问欧洲和美国，而且在抛弃了他们的反感、迷信和偶像之后，同基督教国家的大众在一起，承认和崇拜真神上帝"①。

马礼逊教育会得到美国耶鲁大学几名热心教育事业的教授的支援,他们在纽约物色到耶鲁大学毕业的布朗(Samuel R. Brown),推荐他到中国去办学。布朗欣然答应,携带夫人来华,1839 年 2 月 23 日从纽约抵达广州,接着便到澳门筹办学校。同年 11 月 4 日,中国第一所西式学校"马礼逊学堂"在澳门正式成立。第一批共有六名男生,次年第二批又增加六名男生,他们都是穷苦人家的孩子。"当时有四个商人(两个是英国人,一个是苏格兰人,一个是美国人)表示愿意在过些时候把班中最有希望的学生三人送到美国去受高等教育,并要负担他们全部的费用。在这些学生中有一位聪慧伶俐的小家伙,人们把他送到学校来。布朗医生认为他是一名有前途的学生,就把他收下。这位小孩的母亲很贫穷,靠着上山打柴过日子。后来,这位贫穷的妇人因生计完全不能维持,要把小孩领回。上述商人中有一人听到这事,保证可以维持她的生活,以便使小孩留在学校。他继续维持她的生活达 17 年之久。"②

1842 年 11 月 1 日,马礼逊学堂迁到香港。当时该校所开课程除中文外,还有英文、算术、代数、几何、生理学、史地、音乐等,一度还开设过化学课。这是一所小学,但其程度已相当于现在的中学了。

1846 年 9 月,布朗因夫人患病回美国,把班中成绩最好的三名学生带走,其中一名就是上述那个聪慧伶俐的学生,名叫容闳,他后来从耶鲁大学毕业,成为中国近代的改良思想家。其他两名是黄宽和黄胜,前者后来进英国爱丁堡大学医科,成为中国近代著名的西医,后者次年因病退学回国,后来成为中国近代著名的学者。

继马礼逊学堂之后,1844 年英国东方女子教育促进会派遣阿尔德赛女士(Miss Aldersay)到宁波开设女子学塾,这是传教士在中国设立的第一所女子学校,其后又在五个通商口岸和香港陆续开设了 11 所女子学校。1845 年美国长老会也在宁波开设一所男塾,名叫"崇信义塾"。1850 年英国伦敦会施敦力亚历山大(Alexander Stronch)在厦门开设一所"英华男塾",免费招收学生。1846 年美国圣公会派文惠廉到上海,开设一所男塾。1853 年美国美以美会卢公明(Justus Doolittle)在福州开设一所男塾。1850 年英国圣公会在上海开设"英华学塾",美国

① 顾长声:《传教士与近代中国》,上海人民出版社 1981 年版,第 40 页。
② 寿尔:《田凫号航行记》,中国近代史资料丛刊《洋务运动》第 8 册,第 419 页。

北长老会也在上海开设"清心书院"。同年美国其他差会都分别到广州、厦门开办学校。1853 年美国公理会在福州开设"格致书院"和"文山女塾"。这个时期英美传教士开设的学校都是义学,主要招收贫苦儿童,不仅免费,还提供食宿。其办学动机,主要是在学生中争取信徒和扩大势力范围。

天主教耶稣会也不甘落后,1850 年在上海创办徐汇公学,后改称"圣依纳爵公学",它是上海最早的西式学校。校长是意大利耶稣会士晁德莅(1826—1902 年),他是一位著名的汉学家,著有巨作《中国文学课程》四册。徐汇公学有学生 82 名,全部住宿,分三院。有九名中国教师,主要教授中文,他们大部分不是教徒。学生的课程,教理问答占很大比重,成绩优秀的学生才能学其他课程,如法文、音乐、绘画等。马相伯、马建忠和李问渔等中国天主教著名人士均出自这个学校。1853年,天津的天主教耶稣会开办了法汉学堂和诚正小学、淑贞女子小学。

三、开办医院

中国耶稣教的医疗事业是从美国传教士医生伯驾(Peter Parkar)来华开始的。伯驾于 1834 年 10 月接受美国美部会的派遣,作为一名传教医生来到广州。1835年 11 月 4 日,他在广州十三行内的新豆栏街开设一所眼科医院,名叫"新豆栏医局"。当初伯驾开办这所医院的目的,并非真正是为了解除中国人疾苦,而是作为传教的护身符。1834 年 6 月 1 日伯驾在纽约长老会教堂接受任务时,美部会负责人对他说:"你如遇机会,可运用你的内外科知识解除人民肉身的痛苦,你也随时可用我们科学技术帮助他们。但你绝对不要忘记,只有这些能作为福音的婢女时才可引起你的注视。医生的特性决不能替代或干扰你作为一个传教士的特性。"伯驾当场表态说:"我可用我一生给百万中国人的肉身需要施医给药,可是千年之后肉身的痛苦依然如故,效果甚微。倘若能与灵魂联系起来,那就有万世不易的重要性。我最大的荣誉是,我到中国去是作为耶稣基督的传教士。"[①]

新豆栏医局开设后一个半月内就有 450 名患白内障的人来就诊,重见了光明,轰动一时。东印度公司的医生哥利支(旧译郭雷枢,Thomas Richardson Colledge)见效果极佳,便发出一份呼吁书,要求英美各教派派遣传教医生来华。与此同时,哥利支还发起组织"中华医药传教会"。1838 年 2 月 21 日该会在广州成立,哥利

---

① 嘉惠霖:《博济医院百年史》,转引自顾长声:《传教士与近代中国》,上海人民出版社 1981 年版,第 43 页。

支为会长,伯驾为副会长。同年 4 月,哥利支、伯驾和裨治文联合发表宣言。其中说:"本会的宗旨是要鼓励在中国人中间行医。我们希望,我们的努力将有助于推倒偏见和长期以来所抱的民族情绪的隔墙,并以此教育中国人,他们所歧视的人们是有能力和愿意成为他们的恩人的。"

　　后来中华医药传教会取得发展,在广东、广西、浙江、江苏等地都设有医院或诊所,不过规模均不大,其中最著名的是广州博济医院。此外,伦敦会在上海设立的仁济医院也是中国最早的教会医院之一,成立于 1844 年。传教士来华开办医院,尽管其目的是为了传教,但客观上把西方近代医术、西药、医院制度和医学教育带到中国,促进了中国西医西药学的产生和发展,是件大好事。前述马礼逊学堂的第一批学生中有三名被布朗带到欧洲留学,其中之一的黄宽,在美国高中毕业后即赴苏格兰,进爱丁堡大学学医七年。毕业后于 1856 年回国,在广州博济医院行医,成为中国第一代西医。博济医院是中国最早的教会医院,它的前身是 1835 年伯驾开办的新豆栏医局。鸦片战争期间医局停办,战后恢复。1855 年伯驾担任美国外交官,医局由美国传教士医生嘉约翰(John Glasgow Kerr)接办,直到 1856 年 12 月14 日第二次鸦片战争爆发,医局和十三行一起被烧毁。1859 年 1 月嘉约翰在广州南郊另觅新址,重建医局,更名为博济医院。从 1862 年起,该院成立了南华医学校,它是中国第一所有系统培养西医的教会医学校。孙中山先生就是在这里肄业的。

　　随着医院的开设,西医西药的书籍相继出现。英国传教士医生合信(Benjamin Hobson)精通医学,被称为"西医巨擘"。他于 1851 年在广州翻译出版了一本西方医学著作《全体新论》,它的原名为《解剖学和生理学大纲》,有系统地介绍了西方近代医学。后来合信又编译了许多汉文医学著作,如《博物新编》(1855 年)、《西医略论》(1857 年)、《内科新论》(1858 年)和《妇婴新说》(1858 年)等,被合称为《西医五种》。合信的医学著作不仅受到中国人欢迎,在明治维新以前,日本人把合信的汉译医书作为学习西医的经典,广为流传。

⑧　传教士对西学传播所作出的贡献

　　前述 16 世纪末至 17 世纪以利玛窦为始的天主教耶稣会士的科学传教事业取得了成功,中国人把他们看成专家,得到明、清两朝廷的重用。朝廷所以用他们,不过因为他们能改良历法及制造佛郎机炮和红衣炮。士大夫与传教士接近者究竟不多,信教者更少,未能在中国引发成一个思想运动,对后世影响不大。如果没有以马礼逊为始的基督教新教传教士踏着旧教耶稣会士的足迹来中国传教,同时辅之以西方科学和人文思想的传授,中国不可能出现或者推迟出现洋务运动及其以后的维新运动。新教传教士传授西方科学文化固然主观上是作为一种传教手段,但客观上却给中国带来了先进的西方科学文化。而这种先进的文化是迎合中国社会内部所需的,因为鸦片战争以后中国国门被轰开,但客观上却给中国带来了先进的西方科学文化。当时除了魏源提出"师夷长技以制夷"的方策之外别无他途。那么如何师夷之长技? 一是走出国门直接向西方人学习;二是在国内向来华的外国人特别是传教士学习;三是借着书本学习西方的科学技术。其中第三种方法,在当时说来是最现实的。1839 年 3 月林则徐奉命到广州禁烟,他所做的第一件事便是搜集"夷情",命人通过澳门这个视窗翻译外文资料,根据实情制定决策。林则徐所得的资料有五种:一是《四洲志》,二是《华事夷言》,三是《各国律例》(部分),四是《澳门新闻纸》,五是《澳门月报》。据研究,《四洲志》译自慕莱(Hugh Marray)所著的《地理百科全书》,《华事夷言》译自第二任港督德庇时(Sir John Francis David)所著的《中国人》,《各国律例》译自瑞士人滑达尔(Emerric de Vattdl)所著的《万国公法》,《澳门新闻纸》译自英国人所办的《广州周报》、《广州记事报》等,《澳门月报》译自《中国丛报》等。魏源的《海国图志》百卷本(1852 年在高邮出版)引用玛姬士《地理备考》[①]的资料达 12 万字。魏源认为像玛姬士那样的人不应再把他当做"夷狄",应引之为"良友"。他还认为,要获得知识,不可以无书,把读书看成向西方学习的第一要义:"方今东西太平,远洋辐辏,不远万里而来相见。凡宇内穷极幽远,自日出之国以至冰岳之岛,洲与洲而相歧,国与国而相左。门户陆居者终身所未闻,皆远客身之所经,目之所睹也。自非咨诸远人,则天文度数之远近,国土古今之盛衰,形势风俗之殊异,异世岂能想象乎? 行舟砂礁之险易,到岸埠市之繁寡,即初

---

① 玛吉士《地理备考》全 10 卷。第 1 卷:包括地理志、地球论等天文知识 20 则,第 2 卷包括气论、云论等地球物理 22 则,第 3 卷是记述国家法律的由来及欧洲各国历史,第 4 至第 10 卷包括地球总论、欧洲全志、亚洲全志、美洲全志及介绍莆、西、法、荷、英等国。而玛吉士是澳门的马葵士(Marques)家族成员之一的若瑟·马丁诺·马葵士(Jose Martino Marques)。

涉商舶者能逆其津涯乎?"因此,"诚欲据知识而裨生人,岂可以无书?"①这里魏源还强调了书籍是各国和地区间进行文化交流的一种手段,而这种手段又是通过其作者或其他载体——人来完成的,而当时书的作者(或译者)及将科学文化知识带来中国来的,只能传教士,而不是其他人。虽然传教士来华目的是传教,但客观上推广了世俗知识,起到了文化使者的作用。退一步讲,即使他们来华目的纯粹是传播宗教,也不会降低文化使者的作用。因为传播宗教也是一种文化交流,基督教在中国的传播,使一部分中国人从信仰多神教改信一神教,也使一部分中国人接受了基督教的伦理思想,改变原有的封建社会生活方式和道德规范,这有什么不好呢?佛教是从印度传来的,经过千年以上的历史沉淀,最后成了中国固有的宗教。基于同样的道理,为什么不容许基督教在中国传播呢?"至于在中国近代史上多次出现的某些西方国家利用传教士对中国实施军事和政治侵略活动,这不是基督教本身的问题,而是被利用,两者不能混为一谈,也不能因此而否定传教士在传播基督教文化及科学知识所作出的贡献。"②

19 世纪 60 年代以前,传教士主要是从事传播宗教,但从 60 年代以后至 20 世纪初情况有所改变,有相当一部分人愿意从事世俗活动。如美国传教士丁韪良(Willian Alexander Parsons Martin)、林乐知(Young John Allen)和英国传教士李提摩太(Timothy Richard)以及慕维廉(William Muirheah)、理雅各(James Legge)、李佳白(Gillbert Reid)、花之安(Ernst Faber)等,都认为从事科学文化知识的传播,可以受到官方的欢迎,因为当时清政府亟须精通西学的人来培养人才。从基督教这一方面来说,传教必须有良好的环境,开办学校、翻译西书、发行报纸刊物,可以减轻社会上对教会的误解和敌意。因此他们沿袭了 200 余年前利玛窦所宣导的"文化适应"方策,即他们所谓的"孔子加耶稣",也就是在不放弃儒学(指原始儒学)的前提下接受基督教的福音。从而和利玛窦一样,认为祭祖、祭孔只是对先人和圣人表示一种敬意,没有崇拜偶像的意义,对儒家思想采取宽容的态度。

为推行"文化适应"方策,基督教士举办了各项文化教育事业,诸如翻译出版、开设学校、医疗卫生、报纸杂志、慈善救灾等。这些文教事业对中国近代化无疑起

---

① 谭志强:《澳门与中国近代国际关系知识之引进》,《东西方文化交流》,澳门基金会,1994,第 188—190 页。

② 顾长声:《传教士与近代中国》,上海人民出版社 1981 年版,第 451 页。

了促进作用,特别是他们出版的介绍西方政治、文化和科技的书刊,在 19 世纪 70 至 90 年代中对中国知识分子起过启蒙作用,推动了洋务运动和维新运动。然而当传教士向中国介绍西方文化时,中西方两种异质文化便发生了长期的激烈冲突。究其原因:"从中国一方来说,主要是受长期维护封建社会的精神支柱儒家思想及其政治体制所制约,加以自鸦片战争以来西方入侵使国势日弱,出于民族危机感而不加区别地采取抵制和排斥;从传教士一方来说,主要是受基督教必欲战胜异教中国的宗教信念所驱使,挟持着西方科学和技术的优势,试图按照西方的形象改造中国。"①顾长声的这个结论非常客观公正。

与此同时,基督教传教士还将中国文化介绍到西方,特别是将中国儒家经典翻译成英文。其中最成功的首推英国传教士理雅各,他从 1961 年起整整花了 25 年时间,陆续翻译出版了《大学》、《中庸》、《论语》、《孟子》、《易经》、《书经》、《诗经》、《礼记》、《春秋》、《孝经》、《道德经》和《庄子》等。这些中国儒家经典英译本,迄今仍为标准本,受到人们的推崇。理雅各的成功与中国启蒙思想家王韬的协助是分不开的,王韬为他撰写注释、讲解文字难懂之处等,不遗余力。

关于对西方传教士的评价问题,我国改革开放初期就有这样的评价:"传教士在相当长的一段历史时期内是中西文化交流的桥梁,西方的声光化电,甚至立宪共和的文化思想由他们传进来,中国的经书典籍以至一些戏曲由他们传出去。"②在改革开放以来取得巨大成就的今天,对 20 多年前的这一评价当然是更无异议的了。

---

① 《读〈传教士与近代中国〉》,《人民日报》1982 年 12 月 3 日。
② 《读〈传教士与近代中国〉》,《人民日报》1982 年 12 月 3 日,第 459—460 页。

主要参考文献

〔法〕白晋：《康熙帝传》，珠海出版社 1995 年版。

〔美〕马士：《中华帝国对外关系史》中译本，三联书店 1957 年版。

〔葡〕路易斯·弗洛伊斯著，松田毅一、川崎桃太译：《日本史》，中央公论社 1981 年版。

〔葡〕路易斯·弗洛伊斯著：《日欧比较文化》，《日本丛书》，商务印书馆 1992 年版。

〔日〕村上阳一郎：《日本近代科学的步伐》，三省堂 1977 年版。

〔日〕冈田章雄：《南蛮随想》，思文阁 1984 年版。

〔日〕冈田章雄：《日西交涉南蛮贸易》，思文阁 1983 年版。

〔日〕冈田章雄：《三浦按针》，创元社 1944 年版。

〔日〕冈田章雄：《天主教信仰与习俗》，思文阁 1983 年版。

〔日〕高桥由贵彦：《遥远的罗马之旅》，讲谈社 1982 年版。

〔日〕海老泽有道：《天主教的镇压与反抗》，雄山阁 1981 年版。

〔日〕绘藤阳一、友持龙太郎：《日本思想大系》，岩波书店 1970－1982 年版。

〔日〕吉川弘文馆编：《史料日本史》近世篇，吉川弘文馆 1964 年版。

〔日〕津山千惠：《方济各·沙勿略》，三一书房 1993 年版。

〔日〕井手胜美：《近代初期耶稣会在华传教政策》，山本新等：《未来属于中国：汤因比论中国传统文化》中译本，陕西人民出版社 1989 年版。

〔日〕镰田茂雄：《中国佛教史》，东京大学出版会 1982 年版。

〔日〕平凡社编：《世界大百科事典》，平凡社 1972 年版。

〔日〕山本新等：《未来属于中国：汤因比论中国传统文化》中译本，陕西人民出版社 1989 年版。

〔日〕杉本勋等：《日本科学史》，山川出版社 1980 年版。

［日］松田毅一：《范礼安与天主教》,朝文社 1992 年版。

［日］松田毅一：《南蛮神父》,朝文社 1993 年版。

［日］松田毅一：《南蛮史料研究》,风间书房 1981 年版。

［日］松田毅一：《南蛮巡礼》,朝文社 1991 年版。

［日］松田毅一：《庆长遣欧使节》,朝文社 1992 年版。

［日］松田毅一：《天正遣欧使节》,朝文社 1991 年版。

［苏联］苏联科学院主编：《世界通史》中译本,生活·读书·新知三联书店 1965 年版。

［意］利玛窦：《利玛窦中国札记》中译本,中华书局 1983 年版。

方言：《澳门问题始末》,文化艺术出版社 1997 年版。

顾卫民：《基督教与近代中国社会》,上海人民出版社 1996 年版。

顾长声：《传教士与近代中国》,上海人民出版社 1981 年版。

广东省文史研究馆译：《鸦片战争史料选译》,中华书局 1983 年版。

牟安世：《鸦片战争》,上海人民出版社 1982 年版。

裴化行著、肖濬华译：《天主教 16 世纪在华传教志》,商务印书馆 1936 年版。

王铁崖编：《中外旧约章汇编》,三联书店 1957 年版。

吴廷璆主编：《日本史》,南开大学出版社 1995 年版。

印光任、张汝霖：《澳门纪略》,广东高等教育出版社 1988 年版。

章文钦：《澳门与中华历史文化》,澳门基金会,1994 年。

郑彭年：《日本西方文化摄取史》,杭州大学出版社 1996 年版。

朱谦之：《中国哲学对于欧洲的影响》,福建人民出版社 1983 年版。